L'écologie de la Bible à nos jours

Du même auteur

Aux Presses de la Renaissance :

Benoît XVI et le plan de Dieu, 2005.
L'Opus Dei : Enquête sur le monstre, 2006.
Nous sommes des animaux mais on n'est pas des bêtes (avec J.-M. Meyer), 2007.

Chez d'autres éditeurs :

La culture en veston rose, La Table Ronde, 1982.
Ça donne envie de faire la révolution, Plon, 1998.
Quelle spiritualité pour le XXIe siècle ?, Éditions n° 1, 1998.
L'Évangile face aux médias, Edifa, 2000.

Patrice de Plunkett, le blog (un bloc-notes de journaliste) :
http:// plunkett.hautetfort.com

Patrice de Plunkett

L'ÉCOLOGIE DE LA BIBLE À NOS JOURS

Pour en finir avec les idées reçues

L'œuvre
ÉDITIONS

ISBN 978-2-35631-007-1
Éditions de l'Œuvre
26 rue Jacob
75006 Paris
Site internet : www.oeuvre-editions.fr
Dépôt légal : mai 2008

à Anne-Claude

Introduction

UNE ENQUÊTE DE FOND

Comment en est-on arrivés là ?

Je veux dire : à cette angoisse pour la planète ?

Selon la Croix-Rouge, la vie de 18 millions de Terriens a été affectée par des catastrophes naturelles dans les années 1990 ; dans les années 1970 ils n'avaient été que 275 000 : ce chiffre a donc été multiplié par 65. Le grand public s'alarme. Une formidable majorité d'Européens[1] s'inquiètent de leur air et de leur eau. Ils sont révoltés par les marées noires, les accidents industriels, la pollution, la thrombose autoroutière. La plupart d'entre eux estiment qu'on ne leur dit pas *tout* sur les OGM et le biotechnologique. Ils pensent que le réchauffement du climat n'est pas un faux bruit. Ils demandent aux politiques et aux industriels de tenir compte de tous ces risques…

1. Cette tendance ne fait que s'accentuer depuis l'Eurobaromètre de mai 2005.

Dans les sondages, les Européens disent que protéger l'environnement n'est pas un obstacle à la vie économique (et que c'est même une source d'innovation) – mais que si on les obligeait à choisir, ils placeraient l'écologie avant la compétitivité. L'environnement leur semble aussi important que le social et l'économie : mobilisés pour la sauvegarde du littoral, par exemple, les Français désignent « le tourisme et l'immobilier[1] » comme principaux coupables de ses dégradations.

En 2006, neuf Français sur dix – âges, sexes, partis et milieux confondus – se disaient « préoccupés » par l'état de la planète.

En 2007, 43 % souhaitaient que Nicolas Hulot se présente à l'élection présidentielle. Devant la flambée des prix du pétrole, ils incriminaient la spéculation et s'interrogeaient sur les énergies renouvelables ; ils regardaient de travers les poids lourds sur les routes – pour ne rien dire des 4x4 sur les périphériques. Ils rêvaient de péniches et de cargos.

Les Suisses, eux aussi, en cette première décennie du XXIe siècle[2], estiment que les pouvoirs publics ne se soucient pas assez de l'environnement.

En Angleterre et en Allemagne, 79 % et 78 % des chefs d'entreprise acceptent une fiscalité écologique. Les patrons espagnols et suédois déclarent que le développement et l'environnement ne sont pas ennemis (ce qui reste à vérifier)…

Mais une chose est sûre : si les managers parlent *vert* aujourd'hui, c'est que l'opinion les y contraint. Elle fait pression par précaution.

1. Enquête CSA, 2006 : 65 % des sondés font cette réponse. Les Français plébiscitent l'action du Conservatoire du littoral.

2. *L'Hebdo* de Lausanne, 31 mai 2007.

Redoutant l'ampleur des risques que l'économie inflige à la nature, le public doute d'être assez informé. Le journal télévisé nous fait vivre dans l'incohérence et l'après-coup : catastrophes, « états de choc », « cellules d'aide psychologique »... Il ne propose pas d'explications, mais des calmants. La télé nous informe comme elle s'informe elle-même : par copié-collé.

Tout se passe comme si cette société était inapte à discerner les causes, donc à prévenir les effets.

Chaque fois que se rallume la peur de la grippe aviaire, par exemple, les autorités accusent les paysans d'Asie et massacrent leurs petits élevages. En réalité, les souches du virus en Asie paraissent venir des grands élevages industriels, branche du business avicole multinational dominé par l'agro-alimentaire américain. Qui le dit ? Pas les grands médias ; seulement les spécialistes. La rumeur circule tout de même. Mais sous le manteau. Et cette semi-clandestinité aggrave notre sensation d'être mal informés par les circuits officiels.

Troublante aussi est la violence des polémiques... Lorsque le gouvernement français décide, en janvier 2008, de suspendre un maïs OGM[1] produit par la multinationale Monsanto, la majorité des citoyens (hostiles au transgénique) approuvent cette décision. Mais elle est désavouée par la droite avec véhémence. Les élus UMP crient à l'obscurantisme, le président de l'Assemblée nationale parle de « procès en hérésie » : comme si Monsanto était victime de l'Inquisition[2] !

Cette mise en cause du religieux est un argument déplacé, mais les polémiques sur l'environnement avaient ce ton

1. Voir au chapitre V, section 1.

2. En 2008, les sénateurs UMP, saisis d'un projet sur les OGM, le modifient en faveur des industriels.

depuis longtemps déjà... Le climat de la planète se réchauffe-t-il ? « Oui », disaient les spécialistes ; « non ! », clamaient des « écosceptiques ». Ces derniers martelaient sur le Web – avec une virulence surprenante – que le réchauffement était un mythe créé pour saper le « monde libre[1] » ; ils niaient toute responsabilité humaine ; ils dénonçaient la climatologie (et l'écologie entière) comme une « arnaque ». D'où venaient leurs arguments ? Selon Barbara Boxer, présidente de la commission de l'environnement du Sénat américain en 2007, « un lobby conservateur longtemps financé par la compagnie pétrolière Exxon Mobil avait offert 10 000 dollars à des scientifiques pour rédiger des articles critiquant le nouveau rapport [d'experts climatologues] et les modèles informatiques sur lequel il reposait »...

« J'ai compris qu'il y avait derrière cela une force organisée qui n'allait pas faiblir », dit Mme Boxer à la journaliste new-yorkaise Sharon Begley[2]. Celle-ci explique : « La machine à nier tourne à plein régime. Depuis la fin des années 1980, cette campagne, bien financée et bien menée par des scientifiques dissidents, des groupes de réflexion capitalistes et certaines grandes entreprises, a fabriqué un brouillard de doute paralysant autour du changement climatique. »

Le scepticisme est la précaution de base de toute démarche scientifique. Mais « il n'est pas sans défaut quand la société est appelée à combattre des dangers bien réels », dit le scientifique australien Tim Flannery[3]. Il ajoute : « Pendant des décennies, les secteurs du tabac et de l'amiante ont trouvé

1. La persistance de cette notion après la fin de l'URSS a quelque chose d'étrange.
2. *Newsweek*, 13 août 2007.
3. *Les faiseurs de pluie*, Points-Seuil, 2007.

des chercheurs qui étaient prêts à mettre en cause publiquement les découvertes rattachant ces produits au cancer. Un profane n'est pas en mesure de déterminer si l'opinion qu'on lui présente est marginale ou au contraire tout à fait courante, et l'on peut finir par croire que la communauté est bel et bien divisée sur ces sujets… » L'idée que le réchauffement devait tout à des cycles naturels – donc rien à l'activité industrielle – émanait de lobbies comme ICE : le « Comité d'information sur l'environnement » formé (selon *Newsweek*) par les industries américaines du pétrole, de l'automobile et de l'acier. ICE agissait avec l'appui de *think tanks* néoconservateurs comme le George C. Marshall Institute. Puis avec l'appui de la Maison Blanche sous le président Bush…

D'où la puissance de ce *lobbying* : en 2007, nombre d'élus du Congrès à Washington avaient « complètement intégré son état d'esprit[1] ». La machine à nier pouvait passer en pilotage automatique.

Ces réseaux anti-écologiques sont politiquement à droite. Le public croit encore que la droite est « conservatrice ». Or la presse avait annoncé en 2005 que le pape Benoît XVI était lui-même un « conservateur » et qu'on allait le voir s'aligner sur les positions de George W. Bush : notamment en ce qui touchait l'économie, donc l'environnement… Washington refusait en effet de signer le protocole de Kyoto (1997) sur les gaz à effet de serre ; le président Bush laissait entendre que rien ne devait changer dans l'*US way of life*, que la technologie suffirait à tout résoudre, et que l'écologie ne valait pas un clou. À entendre les vaticanologues français, Bush allait pouvoir compter sur le pape Ratzinger.

1. *Newsweek*, 13 août 2007.

Les vaticanologues étaient mal informés. S'ils avaient lu la revue *L'Écologiste,* édition française de *The Ecologist* dirigé par Édouard Goldsmith, ils seraient tombés – dans le numéro 15, paru trois semaines après le conclave de 2005 – sur cette lettre :

> C'est avec un grand plaisir que j'ai reçu la dernière parution de la revue *L'Écologiste* dont le dossier est consacré aux religions et à l'écologie. Je vous exprime toute ma gratitude pour votre belle présentation de mon approche sur la liturgie cosmique. J'espère que cette publication servira à un approfondissement du dialogue entre la théologie catholique et les diverses pensées écologiques, et éveillera au sein de l'Église une décisive prise de conscience de la responsabilité envers la Terre, devant le Créateur...
>
> Joseph, cardinal RATZINGER

« *Habemus papam... ecologistum ?* », titrait alors la revue de Goldsmith. Elle ajoutait cette explication : « Comme nous le faisons pour tous les auteurs dont nous présentons les ouvrages, nous avions envoyé la revue au cardinal. Nous avons eu la surprise de recevoir une réponse circonstanciée de sa main... Si le dossier de *L'Écologiste* a eu un certain retentissement, nul doute que le cardinal Joseph Ratzinger, désormais pape sous le nom de Benoît XVI, ne soit le mieux placé pour éveiller au sein de l'Église cette “décisive prise de conscience” » !

Le vœu de *L'Écologiste* s'est réalisé. Avec une insistance remarquable, le pape Benoît XVI a mis l'écologie à l'ordre du jour de la planète catholique.

La surprise a été grande en Europe, y compris dans les rangs des fidèles – qui pourtant auraient déjà dû s'y attendre s'ils avaient écouté Jean-Paul II[1].

Pourquoi cet étonnement à l'idée de « papes verts » ?

Catholiques ou non, les gens n'étaient pas prêts à voir Rome intervenir en écologie. Ce n'était pas conforme à leur idée de l'Église, ou plutôt à l'image qu'ils s'en faisaient dans le registre émotionnel. Beaucoup d'Européens – chacun selon son histoire, ses habitudes mentales, ses affinités de milieu – voyaient le catholicisme comme un musée : celui des préjugés ou du bon vieux temps, au choix. Peu le voyaient comme une force de contestation. Très peu savaient que l'écologie lui allait comme un gant.

Or c'est un fait, et c'est l'un des objets de notre enquête.

Seuls les faits comptent. Dans aucun domaine l'émotionnel n'est la bonne approche. Laisser l'émotion inonder le débat sur l'environnement, par exemple, c'est abandonner celui-ci à deux clans d'irrationnels : ceux qui haïssent les questions d'écologie, et ceux qui en font leur idole – et ne sont pas moins bruyants que les autres. Pourquoi certains esprits d'aujourd'hui éprouvent-ils le besoin de se faire des idoles ? Un psy vous l'expliquera : ils se cherchent *des dieux* au pluriel, parce qu'ils ne tolèrent pas la notion d'*un Dieu* au singulier. C'est leur phobie. Ils l'apportent dans tout ce qu'ils entreprennent ; par exemple dans l'écologie (qui n'en demandait pas tant).

Voilà pourquoi on les entend expliquer que la civilisation pollueuse est un produit de l'Europe « judéo-chrétienne ».

Peu d'Européens connaissent l'histoire de la société industrielle et très peu savent ce qu'il y a dans la Bible, mais beau-

1. Chapitre VII : La révolution des « papes verts ».

coup se soucient de l'environnement : on leur fait donc croire que l'économie qui saccage l'environnement a été engendrée par la Bible. Ce grief fait partie des idées reçues[1]. Son extrême subjectivisme le rend cependant fragile, et les écologistes sérieux s'en défient.

Les idées étroites, en effet, sont incompatibles avec la démarche écologique. L'écologie n'est pas une secte d'adorateurs de la Nature : c'est une science débouchant sur un engagement. En tant que science, elle récapitule toutes les disciplines : elle étudie les grandes zones climatiques, les écosystèmes[2], les peuplements, les populations, les familles, les sociétés, l'écosphère[3], elle décrit leur dynamique, leur fonctionnement et les forces multiples qui relient tout cela – y compris les cultures et les religions. L'écologie tient à la fois des sciences physiques et des sciences humaines.

Quand elle prend en compte une religion, ce n'est pas pour la combattre, mais pour étudier son influence sur l'action de l'homme dans l'univers.

Alors que les intérêts économiques exploitent le monde à court terme, les religions parlent pour le long terme : c'est pourquoi elles intéressent les écologistes – qui sont eux-mêmes des hommes du long terme. Entre elles et eux il existe une affinité.

Mais toutes les religions ne disent pas la même chose. Selon le judéo-christianisme, par exemple, l'univers et l'homme (l'homme dans l'univers) sont *créés* ; le Créateur est

1. Voir au chapitre premier : Les « judéo-chrétiens » en accusation.
2. Ensembles formés par une association ou une communauté d'êtres vivants et son environnement (sol et atmosphère).
3. L'écosystème global.

une Personne, en relation avec ses créatures ; certaines de ces créatures sont humaines, dotées de capacités dont les autres sont dépourvues. Le Créateur leur a confié sa Création. Voilà l'idée de la Bible.

L'écologie demande : « quel rôle joue cette idée ? » Bonne question ! On doit y répondre. D'où ce livre. Ce n'est pas un livre « d'écologie chrétienne » : c'est une enquête qui regarde le judéo-christianisme du point de vue de l'écologie, et l'écologie du point de vue du judéo-christianisme.

Beaucoup de questions apparaissent :

– Si la science écologique fondait une nouvelle vision du monde ?

– Si cette nouveauté contredisait la vision mécaniciste du capitalisme libéral ?

– Si la Bible avait des affinités cruciales avec l'écologie, au lieu d'être son contraire comme on le dit aujourd'hui ?

Notre enquête est une série de coups de sonde, pour essayer de voir :

a) ce que la Bible dit du rôle de l'homme dans l'univers, et quelle « feuille de route » elle donne aux hommes qui la lisent sérieusement ;

b) quel rôle jouent aujourd'hui les chrétiens vis-à-vis du système qui surexploite la Terre – et quel rôle ils pourraient jouer, s'ils prenaient au sérieux le christianisme.

La question engage l'avenir. Il y a 1,9 milliard de chrétiens, dont plus d'un milliard de catholiques : ce serait une révolution planétaire s'ils agissaient ensemble pour une autre façon de vivre. Cette révolution irait dans le sens de l'écologie. Pour celle-ci, comme pour la théologie née de la Bible et du Christ, le monde est un ensemble vivant prodigieusement complexe et interactif, dont l'homme fait partie *et dont il est responsable.* Plus les pouvoirs techniques de l'homme sont vertigineux, plus *sa responsabilité* devient vertigineuse. Voilà l'esprit de la Bible et celui de l'écologie.

Enquêter sur cet esprit, c'est chercher où est sa cohérence. On la trouve au bout de la critique radicale que l'écologie porte à l'économisme néolibéral, qui voit le monde comme un simple chantier au service de la finance…

Écologie contre économisme : l'affrontement de ces deux logiques est le véritable débat du XXIe siècle. (Les postures politiciennes, « gauche » contre « droite », sont vides de sens aujourd'hui ; chacun le ressent.)

Enquêter n'est pas une question de parti-pris, mais de méthode. Pour décrire, il faut un point de vue. Cherchons la logique de l'écologie par rapport à l'histoire occidentale et à ses sources religieuses et philosophiques.

Et d'abord : quelles sont ces sources ?

Ire PARTIE

L'ÉCOLOGIE, DE LA BIBLE À NOS JOURS

Chapitre premier

LA BIBLE A-T-ELLE POLLUÉ LE MONDE ?

« La Terre dépend de l'homme, qui dépend de la Terre[1] », dit Edgar Morin. Le sociologue-philosophe explique : « Il nous faut abandonner la conception insulaire de l'homme ; nous ne sommes pas des extra-vivants, des extra-animaux, des extra-primates... Nous sommes des super-mammifères, des super-vertébrés, des super-animaux, des super-vivants[2]. »

Il dit aussi : « L'humanité a émergé de la biosphère. Nous en sommes émergés, nous sommes différents des autres animaux, nous avons la culture, nous avons la conscience, nous avons l'esprit : mais nous en faisons partie [de la biosphère] par nos organismes ! Croire que l'homme est un être surnaturel est une erreur qui a conduit à l'idée folle de l'homme maître de la nature, qui allait la conquérir et la maîtriser. Isoler la vie de la matière est une idée folle et qui, aujourd'hui,

1. *L'An I de l'ère écologique*, Tallandier, 2007.
2. *La pensée écologisée*, in *Le Monde*, 10 octobre 1989.

est prouvée fausse. Il n'y a pas de substance biologique différente des substances physico-chimiques[1]. »

L'homme *extérieur à la Création,* c'était une idée fausse et dangereuse. D'où est-elle venue ? D'un peu partout, semble-t-il. Sauf de la Bible.

Dès l'aube des civilisations on trouve des communautés humaines qui rompent l'harmonie avec la nature. Quatre siècles avant notre ère, Platon se plaint de la déforestation du littoral grec pour la métallurgie et les chantiers navals. Il se dit consterné par l'érosion des sols :

> Ce qui reste à présent, comparé à ce qui existait alors, ressemble à un corps décharné par la maladie. Tout ce qu'il y avait de terre grasse et molle s'est écoulé et il ne reste plus que la carcasse nue du pays… Il y avait sur les montagnes de grandes forêts… Il en est qui ne nourrissent plus que des abeilles, [mais] il n'y a pas bien longtemps qu'on y coupait des arbres propres à couvrir les plus vastes constructions, dont les poutres existent encore. Il y avait aussi beaucoup de grands arbres à fruits, et le sol produisait du fourrage à l'infini pour le bétail. Il recueillait aussi les pluies annuelles de Zeus et ne perdait pas comme aujourd'hui l'eau qui s'écoule de la terre dénudée dans la mer, et, comme la terre était alors épaisse, et recevait l'eau dans son sein et la tenait en réserve dans l'argile imperméable, elle laissait échapper dans les creux l'eau des hauteurs qu'elle avait absorbée et alimentait en tous lieux d'abondantes sources et de grosses rivières. Telle était la condition naturelle du pays. Il avait été mis en culture, comme on pouvait s'y attendre, par de vrais laboureurs, amis du beau et doués d'un heureux naturel[2]…

1. *Nul ne connaît le jour qui naîtra,* Alice, 2000.
2. *Critias,* Garnier-Flammarion, 1969.

À Rome, soixante ans avant notre ère, le poète Lucrèce exalte l'homme « domptant » la nature[1]. À peu près à la même époque, Cicéron (qui diffuse à ses frais le *De rerum* de Lucrèce) félicite les hommes d'être les « maîtres absolus » des choses de la terre ou de la mer[2]. Pline l'Ancien, sous Néron, fait déjà de l'écologie et accuse le luxe romain de surexploiter la nature :

> Et nous, sans autre dessein que nos jouissances, nous coupons et transportons les monts qu'il fut jadis merveille de seulement franchir. Nos ancêtres mirent presque au rang des prodiges le passage des Alpes par Hannibal, puis par les Cimbres : et voici maintenant qu'on les fend pour en tirer mille espèces de marbre. On ouvre des promontoires au passage de la mer, on nivelle la nature. Nous emportons ce qui avait été placé comme frontière pour séparer les peuples, l'on construit des vaisseaux pour aller chercher des marbres, et, sur les flots, le plus sauvage élément naturel, ici et là l'on transporte les cimes des montagnes. Encore y a-t-il à cela plus d'excuse que lorsque, pour avoir une boisson fraîche, l'on va chercher un vase jusqu'au milieu des nuages et, pour boire glacé, l'on creuse des roches proches des cieux[3]...

À l'autre bout du continent eurasiatique, la déforestation en Chine commence il y a plusieurs milliers d'années, inaugurant un mouvement séculaire qui va stériliser de vastes régions, éroder les sols, et provoquer les gigantesques inondations caractéristiques de l'Empire du Milieu. Cette désinvolture chinoise envers l'écologie culminera sous Mao

1. *De rerum natura* (*De la nature*), Flammarion, 1998.
2. *De natura deorum* (*De la nature des dieux*), Les Belles Lettres, 2002.
3. *Histoire naturelle, vol. 36,* Les Belles Lettres, 1981, 1-3.

Zedong[1], qui aimera se comparer à l'empereur Qin (IIIe siècle avant notre ère) et présidera à la désertification de régions entières : tarissement des nappes phréatiques, salinisation des sols, surpâturage, déforestation, urbanisation…

Ni Lucrèce, ni Cicéron, qui traite la religion juive de « superstition barbare[2], » ni *a fortiori* Platon ou les sujets des Han, n'ont lu la Genèse. Leur attitude offensive envers la nature, ils la tirent de leur propre fonds culturel.

Mais c'est la Bible que l'on accuse aujourd'hui. La mère de toutes les pollutions, ce serait l'Écriture juive. Cinq versets du livre de la Genèse, paraît-il, ont pollué le monde en engendrant deux millénaires de civilisation prédatrice « judéo-chrétienne » !

Discutez d'environnement avec l'institutrice de votre fille, avec votre associé, avec votre banquier ; au détour de la conversation, vous entendrez la petite phrase rituelle : « En fait, tout ça vient de la Bible, non ? Le "multipliez-vous et dominez la terre" ? »

Cette idée est installée. Ancrée. Rivée dans les esprits. Elle fut lancée il y a plus de quarante ans par un intellectuel dont le mobile intime n'était pas l'écologie : l'universitaire américain Lynn White. Dans un célèbre article[3] de 1967, il accusait « l'anthropocentrisme » chrétien, « né de la Bible », d'être à l'origine de la dégradation de la planète. On a trop souvent entendu répéter cela par la suite, à la radio et à la télévision,

1. Mao imposa la fameuse campagne « Apprends de Dazhai », sorte de stakhanovisme agricole de type stalinien, imposé partout sans tenir compte des données topographiques et climatiques.

2. Plaidoirie pour son ami le prévaricateur Lucius Flaccus (59 av. J.-C.).

3. *The Historical Roots of the Ecological Crisis,* in *Science, 1967, vol. 11203-1207.*

pour ne pas être persuadés que c'est vrai puisque c'est dans l'air du temps.

Qu'en disent aujourd'hui les chrétiens d'Europe, censés avoir lu la Bible ? Ils n'en disent pas grand'chose. Leur moral est bas. C'est justement à cause de l'air du temps. Les uns lui donnent raison contre leur propre religion. D'autres jurent fidélité à la religion, mais en se barricadant contre le temps : ce qui du même coup les retranche du monde... Dans les deux cas, ces chrétiens voient les choses avec de mauvaises lunettes. Ils se débarrassent du problème, qui est la discorde entre l'air du temps et la Bible.

Ils feraient mieux de l'affronter : car ils font eux-mêmes partie du problème, de plusieurs façons et depuis longtemps.

L'air du temps accuse la Bible ? Ce n'est pas la faute de la Bible. C'est la faute des chrétiens. Ou de nombre d'entre eux. Depuis trois siècles, ils ont bel et bien imaginé être « au-dessus » du monde naturel. C'est qu'ils avaient une idée fausse – et non-chrétienne – de leur propre nature humaine. Durant le XIXe siècle et une partie du XXe, des générations de chrétiens occidentaux ont vécu dans l'idée que dénonce Edgar Morin : une scission entre le corps et l'âme, comme si le corps « matériel » était mauvais et qu'il fallait en préserver l'âme « spirituelle »... C'était commode. Le *corps* servait aux nécessités physiques, économiques et politiques, turpitudes inévitables (et profitables) dont le chrétien réaliste prenait bourgeoisement sa part. L'*âme*, de son côté, était une tour d'ivoire réservée aux dames ; on lui consacrait des livres pieux ornés de roses et de dentelles. Ces catholiques-là se croyaient en règle. Mais leur idée de l'existence terrestre était une hérésie. Séparer le monde d'aujourd'hui et le monde du salut, exploiter ici-bas en comptant être excusés là-haut, ce n'était pas une idée chrétienne. C'était même le contraire du christianisme[1] (et du judaïsme).

Au XXIe siècle, les catholiques n'ont plus d'excuse pour rester dans cette erreur : il y a eu le concile Vatican II, le catéchisme universel, la doctrine sociale de l'Église, la « théologie du corps » de Jean-Paul II[2], et toutes les mises à jour qui devaient balayer les séquelles du XIXe. L'Église a demandé aux catholiques de changer de lunettes, et d'ouvrir (enfin) le Livre qui dit pourquoi Dieu créa le monde et le confia aux hommes.

Or la Bible ne parle pas comme le croyait la bourgeoisie industrielle de 1900 ; ni d'ailleurs comme le croient les « biblophobes » des années 2000, qui se disent progressistes mais reprennent, en l'inversant, l'erreur vieillotte de leurs arrière-grands-pères.

1. Le vrai message de la Bible

La Bible n'est pas un livre : c'est une bibliothèque. Le mot « Bible » est la traduction grecque (*biblion* au singulier) d'un mot hébreu pluriel : *ha sefarim*, « les livres ». Ces livres sont vingt-quatre selon le canon synagogal : les cinq livres de la Torah (Genèse + Exode + Lévitique + Nombres + Deutéronome) ; les dix livres des Prophètes ; les Hagiographes (dont les psaumes). Les chrétiens y ajoutent plusieurs livres[3] de la

1. Quand saint Paul distingue le corps et l'esprit, c'est dans une autre perspective qui n'a rien à voir avec ce manichéisme.

2. Voir le livre d'Yves Semen : *La sexualité selon Jean-Paul II*, Presses de la Renaissance, 2004.

3. Tobit, Judith, Baruch, la Lettre de Jérémie, la Sagesse de Ben Sira, la Sagesse de Salomon, les livres I et II des Maccabées.

version juive-grecque antique de la Bible[1] (exclus par les rabbins au début de notre ère) ; et surtout le Nouveau Testament : les quatre Évangiles, les Actes des apôtres, les épîtres et l'Apocalypse.

D'autre part, la Bible n'est pas « descendue du Ciel » : elle n'est pas « dictée par Dieu », elle n'est pas la copie d'un « Livre-Mère » céleste et incréé, comme le Coran est censé l'être[2]. Elle n'a pas été rédigée en bloc. C'est un recueil d'œuvres humaines qui se donnent comme telles, et qui furent composées au long de nombreux siècles : « rouleau par rouleau », disaient les rabbins. Mais ces œuvres, composées par des hommes, se présentent également comme inspirées par Dieu. « Les Saintes Écritures sont l'écho de l'histoire de la relation entre Dieu et son peuple. Elles ont surgi de la lutte et des chemins empruntés par cette Histoire… La Bible est ainsi l'expression de Dieu en lutte avec l'homme pour se rendre peu à peu compréhensible à lui. Elle est en même temps la lutte de l'homme pour comprendre Dieu[3]. »

Les livres de la Bible hébraïque sont la méditation progressive d'une expérience qui court sur deux millénaires : l'histoire d'un peuple vivant avec son Dieu, et découvrant peu à peu, à travers sa propre trajectoire, que ce Dieu ne peut être que celui de l'univers entier : donc le Dieu de toute l'humanité.

La Bible est la germination d'une semence initiale. Quelle semence ? La prise de contact de Dieu avec Abraham, à en croire la Bible. On peut le croire ou rester sceptique : mais la naissance et la longue accumulation de ces Écritures – *ha*

1. La Septante, traduite en grec par les érudits juifs d'Alexandrie au IIIe siècle av. J.-C.

2. Voir l'étude de François Jourdan, *Dieu des chrétiens, Dieu des musulmans*, Éditions de l'Œuvre, 2008.

3. Joseph Ratzinger, *Au commencement Dieu créa le ciel et la terre*, Fayard, 1986.

sefarim – à travers les siècles fut l'entreprise la plus singulière qu'ait produite une communauté humaine.

Les livres bibliques n'ont pas été rédigés dans l'ordre où nous les lisons.

Le récit des origines du monde, par exemple, a été formalisé longtemps après que se soit nouée la relation entre Dieu et Israël.

La première phrase de toute la Bible est le verset 1 du livre de la Genèse : *Be-Ré'chît bara' Elohîm 'èt hachamayim vé'èt ha'arets* : « En tête, Il créait – Dieu – le ciel et la terre[1]. »

Ce verset décrit le commencement de tout. Mais il ne fut pas écrit d'emblée. C'est lentement, au fil des siècles, que l'idée de la Création a pris une ampleur progressive dans la conscience d'Israël, à travers la parole de prophètes nés de toutes les classes de la société[2] : « Le thème de la Création n'est pas posé d'un seul coup. Il traverse l'histoire avec Israël... L'exil à Babylone fut le véritable moment où la Création devint le thème dominant[3]. »

« Thème dominant » ne signifie pas « fabriqué à partir de zéro », mais « germé » (de la semence initiale) à l'occasion d'une circonstance. La circonstance, c'est la déportation, l'exil, la perte de la Terre d'Israël : « Les prophètes ouvrirent [...] une nouvelle page et enseignèrent à Israël que c'est alors que se montrait le véritable visage de Dieu, qui n'était pas lié à un bout de terre [...]. Il n'était pas le Dieu d'un territoire, mais disposait du ciel et de la terre [...]. On comprenait à présent que

1. Traduction d'André Chouraqui (*La Bible*, Desclée de Brouwer, 1985). Le verbe *bara* (« créer ») désigne spécifiquement l'action divine. S'il s'agissait d'une production humaine, l'hébreu dirait *asah* (« faire »).

2. Sur le phénomène des prophètes d'Israël, un livre irremplaçable : *Le prophétisme hébreu*, de Claude Tresmontant (François-Xavier de Guibert/Œil, 1982).

3. J. Ratzinger, *op. cit.*

ce Dieu d'Israël n'était pas un dieu comme les autres, mais *Dieu,* qui dispose de tous les pays et de tous les peuples. [...] Au milieu de l'exil, de la défaite apparente d'Israël, triomphe l'idée du Dieu qui tient dans sa main tous les peuples et l'histoire tout entière, qui soutient toute chose *car Il a tout créé*[1]. »

Ce que dit le récit de la Genèse

Tout le monde croit connaître le récit : Dieu aurait créé le monde en sept jours.

Cette idée fait hausser les épaules aujourd'hui. Elle irrite ceux qui craignent[2] un retour de l'obscurantisme – pourtant improbable en ce début du XXIe siècle technoscientifique.

En réalité, le livre de la Genèse (comme le reste de la Bible) ne se prête pas à la lecture de fondamentalistes qui le prendraient au pied de la lettre. Les sept jours sont une image. La Bible modifie sans arrêt ses images, au gré d'une pensée en mouvement. Elle évolue sans cesse « afin de témoigner en permanence d'une même chose[3] », et cette chose est un message, unique en son genre : si notre monde a eu *un début,* c'est que Dieu *l'a créé.* Si le monde *persiste,* c'est que Dieu *le crée encore* à la minute présente. Il le crée *à tout instant.* Selon le prophète Isaïe, Dieu dit aujourd'hui : « Je façonne la lumière, je crée les ténèbres[4] ». Il crée « maintenant[5] ».

1. *Ibid.*
2. « La France est-elle à l'abri du créationnisme ? », s'alarmait *Science & Vie* en décembre 2007.
3. J. Ratzinger, *op. cit.*
4. Isaïe 45, 7 (Bible de Jérusalem).
5. Isaïe 48, 7 (*idem*).

Voilà ce que la Bible inspire à ceux qui la croient : une Création divine fait qu'il existe quelque chose plutôt que rien. Cette Création est constante, actuelle, ce n'est pas une action passée. « Dieu dans sa bonté renouvelle chaque jour continuellement l'acte de la Création », dit la liturgie juive du matin (l'hébreu exprime cela d'autant plus facilement que, dans cette langue, « le passé n'est jamais aboli, le futur n'est jamais lointain, tout tient dans un présent qui se reprend et se renouvelle[1] »).

Dieu crée le monde depuis des millions d'années : et il crée l'humanité pour être son « associée dans l'œuvre de la Création », soulignera la Michnah[2].

Cette foi dans la permanence de la Création permet aux scientifiques juifs et chrétiens d'être à l'aise dans les théories de l'évolution du vivant, même si les matérialistes dogmatiques prétendent les en chasser. « L'évolution, loin de détruire les enseignements religieux de Genèse 1, en est la profonde confirmation », disait en 1938 le grand rabbin d'Angleterre Joseph Hertz[3]. Pour la théologie biblique, la Création est une continuité.

Si le récit biblique de la Création fait l'objet d'attaques aujourd'hui, c'est qu'il a une série d'impacts sur le débat moderne.

Il dit que l'univers n'est pas né du hasard, mais d'une puissance unique : d'une « Personne ». La Création ne se confond pas avec son Créateur. Donc la nature n'est pas une déesse, et l'on peut être écologiste sans être adorateur d'une idole…

---

1. Matthieu Colin, *Le Livre des psaumes*, Cerf, 1995.
2. Traité *Chabbat*, 10. La Michnah (commentaire de la loi orale) est le document religieux juif le plus important après la Bible, et la base du Talmud.
3. *Pentateuch and Haftorahs*, 1938. Rééd. Soncino, 1995.

Revenons en effet au texte de la Genèse. Les circonstances de sa rédaction finale sont passionnantes pour l'historien des religions et pour l'écologiste – les deux disciplines étant liées. Le verset 2 dit : « Or la terre était vide et vague, les ténèbres couvraient l'abîme, un vent de Dieu tournoyait sur les eaux… » Replaçons-nous dans le contexte antique. Les juifs sont captifs à Babylone. La culture babylonienne (comme toutes les religions) a son propre récit des origines du monde : c'est l'*Enuma Elich*, poème de la Création, qui met en scène une guerre entre forces originelles : le dieu Mardouk contre Mushkushu le dragon primordial… Mardouk tranche le corps du dragon ; du sang de celui-ci naissent les hommes. « Une image sinistre de la terre et de l'homme nous est offerte ici. Au fond, le monde est le corps du dragon, et l'homme porte en lui le sang du monstre. Dans les profondeurs du monde se tapit l'Ignoble, et au plus profond de l'homme nichent la rébellion, le démoniaque et le mal. Dans cette conception de la Création, seul le représentant de Mardouk […], le roi de Babylone, peut contenir le démoniaque et apporter l'équilibre au monde[1]. »

Face à cette cosmogonie effrayante et totalitaire, le récit de la Genèse ouvre une autre vision : à l'origine il n'y a pas deux forces (en lutte) mais une seule, celle du Créateur. Le monde ne préexiste pas : Dieu le crée[2]. Le monde n'est pas maléfique : « Dieu vit que cela était bon », scande la Genèse, après la séparation des terres et des mers, la création de la végétation, la création du foisonnement d'êtres vivants dans les eaux et sur la terre. « Bonne » aussi, la création du soleil et de la lune…

1. J. Ratzinger, *op. cit.*

2. Dans les compilations de la Michnah, Rabbi Aqiva (mort en 135) réfute le dualisme gnostique selon lequel la matière aurait toujours existé (*Genèse Rabba*, 1,14). « Avant que le monde ne fût créé, le Saint béni soit-Il, existait seul avec son nom », commenteront les rabbins médiévaux (*Pirqé de-rabbi Eliézer*, 10).

Et à propos de ces deux astres, le verset 14 indique :

> Dieu dit : « Qu'il y ait des luminaires au firmament du ciel pour séparer le jour et la nuit ; qu'ils servent de signes, tant pour les fêtes que pour les jours et les années ; qu'ils soient des luminaires au firmament du ciel pour éclairer la terre », et il en fut ainsi[1].

Or les religions antiques déifiaient le soleil (Utu, Amon-Rê, Shamash, Helios, Apollon) et la lune (Sin, Thot, Tanit, Artémis, Séléné, Hécate)… La Genèse supprime ce réflexe. Elle déclare que le soleil et la lune ne sont que deux lampes, pour éclairer la vie terrestre et servir de repères au calendrier de la civilisation. Bien entendu nous savons – depuis les travaux du chanoine Copernic (1473-1543) – que le soleil et la lune sont aussi autre chose que des aides à la civilisation ; mais la Genèse n'est pas un manuel d'astronomie. Son message est de libérer l'esprit humain de l'adoration des choses créées, et de nous dire que le monde n'est pas une « bataille de démons » mais une création de la Raison divine.

Dieu crée l'homme et la femme (égaux) « à son image et ressemblance », nous dit le verset 26 du chapitre 1. Dieu leur donne ainsi la raison. L'humain est doté de la culture et de la conscience : il n'est donc pas une bête. Mais il a la même origine matérielle que les animaux… Le verset 5 du chapitre 2 nous indique en effet que Dieu crée cet être de raison à partir du sol : la poussière terrestre, la glaise, la glèbe, en hébreu *ha-adamah,* d'où le nom « Adam » (« le terreux, le glébeux ») qui désigne cette naissance. L'homme et ses descendants font indissolublement partie de la Création. Ils en seront toujours

1. Bible de Jérusalem.

solidaires (ce que nieront, au XXe siècle, les scénarios de films montrant l'homme issu de la semence de races extraterrestres : résurgence hollywoodienne du vieux gnosticisme païen).

Le livre de la Genèse n'est évidemment pas un récit scientifique. C'est une vision religieuse de la source du monde. Il veut exprimer une vérité permanente en employant le langage du mythe.

Ici, deux réflexions :

1. *La démarche scientifique prend sa source dans le livre de la Genèse.* En créant à la fois la nature et la raison, Dieu crée une affinité entre les deux : c'est ce qui permet à la science d'exister. Et si la nature n'est que la Création de Dieu, alors elle n'est pas déesse et l'homme ne doit pas être superstitieux envers elle[1]. Les conditions pour que naisse la science sont ainsi réunies.

2. La pénétration scientifique du monde est un bien : personne ne le nie. Ce qui est en cause, c'est *l'usage que la civilisation industrielle et financière – née de l'Europe moderne – fera de la science...* Cet usage est aujourd'hui contesté, à juste titre. Mais une partie des écologistes, affirmant[2] que la civilisation industrielle est « judéo-chrétienne », imputent le mauvais usage des pouvoirs humains au livre de la Genèse. Pourquoi ? À cause du verset 26 et des cinq versets qui le suivent.

Les voici, dans la traduction d'André Chouraqui :

> Elohîm dit : « Nous ferons Adam – le glébeux –
> à notre réplique, selon notre ressemblance.

---

1. Accuser la Bible d'avoir permis le saccage de la nature en la *« désacralisant »*, est un non-sens pour les historiens. La nature a été saccagée aussi par des païens, et il n'est pas nécessaire de l'idolâtrer pour la respecter.
2. De façon abusive : voir au chapitre III.

Ils *assujettiront* le poisson de la mer, le volatile des ciels,
La bête, toute la terre, tout reptile qui rampe sur la terre. »
Elohîm crée le glébeux à sa réplique,
À la réplique d'Elohîm il le crée,
Mâle et femelle, il les crée.
Elohîm les bénit. Elohîm leur dit :
« Fructifiez, multipliez, emplissez la terre, *conquérez-la.*
Assujettissez le poisson de la mer, le volatile des ciels,
Tout vivant qui rampe sur la terre. »
Elohîm dit : « Voici, je vous ai donné
Toute l'herbe semant semence, sur les faces de toute la terre,
Et tout l'arbre avec en lui fruit d'arbre, semant semence :
Pour vous il sera à manger.
Pour tout vivant de la terre, avec en lui être vivant,
Toute verdure d'herbe sera à manger. »
Et c'est ainsi.
Elohîm voit tout ce qu'il avait fait, et voici : un bien intense.
Et c'est un soir et c'est un matin : jour sixième.

« Assujettir », « conquérir » ? Ces mots-là font peur aujourd'hui. Plus aucun Occidental n'ose les prononcer : ils évoquent les monstruosités du siècle dernier, commises envers l'humanité mais aussi envers la nature. Et à nos yeux, la mentalité de conquête vient du livre de la Genèse… D'où le procès qu'on lui fait.

Mais un procès repose sur des pièces à conviction. Les trouve-t-on dans la Genèse (et le reste de la Bible) ?

On les trouve dans les cosmogonies païennes : Ovide[1] raconte qu'après le Déluge[2], le Titan cosmique Deucalion, fils de Prométhée, fabriqua l'humanité à partir de pierres : ainsi

1. *L'Âge d'or*, I, 76. Ovide est mort en 17 ap. J.-C.

2. Attesté chez les Grecs par Pindare (ve siècle av. J.-C.), dans sa IXe *Olympique.*

l'homme, être « plus noble et plus intelligent, fait pour dominer tous les autres », tira cette puissance « de la terre, qui conservait en son sein quelques-unes des plus pures parties de l'éther dont elle venait d'être séparée » (déjà le mythe extraterrestre).

Comparons à ce qui se passe après le Déluge dans la Genèse. Noé sauve l'avenir de l'humanité en embarquant sa famille dans l'arche ; il sauve aussi l'avenir de tout le règne animal par le même moyen, sur l'ordre de Dieu. Certes Dieu dit à Noé, après le Déluge :

> Votre frémissement, votre effarement seront sur tout vivant de la terre,
> Tout volatile des ciels, tout ce qui rampe sur la glèbe,
> Tous les poissons de la mer. En vos mains, ils sont donnés[1],

... mais il faut décoder ces phrases. D'abord replaçons les mots dans leur contexte : en hébreu ancien, « dominer », « soumettre », « effroi » sont des figures de style ; ils n'ont pas le sens que leur donne le français. Ensuite comparons ce que Dieu dit à Noé, après le Déluge, avec ce qu'il disait à Adam au début. Ayant créé Adam, il lui confiait la Création (« jardin d'Éden ») pour la « cultiver » et la « garder »[2]. L'homme était le jardinier de la Terre, son gérant pacifique. Puis la rébellion d'Adam l'a éloigné du Créateur : elle a brisé du même coup l'harmonie entre l'homme et la Création. Ce qui s'ensuivit fut l'explosion du mal sur la Terre, et le Déluge, et l'arche... Après quoi Dieu conclut

1. Genèse 9, 2 (trad. Chouraqui). La Bible de Jérusalem traduit : « Soyez la crainte et l'effroi de tous les animaux de la terre et de tous les oiseaux du ciel [...], ils sont livrés entre vos mains. »

2. Genèse 2, 15 (*idem*).

tout de même une alliance, non seulement avec Noé (l'humanité) mais « avec tout être vivant[1] », sous le signe de l'arc-en-ciel :

> Mon arc à la nuée je l'ai donné,
> il est le signe du pacte entre moi et la terre,
> [...] quand l'arc se verra dans la nuée
> je mémoriserai mon pacte entre moi et vous
> et entre tout être vivant en toute chair[2].

Ce pacte de l'arc-en-ciel n'est pas un retour au jardin d'Éden : la révolte d'Adam et Ève contre Dieu avait fait basculer l'humanité dans un autre espace moral où il n'y avait plus d'harmonie entre les créatures. La liberté donnée à l'homme a dégénéré en violence, Dieu en a pris acte, mais ce n'est pas lui qui a instauré cette violence et il ne l'encourage pas :

– quand Il dit à Adam et Ève : « emplissez la Terre et soumettez-la », ce n'est pas une incitation au saccage (toute la suite de la Bible le montrera) ;

– mais Adam et Ève se rebellent contre leur condition de créature et ses limites (le fameux Arbre qu'ils auraient dû respecter) ;

– et cette révolte est ce que les chrétiens nommeront le péché « originel », parce qu'elle est devenue structurelle dans le comportement humain. Elle donne à l'homme l'illusion qu'il peut tout faire et sans limites. Ce basculement a inauguré une violence dans les rapports entre les hommes : donc aussi une violence entre les hommes et la nature. Celle-ci s'est retournée contre eux. Caïn ayant tué Abel, Dieu lui a dit : « Sois maudit et *chassé du sol fertile* qui a ouvert la bouche

1. *Ibid.* 9, 12 (*idem*).
2. *Ibid.* 9, 13-15 (*idem*).

pour recevoir le sang de ton frère. *Si tu cultives le sol, il ne te donnera plus son produit* : tu seras un errant parcourant la terre[1]... »

« Pour celui qui veut être dieu, l'autre devient à son tour limitation, rival, menace. La relation avec l'autre devient mutuelle accusation, lutte. [...] La relation avec le monde se modifie également, elle devient relation de pilleur à pillé, de piétineur à piétiné[2] ».

On sait ce qui se passe quand cette double violence, entre les hommes et envers la nature, a les moyens techniques de sévir sur toute la planète. La prophétie en était faite au chapitre 11 de la Genèse, versets 1 à 9, à travers le mythe de la Tour de Babel écrit neuf ou dix siècles avant notre ère, à l'époque de David ou de Salomon :

> Tout le monde se servait d'une même langue et des mêmes mots.
>
> Comme les hommes se déplaçaient à l'Orient, ils trouvèrent une vallée au pays de Shinéar et ils s'y établirent.
>
> Ils se dirent l'un à l'autre : « Allons ! Faisons des briques et cuisons-les au feu ! » La brique leur servit de pierre et le bitume leur servit de mortier.
>
> Ils dirent : « Allons ! Bâtissons-nous une ville et une tour dont le sommet pénètre les cieux ! »

Scrutons ce texte. Le projet de Babel est un développement purement matériel, un chantier engendré par la technique (« briquetons des briques »). C'est un projet mondial : « même langue et mêmes mots ». C'est un projet qui viole la Créa-

1. *Ibid.*, 4, 11-12 (Bible de Jérusalem). Les italiques sont de nous.
2. J. Ratzinger, *op. cit.*

tion : « une tour dont le sommet pénètre dans les cieux ». Par conséquent, c'est un projet qui viole aussi la condition humaine... Cette déduction n'est pas dans le texte de la Genèse, mais elle s'est imposée – dès l'Antiquité puis à des générations de commentateurs – jusqu'aux temps modernes. Sur le chantier de Babel, glosent les rabbins, le matériel comptait plus que les hommes : « quand une brique tombait, tout le monde était très affligé[1] », mais « si quelqu'un tombait et mourait, ils ne lui prêtaient aucune attention[2]. »

Alors, dit la Genèse, Dieu intervient contre le chantier de Babel :

> Or Yahvé descendit pour voir la ville et la tour que les hommes avaient bâtie.
>
> Et Yahvé dit : « Voici que tous font un seul peuple et parlent une seule langue, et tel est le début de leurs entreprises ! Maintenant, aucun dessein ne sera irréalisable pour eux. Allons ! Descendons ! Et là, confondons leur langage pour qu'ils ne s'entendent plus les uns les autres.
>
> Yahvé les dispersa de là sur toute la face de la Terre et ils cessèrent de bâtir la ville.
>
> Aussi la nomma-t-on Babel, car c'est là que Yahvé confondit le langage de tous les habitants de la Terre et c'est de là qu'il les dispersa sur toute la face de la Terre.

Que veut ici le Créateur ? Agir en faveur de sa Création. Il veut empêcher les hommes de croire qu'« aucun dessein n'est irréalisable », mirage qui sera celui de la civilisation occidentale des millénaires plus tard.

---

1. Rabbi Jacob ben Isaac Achkenazi de Janow, XVIIe siècle : *Commentaires sur la Torah*, Verdier, 1987.
2. *Pirqé de-rabbi Eliézer*, section 1 (IXe siècle).

Que fait Dieu pour cela ? Il détruit le système de Babel en dispersant les hommes « sur toute la face de la Terre ».

Par quel moyen ? En les faisant parler des langages différents. Commentaire des rabbins : « Le Saint, béni soit-Il, s'adressa aux soixante-dix anges qui se trouvaient autour du trône divin : "Descendons et mélangeons les langues pour en faire soixante-dix langues". Dieu tira au sort avec les anges. Chaque ange prit une nation et lui apprit une langue[1]. » Autrement dit : la diversité des cultures correspond à la diversité du vivant dans toute la Création. L'écologie humaine trouve sa plus lointaine racine dans ce texte de la Bible.

La suite de la Bible confirme l'esprit de la Genèse

Tout le monde connaît plus ou moins les Dix Commandements[2] donnés par Dieu à Moïse, au Sinaï. C'est dans le livre de **l'Exode**. Le pacte initial de la Genèse s'intensifie et change de registre : il se condense dans l'alliance particulière de Dieu avec un groupe humain qu'il a fait naître d'Abraham. Les Dix Commandements sont le cœur du judaïsme et l'un des piliers du christianisme.

Mais ce chiffre 10, à quoi fait-il penser les exégètes ? Au texte de la Genèse, qui raconte la Création en dix étapes :

– « Dieu dit : "Que la lumière soit", et la lumière fut… »

– « Dieu dit : "Que la terre verdisse de verdure…" » Etc.

Pour Dieu, dire c'est faire. Par dix paroles, il crée l'univers.

Les Dix Commandements du Sinaï sont donc en résonance avec l'acte de la Création.

1. *Ibid.*
2. *Exode* 20, 1-14.

Ils mentionnent aussi un jour sacré : « Le septième jour, shabat pour Adonaï, ton Elohîm, tu ne feras aucun ouvrage[1]... » Car le septième jour est celui où le Créateur s'est « reposé » selon la Genèse. Sanctifier le sabbat est le premier devoir du peuple de Dieu. Dans le symbole des « sept jours », le chiffre 7 désigne la totalité et c'est le nombre d'une phase de la lune. « Ainsi nous explique-t-on dans ce récit que le rythme de notre planète-sœur marque aussi le rythme de la vie humaine. Il est évident que nous ne croupissons pas dans notre petit moi, mais participons au mouvement de l'univers. C'est du ciel que nous apprenons pour ainsi dire le battement, le rythme de notre propre vie, et nous vibrons ainsi à l'unisson avec l'univers rationnel. Dans la Bible, cette pensée est encore plus accentuée. Elle nous montre que le rythme des astres fait au fond écho au battement du cœur, au rythme de l'amour de Dieu qui s'y manifeste[2]. »

*

Dans le livre du **Deutéronome**, à la veille de l'entrée dans la Terre Promise, Moïse mourant réexprime la foi hébraïque et place chaque membre du peuple face à un choix vital.

> Vois ! J'ai donné en face de toi, aujourd'hui,
> la vie et le bien, la mort et le mal...
> Vis, multiplie : Adonaï ton Elohîm te bénit,
> là, sur *la terre* où tu viens pour en hériter.
> Mais si ton cœur fait volte-face
> et que tu n'entendes pas [...],
> si tu te prosternes devant d'autres Elohîm et que tu les serves,

1. Exode 20, 10 (trad. Chouraqui).
2. Quel écologiste a écrit cela ? Joseph Ratzinger, qui allait devenir chef de l'Église catholique. *Op. cit.*

je vous le rapporte aujourd'hui, oui, vous perdrez, vous perdrez !
Vous ne *prolongerez pas les jours sur la glèbe* [...].
J'en atteste contre vous aujourd'hui les ciels et la terre :
La vie et la mort, je les donne en face de vous,
la bénédiction et la malédiction.
Choisis la vie afin que tu vives, toi et ta semence,
pour aimer Adonaï ton Elohîm, pour entendre sa voix,
pour coller à lui : oui, *Il est ta vie, la longévité de tes jours,*
pour *rester sur la glèbe* qu'Adonaï a juré à tes pères,
à Abrahâm, à Is'hac et à Ia'acob, de leur donner[1]... »

Ce texte associe clairement deux lignes de force : a) l'orientation éthique (centrée sur Dieu) de la vie de chacun et du peuple entier ; b) la longue durée de la vie sur cette Terre.

Cesser tout travail pendant une journée afin de la consacrer à Dieu ! Le Deutéronome[2] appelle lui aussi les Hébreux à observer le sabbat prescrit par les Dix Commandements. Il se fonde sur le « repos » de Dieu au Septième Jour, cœur de la Création du monde. « Le point important est que les six jours de travail sont tournés vers le Septième Jour ; tout au long de la semaine nous devons nous souvenir du sabbat, même compter les jours dans la perspective du septième [...]. Personne n'achève son travail de création en six jours. Même l'œuvre créatrice de Dieu se poursuit sans cesse. Mais ce n'est pas de cela qu'il s'agit dans le sabbat. Ce qui importe, ce jour-là, est de ne pas nous soucier de la Création mais de la célébrer : c'est un jour de prise de conscience reconnaissante[3]... »

Pour célébrer le Créateur en accordant repos à la Création, le livre du Lévitique institue une année « sabbatique » de

1. Deutéronome 30, 15-20 (trad. Chouraqui). Les italiques sont de nous.
2. 5, 12-16.
3. Jacob Neusner, *Un rabbin parle avec Jésus,* Cerf 2008.

jachère : tous les sept ans, les récoltes seront considérées comme la propriété de tous, riches, pauvres, étrangers, esclaves, et le surplus sera abandonné aux « bêtes du pays ». L'idée aurait de quoi faire rêver les écologistes sociaux du XXIe siècle : non seulement repos à la terre, mais remise de toutes les dettes ! Le Lévitique institue même une « année du jubilé » – *Chemittah* – tous les cinquante ans (au bout de « sept semaines d'années » : le symbole du 7 de la Genèse). Cette année-là, toutes les terres seront rendues à leurs propriétaires d'origine, tous les esclaves seront libérés…

La tradition juive dit que le sabbat est « la fête de toute la Terre », « l'anniversaire du monde », et qu'il « reflète le monde à venir ». Les exégètes chrétiens insistent : ce sera un monde nouveau dans lequel hommes, animaux et terre auront part ensemble et fraternellement à la paix divine. Dieu a créé le monde pour nouer avec l'homme une relation privilégiée, mais cette relation ne fait pas de l'homme le tyran du monde. Au contraire : le sabbat est là pour lui dire de ne pas se rendre esclave de son activité économique !

Les prophètes juifs le rappellent en termes vigoureux, qui parlent d'une révolte de la nature contre une société humaine en proie à l'économique :

> Écoutez ceci, vous qui dites […] :
> « Quand donc sera passé […] le sabbat,
> que nous écoulions le froment ?
> Nous achèterons les faibles à prix d'argent
> Et les pauvres pour une paire de sandales… »
> À cause de cela *la terre ne tremble-t-elle pas ?*
> Tous ceux qui l'habitent ne sont-ils pas en deuil ?
> *Elle monte, comme le Nil, tout entière,*
> *Elle gonfle puis retombe, comme le Nil d'Égypte !*
> Il adviendra en ce jour-là – oracle du Seigneur Yahvé –

> *que je ferai coucher le soleil en plein midi*
> *et que j'obscurcirai la terre en un jour de lumière.*
> Je changerai vos fêtes en deuil[1] [...].

Ce problème du sabbat – dû à Dieu, bon pour la Terre, mais mal respecté par les hommes – prendra une telle importance que le second livre des Chroniques[2] lui attribue la catastrophe de la déportation à Babylone :

> Puis Nabuchodonosor déporta à Babylone le reste échappé à l'épée ; ils durent le servir ainsi que ses fils jusqu'à l'établissement du royaume perse, accomplissant ainsi ce que Yahvé avait dit par la bouche de Jérémie : « Jusqu'à ce que le pays *ait acquitté ses sabbats,* il chômera tous les jours de désolation, jusqu'à ce que soixante-dix ans soient révolus. »

En revenant de Babylone, les anciens exilés s'engageront par procès-verbal solennel à respecter l'année sabbatique : « Nous ferons abandon des produits du sol, la septième année, et de toute créance[3]. » Les dîmes aussi seront suspendues cette année-là... Il faudra les lois fiscales implacables des Romains (après la destruction du Temple de Jérusalem par Titus, en 70 de notre ère) pour que les rabbins renoncent à faire observer l'année sabbatique.

*

Composé sans doute au ve siècle avant notre ère, en tout cas après le retour de Babylone, le **livre de Job** est un progrès de

1. Amos 8, 4-10. Les italiques sont de nous.
2. 36, 21 (trad. Bible de Jérusalem).
3. Néhémie 10, 32 (*idem*).

la méditation d'Israël face à son Dieu – et aux duretés de l'existence.

Job est un juste. Il est soudain frappé dans ses biens, sa famille et sa santé. Lui et ses amis cherchent à comprendre ces coups du sort : c'est la fin de la vieille idée selon laquelle Dieu était censé faire la prospérité des bons (et la ruine des méchants). La question est agitée au long de quarante-deux chapitres. À la fin, Dieu prend la parole… C'est pour dire à Job que le Créateur ne doit pas de comptes à ses créatures, et qu'une raison supérieure sous-tend l'univers – qui est son œuvre à Lui :

> As-tu, une fois dans ta vie, commandé au matin ?
> assigné l'aurore à son poste ? […]
> As-tu pénétré jusqu'aux sources marines,
> circulé au fond de l'Abîme ?

Les deux discours de Dieu dans ce livre sont d'une intense poésie cosmique où roulent la neige, la grêle, les nuages et les constellations, où courent les fauves, où l'on compare la plume de l'autruche et celle du faucon. « Où étais-tu quand je fondais la Terre ? » demande Yahvé. Job, le croyant, admet que la raison de l'univers ne vient pas de l'homme :

> Je sais que tu es tout-puissant :
> ce que tu conçois, tu peux le réaliser.
> J'étais celui qui voile tes plans,
> par des propos dénués de sens.
> Aussi as-tu raconté des œuvres grandioses
> que je ne comprends pas,
> des merveilles qui me dépassent et que j'ignore[1].

1. Job 42, 2-3.

Ces merveilles que le Créateur vient de « raconter », ce sont les richesses innombrables de sa Création. Il y a dans le livre de Job une écologie implicite : l'homme peut pénétrer certaines des merveilles de la nature, mais il ne les saisira jamais toutes puisqu'il n'en est pas l'auteur ! Pour les générations qui liront ensuite la Bible, il devrait être facile de comprendre que si Dieu (non l'homme) fait exister la nature, celle-ci n'est pas livrée à l'homme pour qu'il en abuse. Du moins tant que l'homme croit en Dieu.

Et comme Dieu fait ce qu'Il veut, raconte la Bible, il finit par combler Job d'animaux en foule : « Quatorze mille brebis, six mille chameaux, mille paires de bœufs et mille ânesses »...

« Les animaux travaillent pour l'homme, le nourrissent, le protègent. Ils l'aident à comprendre son animalité, sa diversité, ses contradictions, ses élans, ses pesanteurs, sa durée et sa fragilité[1] », écrit un dominicain du XXe siècle : « Chaque variété d'animal instruit l'homme. La Bible distingue bien le taureau du bœuf et de la vache. Que reste-t-il à l'homme en propre ? Espérer que la vie enrichie retourne à Dieu. »

*

Le livre des **Psaumes** est un recueil de cent cinquante pièces, composé lui aussi au retour de l'exil à Babylone (fin du VIe siècle). Il relit, ressaisit, réactualise dix siècles de prières populaires. On y entend les échos des prophètes. C'est un sommet de la poésie mystique : des cris d'adoration, d'angoisse, d'espérance, qui émerveilleront Claudel au XXe siècle : « Quels horizons ! ceux de la nature, ceux de l'his-

1. Serge Bonnet, *D'une fenaison à l'autre*, Klopp, 1992.

toire, ceux de la grâce, jusqu'à la consommation des siècles[1] ! »

La Création connaît son Créateur, dit le psaume 18 :

Les cieux proclament la gloire de Dieu
Le firmament raconte l'ouvrage de ses mains,
Le jour au jour en livre le récit
Et la nuit à la nuit en donne connaissance.
Pas de parole dans ce récit,
Pas de voix qui s'entende ;
Mais sur toute la Terre en paraît le message,
Et la nouvelle, aux limites du monde[2].

Le psaume 71 (72) chante le Roi de Paix qui libérera les pauvres de l'oppresseur. Il chante aussi le cosmos qui fait partie de son royaume car le « social », la nature et l'espérance mystique sont inséparables :

Que les montagnes accueillent la Paix
qui descend vers ton peuple ;
que les collines portent la Paix dans la justice.
Il rendra justice au peuple des pauvres [...].
Il prolongera ses jours, autant que le soleil,
autant que la lune, d'âge en âge.
Il descendra comme la pluie sur le gazon,
comme une ondée qui pénètre la terre[3].

Même élan cosmique dans le psaume 97 (98) :

---

1. Paul Claudel, *Psaumes*, Téqui, 1986.
2. Traduction liturgique catholique.
3. *Psautier chrétien,* Dom Claude Jean-Nesmy, Téqui, 1978. Même source aux citations suivantes.

Que la mer s'ébranle
de toute la masse de ses eaux,
les vastes étendues de la terre, et tous ceux qui l'habitent.
Que les fleuves battent des mains,
que dansent de joie les montagnes,
devant le Seigneur, car Il vient !

Dans le psaume 64 (65), le monde entier est dans la main du Créateur :

Tu fais crier de joie
les portes du matin et du soir [...].
Le fleuve de Dieu est gonflé de ses eaux :
tu as préparé leur froment.
– Oui, tu le prépares,
abreuvant les sillons, écrasant les mottes ;
tes averses l'amollissent, tu bénis son germe.

Le psaume 103 (104) est un hymne à Dieu pour la nature :

Toi qui déploies les cieux comme un voile,
et sur les eaux bâtis tes chambres hautes ;
toi qui prends pour char les nuées,
qui planes sur les ailes du vent [...].
Toi qui fais jaillir les sources en torrents,
et leur traces un chemin au milieu des montagnes...
Au-dessus, l'oiseau du ciel habite,
et sous le feuillage fait entendre sa voix.
De tes chambres hautes, tu arroses les monts,
tu rassasies la terre du fruit de ton ouvrage.
Tu produis l'herbe pour les bêtes de somme,
la prairie pour l'humble serviteur des hommes.
Toi qui fais venir le pain de la terre,

et le vin qui réjouit le cœur de l'homme [...].
Les arbres du Seigneur éclatent de sève,
les cèdres du Liban qu'il planta [...].
De ta Création la Terre est pleine :
cette grande mer, large et profonde ;
là fourmillent des vies qu'on ne saurait compter,
l'infiniment petit et les bêtes énormes.
Là, d'un bord à l'autre, croisent des navires,
Léviathan que tu fis pour jouer.

Et le psaume 148 offre à Dieu la louange de toutes ses créatures :

Louez le Seigneur, soleil et lune,
étoiles de lumière, louez le Seigneur !
Louez le Seigneur, ciel des cieux,
et toutes les eaux par-dessus les cieux [...].
De la terre, louez le Seigneur,
dragons des abîmes perdus,
feu et grêle, neige et brouillards,
vent des tempêtes, qui accomplis sa parole,
montagnes, et toutes les collines,
arbres des vergers et des forêts,
bêtes sauvages, troupeaux de l'univers,
ombres souples sous les eaux, battements d'ailes dans le ciel,
rois de la terre et tous les peuples,
princes, et tous les juges de la terre,
jeunes gens et jeunes filles,
les vieillards et les enfants !

Il y a une sorte de « fraternité » de la nature et de l'homme, puisqu'elle et lui ont un même père ; le thème de l'homme dans la Création[1] se retrouvera chez les mystiques médiévaux, chrétiens et juifs.

*

La nature est chaudement présente – liée à l'homme et la femme – dans le livre du **Cantique des cantiques** : *Chir ha-Chirîm*, c'est-à-dire LE cantique par excellence. C'est l'un des textes les plus célèbres de la Bible. Et l'un des plus singuliers. « Qu'il me baise des baisers de sa bouche/Tes amours sont plus délicieuses que le vin... ». Ce groupe de huit poèmes, cent dix-sept versets au total, a représenté un casse-tête pour les rabbins lorsqu'ils ont établi leur canon de la Bible au début de notre ère : il s'agissait d'un chant de désir et d'amour profane, et le nom de Dieu n'y était pas mentionné – sauf dans un épilogue qui ne figurait pas dans toutes les versions ! Les rabbins l'ont tout de même accepté, résolvant le problème en disant que ces amours symbolisaient « les noces de Dieu, l'Amant, et du peuple d'Israël, l'Aimée ». « Toutes les Écritures sont saintes, le *Chir ha-Chirîm* est saint entre les saints », déclara le plus grand sage de l'époque, Aqiva ben Yosef[2].

Rien n'interdisait cette interprétation : d'autant que la vision hébraïque de l'homme ignorait la tentation « dualiste » (opposer le corps et l'âme) – qui allait sévir cycliquement chez des chrétiens jusqu'à l'époque moderne. Mais surtout, le Cantique exorcisait l'Éros païen ; il ne déviait pas les comportements humains vers les outrances des déités mythologiques. « Sous l'influence du yahvisme, il considérait la vie

1. Au XXIe siècle, prier avec les psaumes fait partie de la démarche quotidienne des juifs et des chrétiens – quand ils sont croyants et prennent leur religion au sérieux, plutôt que d'y voir une simple « identité ».

2. Martyrisé en 135 à Césarée par les Romains (à l'âge de 90 ans).

sexuelle avec un sain réalisme[1] », et son apologie de la fidélité faisait tomber les objections. On le classa donc parmi les livres de sagesse de la Bible.

Ainsi entrait dans le canon des Écritures, donc dans le patrimoine culturel mondial, une allégorie de l'alliance entre l'humain et la nature – inséparable (selon les sages) de l'alliance entre l'humain et Dieu :

> Mon bien-aimé élève la voix,
> il me dit :
> « Lève-toi, ma bien-aimée,
> ma belle, viens.
> Car voilà l'hiver passé,
> c'en est fini des pluies, elles ont disparu.
> Sur notre terre les fleurs se montrent,
> La saison vient des gais refrains,
> Le roucoulement de la tourterelle se fait entendre
> Sur notre terre.
> Le figuier forme ses premiers fruits
> Et les vignes en fleur exhalent leur parfum.
> Lève-toi, ma bien-aimée,
> Ma belle, viens ! »
> « [...] Viens, mon bien-aimé,
> allons aux champs !
> Nous passerons la nuit dans les villages,
> Dès le matin nous irons aux vignobles.
> Nous verrons si la vigne bourgeonne,
> Si ses pampres fleurissent,
> Si les grenadiers sont en fleurs.
> Alors je te ferai le don de mes amours.
> les mandragores exhalent leur parfum,
> À nos portes sont tous les meilleurs fruits [...]. »

1. André Robert, *Études sur le Cantique des cantiques*, Gabalda, 1982.

Et la bien-aimée dit dans l'épilogue :

> L'amour est fort comme la Mort,
> la passion inflexible comme le Shéol[1].
> Ses traits sont des traits de feu :
> une flamme de Yahvé.

La lecture attentive révèle deux significations : l'une sur un plan humain, l'autre sur un plan cosmique « relatif à la Création entière ». La poésie hébraïque « voit le réel sous la forme d'un homme, et dans cet homme la totalité de l'univers » ; le Cantique est le poème sacré par excellence, « celui qui célèbre l'amour absolu, dans des perspectives et sur des rythmes qui font écho à la sublimité du chant de l'univers ». Les deux amants « célèbrent l'amour réalisé dans la mutation de l'être, scellé à jamais, inexorable comme la mort. »[2]

Une mutation de l'être *plus forte* que la mort, et le rôle-clé de l'amour dans la relation du Créateur et de la créature : ce sera la perspective de l'Évangile chrétien.

2. L'Évangile, la nature et le cosmos

Le christianisme et le judaïsme ont la même racine. Ils se sont développés dans deux sens différents dès le Ier siècle[3], voire dès l'époque de Jésus si l'on tient compte du témoi-

---

1. Shéol : séjour des morts. Le redoublement de l'image est un trait de la poésie hébraïque.
2. A. Chouraqui, *op. cit.*
3. Cf. André Paul, *À l'écoute de la Torah*, Cerf, 2004. Cet universitaire spécialiste de la Bible réfute les émissions télévisées de Prieur et Mordillat, qui imposaient l'idée d'une séparation tardive.

gnage des Évangiles, comme le fait le rabbin Neusner[1]. Autour du noyau militant des pharisiens, courant exigeant et créatif qui engendrera le judaïsme rabbinique, la grande majorité des croyants juifs choisissent de ne pas suivre Jésus. Pourquoi ? Réponse de Neusner : à cause de ce que Jésus disait de lui-même. Il s'appuyait sur la Loi et les Prophètes, mais avec un « glissement fondamental » qui touchait sa personne. Il se tenait sur la montagne en prenant « la place de la Torah » et en disant : « personne ne connaît le Père excepté le Fils et celui à qui le Fils l'a révélé » ! Si le Fils était Jésus, alors Jésus se disait Dieu et cette déclaration était inadmissible. D'autant qu'elle était précisée par une série de paroles et d'actes... Notamment lorsque Jésus se présentait comme le maître du sabbat, laissant entendre que le sacré s'était transféré du Temple à lui-même[2]. Et lorsqu'il ajoutait : « Mon Père, jusqu'à maintenant, est toujours à l'œuvre, et moi aussi je suis à l'œuvre », non seulement il violait le repos du sabbat, mais « il disait que Dieu était son propre Père, et il se faisait ainsi l'égal de Dieu » (Jean 5, 18) : crime capital dans l'Israël antique. Cela aura pour conséquence inéluctable – et légale – le drame du Golgotha, probablement en l'an 30.

Paul de Tarse : une promesse inouïe à toute la Création

Mais selon les Évangiles et le livre des Actes des apôtres, le Golgotha permet la résurrection de Jésus. Les disciples se déclarent « témoins oculaires » de cette résurrection : « Nous avons mangé et bu avec lui après sa résurrection des morts[3] »,

1. *Op. cit.*
2. Matthieu, 1-8 : « Il y a ici plus grand que le Temple... »
3. Actes 10, 41.

dit Pierre. « Il est apparu pendant plusieurs jours à ceux qui étaient montés avec lui de Galilée à Jérusalem, et qui sont maintenant ses témoins devant le peuple », dit Paul à la synagogue d'Antioche[1]... De cette résurrection du Christ, le même Paul déduit une vision du monde sans précédent.

« Tous revivront dans le Christ[2] », écrit-il aux Corinthiens en l'an 56. En 57 ou 58, il écrit aux Romains que *la Création entière* est concernée par cette promesse :

> *La Création* attend avec impatience la révélation des enfants de Dieu. Assujettie au néant – non de son gré, mais par la volonté de celui qui l'y a soumise –, elle garde l'espoir *qu'elle aussi* sera affranchie de l'esclavage de la corruption pour participer à la liberté glorieuse des enfants de Dieu. Nous savons en effet que maintenant encore *la Création tout entière* gémit et souffre les douleurs de l'enfantement. Pas elle seulement : nous aussi, qui possédons les prémices de l'Esprit, nous gémissons en nous-mêmes dans l'attente de l'adoption, la rédemption de notre corps[3].

Ce qui veut dire que les hommes et le reste de la Création sont solidaires, dans la souffrance et le « néant » infligés par le péché humain. Ils sont solidaires aussi dans l'espérance d'une vie nouvelle dans le Christ.

Car Dieu, pour la théologie de Paul, nous a dévoilé « le mystère de sa volonté, de ce qu'il prévoyait dans le Christ pour le moment où les temps seraient accomplis : dans sa bienveillance, il projetait de saisir *l'univers entier*, ce qui est au ciel

1. Actes 13, 31.
2. 1 Corinthiens 15, 28.
3. Romains 8, 19-23. Les italiques sont de nous.

et ce qui est sur la terre, en réunissant *tout* sous un seul chef, le Christ[1] ».

Celui-ci est en effet

> [...] l'image du Dieu invisible,
> le premier-né par rapport à *toute créature,*
> car c'est en lui que *tout* a été créé
> dans les cieux et sur la terre,
> les êtres visibles et les puissances invisibles :
> *tout* a été créé par lui et pour lui.
> Il est avant *tous les êtres,* et *tout* subsiste en lui
> [...] Il est le commencement, le premier-né d'entre les morts,
> puisqu'il devait avoir en tout la primauté :
> car Dieu a voulu que dans le Christ
> *toute chose* ait son accomplissement *total*[2].

Ces textes sont la clé de la foi chrétienne. Or ils ont une dimension cosmique sans équivalent, à tout jamais révolutionnaire, perçue comme telle par le monde mental de l'Antiquité :

– À l'inverse de la pensée grecque, il ne s'agit plus de libérer le « spirituel » du « matériel », mais de faire entrer l'homme en chair et en os (et toute la Création) dans le salut divin : ce que l'Apocalypse nommera « un ciel nouveau et une terre nouvelle », un cosmos renouvelé, libéré du mal et de la mort.

– À la différence du judaïsme rabbinique qui va se développer parallèlement au christianisme, il ne s'agit pas d'accéder

1. Éphésiens 1, 9-10.
2. Colossiens 1, 15-20.

à Dieu par le Texte mais par l'adhésion à une Personne : Jésus, le « Fils du Père ».

On comprend pourquoi Paul dit que l'annonce chrétienne est « un scandale pour les juifs et une folie pour les peuples païens[1] ».

Les Athéniens le lui ont confirmé lors de sa visite missionnaire, en l'an 49 ou 50 : « Quand ils entendirent parler de résurrection des morts, les uns se moquèrent, d'autres dirent : "Nous t'entendrons là-dessus une autre fois." [2] »

La promesse chrétienne de Paul sera toujours une folie deux mille ans plus tard : à la fin du XXe siècle, on verra des Occidentales déclarer croire à la réincarnation hindouiste (ou à l'idée qu'elles s'en font), plutôt que d'espérer la résurrection « comme ma grand-mère ».

Mais la pierre angulaire chrétienne restera la foi en la résurrection du Christ, Dieu et homme, et la promesse de cette résurrection étendue à toute la Création :

> La vie de toute l'humanité, la vie de toute la Création, est vraiment la génération du Christ. Comme le Père céleste engendre éternellement le Verbe, sa Parole, ainsi l'humanité se réalise et la Création atteint sa perfection en engendrant la Parole de Dieu, le Christ. De là découle la participation de toute l'humanité à la maternité divine ; et toute l'histoire du monde n'est plus que la génération, l'enfantement du Christ. [...] Et Jésus n'est plus seulement le fils de Marie, mais il est le fils de toute la Terre, il est engendré par toute la Création : « la terre a donné son fruit[3] ! » [...]. L'incarnation est l'acte suprême de toute l'histoire du monde, l'acte qui réalise jusqu'à sa perfec-

1. 1 Corinthiens 1, 23.
2. Actes 17, 32.
3. Psaume 66 (67).

> tion souveraine la Création de Dieu. [...] Le Christ est la Parole de Dieu au monde, et la Parole que le monde dit à Dieu[1].

Dieu crée le monde par les dix paroles de la Genèse. Il crée Israël par les dix paroles du Sinaï. Quand l'Ancien Testament dit « parole », il pense à la Création. Quand le Nouveau Testament dit « parole » – ou « Verbe » – de Dieu, il pense à la personne du Christ. Dans la foi chrétienne, le Christ est la Parole du Père (Jean 1, 14, Matthieu 11, 27) ; étant la Parole du Père, le Fils est celui par qui Dieu crée, puisque Dieu crée par sa Parole. Donc le Fils est en Dieu. Il est Dieu.

Et en même temps c'est un homme ! Comment peut-il avoir deux natures ?

La pensée chrétienne – dès ses débuts au Ier siècle – s'approche de cette « constatation » insondable. Paul inaugure, très tôt, la réflexion à son sujet. Il faudra quatre cents ans pour situer ce mystère aussi complètement que le peut la raison. L'Église le formule sous sa forme définitive lors d'un concile tenu en 451 dans la ville de Chalcédoine. Le troisième concile de Constantinople (en 680) reconnaît deux volontés dans le Christ, l'une divine et l'autre humaine : idée pour laquelle bataillera un théologien syrien, saint André de Crète, auteur du Grand Canon du Carême byzantin et de cette invocation :

> Ô Croix,
> réconciliation du cosmos,
> hauteur du ciel
> profondeur de la terre
> étendue de tout le visible
> largeur de l'univers [...].

1. Divo Barsotti, *La parole et l'esprit (l'exégèse spirituelle)*, Téqui, 1977.

Le Christ récapitule tout en lui : voilà ce que pense le christianisme. S'il cessait de le penser, il n'existerait plus. À la fin du XXe siècle, un dirigeant du mouvement Pax Christi en France écrit : « La résurrection du Christ est le processus initial de la prodigieuse entreprise de Création offerte à l'humanité entière sans exception, [...] ce grand courant de vie qui a son origine dans le Ressuscité[1]. »

3. Les deux Testaments et le rôle de l'homme dans l'univers

Intellectuel berbère des derniers temps de l'Empire romain, saint Augustin n'a pas bonne image dans nos médias. Face aux « images stéréotypées ou prétendument nouvelles mais fausses[2] » qui circulaient sur lui, les historiens spécialistes se trouvaient obligés de le défendre dès les années 1970. Aujourd'hui Augustin est cité – par les journalistes – comme le mauvais génie des papes modernes : spécialement de Benoît XVI, jugé irritant. Selon eux, l'évêque antique serait l'inspirateur d'un « pessimisme » qui hanterait les actes et les idées de Josef Ratzinger.

La presse ne précise pas ce qu'elle entend par « pessimisme ».

A-t-elle au moins lu des textes d'Augustin ? Elle a entendu parler des *Confessions,* quand on y voyait une préfiguration de la psychanalyse ; c'était naguère. Aujourd'hui Freud (ostracisé par les ultras des neurosciences) est aussi mal vu que les

1. René Coste, *Dieu et l'écologie*, L'Atelier, 1994.

2. Lettre d'Henri-Irénée Marrou (Sorbonne) à Anne-Marie La Bonnardière (CNRS, EPHE).

papes (ostracisés par Michel Onfray). Les *Confessions* ne sont plus à proposer aux leaders d'opinion.

Prenons alors les commentaires d'Augustin sur les psaumes : *Enarrationes in psalmos*, écrits autour de l'an 400. Est-ce qu'on y trouve du pessimisme ?

Augustin plaide non coupable

Ce que l'on y trouve, et avec surprise, ce sont des élans lyriques envers la nature.

– *Sur le psaume 26* :

> Qui donc exprimera toute la Création ? qui trouvera la louange pour l'exprimer ? qui célébrera comme il convient le ciel et la terre, la mer et tout ce qui s'y trouve ? [...] Qui célébrera comme il convient cet élan vital qui nous habite, qui nourrit notre corps, qui meut nos membres, qui éveille nos sens, et encore : notre mémoire qui enregistre tant de choses, notre intelligence qui saisit tant d'objets. [...] Que dire à propos de leur Créateur, si ce n'est que, tout discours défaillant, demeure seule possible la jubilation[1] ?

– *Sur le psaume 99* :

> Nous considérons par exemple la Création tout entière, la terre, la mer, le ciel et tout ce qu'ils contiennent. Nous remarquons que chaque objet a son origine et ses causes, sa semence dotée de vertus spécifiques, une manière propre de se constituer, de subsister, voire de dépérir. [...] Je ne sais quelle force invisible, l'esprit ou l'âme, disons-nous, porte tous les vivants à

1. II, 12.

> rechercher ce qui les comble, à éviter ce qui les détruit, à conserver leur intégrité spécifique comme le reflet d'une certaine unité de l'être. Enfin nous voyons que l'homme, lié à l'animal par son existence sensible parce qu'il voit, parce qu'il entend, est aussi lié aux anges de Dieu : il a l'idée de Dieu, objet propre des esprits ; il discerne le bien et le mal comme l'œil distingue le blanc du noir [...].

– *Sur le psaume 144* :

> La beauté de la Terre est comme la voix de cette terre muette. Tu t'y attaches, tu vois cette beauté, cette fécondité, cette force, tu vois ce que la terre fait des semences, tu vois les fruits dont elle te comble sans que tu les aies semés. Tu vois, et de l'application de ton esprit naît une question que tu lui poses ; toute recherche, d'ailleurs, est une mise en question [...].

– *Sur le psaume 148* :

> Contemple le ciel : il est beau ; contemple la terre : elle est belle ; tous deux sont rayonnants de beauté. Dieu les a faits, il les dirige, il oriente leur cours, il est présent à toute leur histoire, il en détermine lui-même les moments et il les détermine par rapport à ce qu'il est. [...] Comme il a tout fait, comme rien n'est plus grand que lui, toutes ses œuvres sont au-dedans de lui, il les enclôt [...].

Un être sombre, un théoricien du « mépris du monde », conditionné par un néo-platonisme abstracteur de quintessences : c'est le portrait d'Augustin depuis la fin du siècle dernier. En réalité il avait un autre caractère : « Je suis celui qui peut rester des heures au soleil à regarder un lézard », dit-il dans les *Confessions.* Ce chercheur théologien est inspiré par les créatures terrestres : « Ma question, c'est mon attention, et leur réponse, c'est leur beauté[1]. » Il compare l'Écriture à « de belles forêts » ; il voit les exégètes comme des cerfs qui viennent dans ces forêts « se ressaisir et se restaurer, se promener et pâturer, se coucher et ruminer[2] ». Augustin aime cette Terre, ses couleurs, ses odeurs. Il en tire une *delectatio* évidente.

Il a lu Cicéron et les philosophes ? Oui, mais son idée de l'homme et du monde n'est pas la leur : c'est celle de la Bible. (Aujourd'hui on dit qu'il la connaissait mal et de seconde main. C'est faux : il en est imprégné, au point de signaler les hellénismes ou les sémitismes qui émaillent la traduction latine.) Pour Augustin comme pour la Bible, l'homme est l'interlocuteur de Dieu, qui est un Vivant, une Personne ; l'homme est solidaire des autres hommes[3], ses frères en mortalité ; l'homme est solidaire de toute la Création. Et la Création est promise à être transfigurée dans le Christ, mort et ressuscité – ajoute Augustin citant le prophète Malachie :

> « Il se lèvera le soleil de justice, portant le salut sur ses ailes » (Ml 3, 20). Alors ce sera notre été. Maintenant, c'est notre hiver ; regarde les arbres : en hiver, ils sont secs. On ne voit pas la racine, mais elle porte la vigne. Quand vient l'été, la vie apparaît. Frères, notre été viendra : le Seigneur viendra et illuminera ce qui était caché[4].

---

1. *Confessions* V, 16, 9.
2. *Ibid.*, XI, a.
3. *Sur le psaume 147.* Augustin déclare à ses auditoires d'Hippone : « Tout bien superflu appartient aux autres comme un bien nécessaire. Le superflu des riches, c'est le nécessaire des pauvres. Ce sont les biens d'autrui qu'on possède, quand on possède du superflu ! »
4. *Sur le psaume 148.*

En écho, le mystique médiéval Bernard de Clairvaux dira :

> Tout le séjour du Christ sur Terre fut une aurore, un clair-obscur, jusqu'au temps où le soleil se coucha pour se relever enfin et chasser l'aurore par l'éclat d'une lumière nouvelle. Au matin, la nuit fut absorbée dans la victoire… Ô vrai midi, plein jour de chaleur et de lumière, où le soleil s'immobilisera, où disparaîtront les ombres ! Ô solstice éternel, jour qui ne baissera plus[1] !

Accuser ces hommes d'être « pessimistes » parce qu'ils croient à la Rédemption (le Christ prenant sur lui les péchés du monde), et dire que ce « pessimisme » est incompatible avec une jubilation cosmique devant la nature, ne correspond simplement pas au christianisme.

Accuser la Bible juive et les Évangiles d'« anthropocentrisme » (mettre l'homme au centre du monde) n'est pas plus sérieux si l'on connaît les psaumes :

> Quand je vois ton ciel, ouvrage de tes doigts,
> lune, étoiles, que tu posas,
> Qu'est-ce que l'homme, que tu t'en souviennes ?
> Le fils d'homme, que tu le visites[2] ?

Cette accusation est pourtant lancée par l'un des courants de l'écologie militante depuis la fin du siècle dernier. Pour mettre l'homme hors d'état de nuire à la planète, il faudrait commencer par censurer le livre de la Genèse – *multipliez, dominez* – et même les Évangiles de la Passion : en donnant sa

1. *Sermons sur le Cantique*, Cerf, 2000, 33, 6.
2. Psaume 8.

vie pour les hommes, le Christ leur donnerait trop d'importance.

Mais si l'anthropocentrisme est un mal, ce mal vient-il de la Bible ?

Non. La Bible n'est pas anthropocentrique : elle est théocentrique, c'est-à-dire tournée vers Dieu. Son message est : *Que l'homme ne se replie pas sur lui-même et ne se croie pas le centre du monde.* Pour l'homme biblique, le monde est débordé de toutes parts (et habité dans ses fibres) par la puissance infinie de Dieu. Pour l'homme chrétien, l'histoire a un sens : le monde, à la fin des temps, se transformera tout entier en corps du Christ... D'ici là, « si l'homme a une responsabilité de par sa conscience, son imaginaire, il n'est qu'une créature de Dieu avec une place particulière[1] », dit le dominicain Jacques Arnould : « Le monde du vivant est traversé par des processus évolutifs très puissants que l'homme ne maîtrise pas. Nous ne pouvons qu'influencer, apporter des modifications au cours de l'évolution. [...] Nous avons tous une responsabilité immédiate, et une certaine influence sur notre environnement. Nous pouvons agir pour le monde qui nous entoure. »

L'anthropocentrisme n'est pas du côté de la Bible.

En revanche, il est du côté des fantasmes biotechnologiques du XXIe siècle, comme il était du côté des mirages politiques totalitaires des XIXe-XXe siècles.

Pour eux le seul monde tolérable est celui que l'homme *fabrique.* Comme l'avait dit Karl Marx le premier : « Les philosophes n'ont fait qu'interpréter le monde de diverses manières ; il s'agit maintenant de le transformer[2]. » Aujourd'hui la

1. 82es Semaines sociales de France, 2007.
2. *Thèses sur Feuerbach*, 1845.

technoscience industrielle penserait comme le vieux Marx, si elle pensait (mais elle ne pense pas : elle *fonctionne*). C'est le contraire de l'esprit biblique, pour lequel le monde créé est un message du Créateur.

Même si les chrétiens pensent que l'homme est le chef-d'œuvre de la vie, même s'ils disent que la Terre est porteuse de ce chef-d'œuvre (unique jusqu'à preuve du contraire), même s'ils jugent que l'astrophysique et la biologie ne démentent pas cette vision – et même s'ils lient le « respect » envers la nature au respect de la dignité humaine… – tout cela *n'est pas* de l'anthropocentrisme : c'est du théocentrisme. La Bible se résume à un appel aux hommes pour qu'ils restent ouverts à Dieu. Donc, pour qu'ils se reconnaissent « créatures » parmi la Création.

Que les chrétiens aient suivi ou non cet appel au cours des temps, c'est une autre histoire.

Chapitre II

AU MOYEN ÂGE : « LA VERDURE, PLUS BELLE QUE TOUT… »

Connaissons-nous le Moyen Âge ? Beaucoup s'en font une idée fausse.

Sur le Web, un nombre surprenant de sites affirment que le vert était « la couleur médiévale du diable » : c'est inexact.

Les rayons d'hypermarché sont garnis de BD « médiévales » : leurs scénarios sont pleins de fantasmes d'aujourd'hui. Des milliers d'adultes imaginent le Moyen Âge comme une ère de moines fous et d'idées absurdes : ils s'en tiennent au vieux film tiré du *Nom de la Rose*[1].

Mais beaucoup d'autres ne se laissent pas engluer dans cette méconnaissance. Les visiteurs du Mont Saint-Michel (un des hauts-lieux les plus fréquentés du monde et l'un des écosystèmes les plus étonnants d'Europe) découvrent la vision médiévale de l'homme et du cosmos. Les curieux d'his-

1. Par Jean-Jacques Annaud (1986). Un film riche en budget mais pauvre en idées.

toire apprennent que des monastères furent les berceaux de Munich, Salzbourg, Fécamp, Arras, Cambrai, Gand, Mons, Maastricht, Utrecht, Nimègue, Édimbourg, Glasgow...

Pourquoi parler de moines ici ? Parce que les monastères sont le premier creuset de l'Europe, et que les moines sont des hommes de la Bible. Leur métier est « l'œuvre de Dieu » : louer le Créateur en chantant chaque semaine les psaumes de l'Ancien Testament, en sept jours, pendant les sept offices de chaque jour (encore le chiffre 7 de la Genèse) : matines, laudes-prime, tierce, sexte, none, vêpres, complies... Dans l'abbaye bâtie autour d'une ferme, « les horaires de la louange de Dieu tenaient compte des soins à dispenser à la progéniture des bêtes sauvées dans l'arche de Noé », écrit un moine historien. Ces hommes de la Bible étaient en effet des faiseurs de terre : ils ont « modelé, creusé, canalisé, asséché, défriché, écobué, essarté, reboisé[1] ».

1. Une vision spirituelle de la nature : la forêt et le jardin

Parler d'écologie médiévale n'est pas un anachronisme. Au cours des mille ans du Moyen Âge (en gros : de l'an 500 à l'an 1500), l'homme découvre les limites de la nature. Il apprend par exemple à n'utiliser que l'usufruit des bois, et à mesurer le rôle de la forêt dans l'équilibre à long terme de la société humaine. C'est ainsi que l'Europe découvre la prévision : un art « qui dépasse l'intérêt immédiat pour tenir compte des besoins des générations futures[2] ». En ce sens, l'écologie naît réellement au Moyen Âge, et l'esprit monastique y joue son rôle. Les moines

1. Serge Bonnet, *op. cit.*
2. Roland Bechmann, *La forêt au Moyen Âge*, Flammarion, 1984.

fondateurs protègent les bois qui les abritent et qui les inspirent, parce que l'arbre et la nature ont une valeur mystique pour eux[1] : « Tu trouveras plus dans les forêts que dans les livres : les arbres et les rocs t'enseigneront des choses qu'aucun maître ne te dira[2] », écrit Bernard de Clairvaux. Dans son ordre (celui des cisterciens, fondé en Bourgogne en 1098), entrer dans la vie monastique se dit en ce temps-là : « aller sous les arbres ».

Mais sans défrichement, pas d'agriculture ! Croire que la forêt serait intangible est une idée de citadin moderne. Le royaume des arbres ne cesse d'évoluer. « Après la conquête de l'Angleterre, les rois normands convertirent de larges parties du sol anglais en forêts[3]... » Sur le continent, les forêts s'étendent ou se rétrécissent : dans la Gaule du Bas-Empire romain, elles ont envahi les immenses domaines agricoles défrichés sous les Antonins. On défriche de nouveau sous les Mérovingiens. Puis les Carolingiens protègent la forêt. Puis on redéfriche, sous les premiers Capétiens... Au XIIIe siècle, on protège de nouveau les bois. Les moines d'Île-de-France cessent alors d'essarter[4] et concluent des accords d'exploitation décroissante avec les seigneurs ; la pression agricole s'allège sur les espaces boisés...

Les cathédrales et l'écologie forestière

Les écrivains du romantisme seront touchés de l'atmosphère des cathédrales. Elle évoque, diront-ils, celle des forêts. Ombre et futaie des piliers, verticalité, rais de lumière :

---

1. L'idée que le christianisme et la Bible soient une « religion du désert » opposée aux « religions de la forêt » date du XIXe siècle et ne repose sur rien : la lecture des psaumes suffit à la réfuter.
2. *Œuvres : Lettre à Murdach.*
3. Robert Somers, *Letters from the Highlands,* Londres, 1848.
4. Défricher et mettre en culture.

> Ces voûtes ciselées en feuillages, ces jambages qui appuient les murs et finissent brusquement comme des troncs brisés, la fraîcheur des voûtes, les ténèbres du sanctuaire, les ailes obscures, les chapelles comme des grottes, les passages secrets, les portes abaissées, tout retrace les labyrinthes des bois dans l'église gothique... L'architecte chrétien, non content de bâtir des forêts, a voulu, pour ainsi dire, en conserver les murmures, et au moyen de l'orgue et du bronze suspendu, il a attaché au temple gothique jusqu'au bruit des vents et des tonnerres, qui roule dans la profondeur des bois[1]...

Mais il faut l'œil du technicien pour remarquer une donnée économique révélée par le carnet de dessins du maître Villard de Honnecourt (architecte entre 1225 et 1250) : le XIIIe siècle veut n'utiliser *que peu de bois*[2]. Donc les charpentes sont réduites et légères. Et c'est cette légèreté de structure qui permet d'élever les édifices à des hauteurs sans précédent... Le souci d'épargner le bois est également à l'origine du système des nervures, ces arcs des voûtes qui pouvaient être construits – souligne l'architecte Bechmann[3] – à l'aide de cintres de bois standardisés, donc réemployables. Le miracle gothique serait-il un produit dérivé de l'écologie forestière ?

La forêt imprègne la décoration des cathédrales : de la base des portails au sommet des tours, c'est un foisonnement de feuillages sculptés, chêne, platane, érable, lierre, chardon,

1. Chateaubriand, *Le génie du christianisme*, 1803.
2. « Les charpentiers du Moyen Âge semblent avoir craint d'employer même dans les plus grandes charpentes des bois d'un fort équarrissage et très vieux » (Eugène Viollet-le-Duc, *Dictionnaire raisonné de l'architecture française du XIe au XVIe siècles*, t. 2).
3. *Op. cit.*

armoise, « masques de feuilles » aux clés de voûte. Sur les chapiteaux on voit la fougère, la pomme de pin, l'acanthe, le trèfle qui symbolise la Trinité. Sur les pinacles et les lucarnes, les fleurons bourgeonnent de folioles, de pistils, de têtes humaines naissant de pétales. La vigne évoque le sang du Christ. Le lierre, la fidélité. Le figuier, la fertilité.

Sur la verrière de la cathédrale de Chartres (XIIe siècle), la généalogie du Christ est exprimée par un végétal inouï. Au bas du vitrail, un personnage est étendu : c'est Jessé, l'homme de Bethléem, au chapitre 16 du livre de Samuel. De son corps s'élance, comme un sexe mythologique, le tronc d'un arbre immense dont les rameaux, bourgeons et feuillages portent six personnages royaux superposés : David, Salomon, Roboam, Abias, puis Marie, jusqu'en haut du vitrail où le sommet de l'arbre porte le Christ. Au total *sept* rois : toujours le chiffre 7 de la Genèse, emblème de la totalité… Cette allégorie – qui sera le modèle de tous les arbres généalogiques – est « l'arbre de Jessé », et vient de la prophétie d'Isaïe :

> Un rejeton sortira de la souche de Jessé,
> un surgeon poussera de ses racines.
> Sur lui reposera l'esprit de Yahvé[1].

Ce texte est une prophétie messianique, disent les exégètes, parce que « l'Histoire Sainte est la gestation du Christ, de génération en génération, jusqu'à ce que naisse Jésus. Dans l'homme, Dieu se fait présent lui-même, pour qu'ainsi l'homme lui-même soit Dieu en Jésus-Christ. Temps et éternité sont un dans le Christ. Le corps du Christ sera la nouvelle

1. Isaïe 11,1-9. Jessé est le père de David.

terre et le nouveau ciel[1] ». Quand on lit en entier la prophétie d'Isaïe (ce que faisaient les concepteurs théologiques du vitrail), elle annonce que le « surgeon » de l'Arbre – le descendant de David –, donnera, d'un même mouvement, la justice aux « humbles du pays » et la paix à toute la Création :

> La panthère se couchera avec le chevreau.
> Le veau, le lionceau et la bête grasse iront ensemble,
> conduits par un petit garçon.
> La vache et l'ourse paîtront,
> ensemble se coucheront leurs petits.
> Le lion comme le bœuf mangera de la paille.
> Le nourrisson jouera sur le repaire de l'aspic,
> sur le trou de la vipère le jeune enfant mettra la main.
> On ne fera plus de mal ni de violence sur toute ma montagne sainte,
> car le pays sera rempli de la connaissance de Yahvé,
> comme les eaux couvrent le fond de la mer.

Ce qu'Isaïe annonce ici (selon les codes littéraires d'époque), c'est la transfiguration messianique du monde entier, animaux et humains ensemble[2].

Dans l'univers chrétien, Jésus fils de David est au centre de la Création ; il est « l'alpha et l'omega » de l'histoire de l'univers, comme le dit la liturgie de la nuit du Samedi saint en un déploiement d'images écologiques (la pierre, la cire « œuvre des abeilles », le feu, l'eau) et de lectures bibliques : la Genèse, le Cantique. Chantés chaque jour dans les cathédrales près de l'Arbre du vitrail, les psaumes font écho à la prophétie d'Isaïe : « À toi les cieux, à toi aussi la terre/tu as fondé le monde et sa

1. Divo Barsotti, *Méditations sur les deux livres de Samuel,* Éditions Queriniana, 1996.
2. Voir au chapitre premier, section 2.

plénitude/tu as créé le Nord et le Midi/le Thabor et l'Hermon fêtent ton nom./Éternellement sa lignée demeure !/Son trône est devant moi comme le soleil/comme la lune il dure pour les siècles/et dans les cieux se tient le témoin fidèle[1]... ».

Selon la vision judéo-chrétienne, la révolte de l'homme contre Dieu avait brisé l'harmonie de la Création ; la venue du Messie instaurera la paix entre les êtres, *donc* la joie de la nature. Car les deux sont liés.

Jésus-Christ et les arbres

Au XXIe siècle, ceux qui n'ont pas lu la Bible l'accusent de parler peu et mal de la végétation en général, et des arbres en particulier. C'est encore inexact. Il y a beaucoup d'arbres dans les Écritures. Les biblistes du Moyen Âge, férus de listes et de catalogues, les ont comptés minutieusement. Au début la Bible contient tous les arbres du monde à la fois, dans le jardin d'Éden : et parmi eux les deux arbres mythiques, celui de la Vie et celui du Bien et du Mal[2]. Puis on rencontre, pas à pas, le térébinthe de Sichem où Abraham[3] dresse un autel ; le chêne de Mambré, où Abraham reçoit les Trois Voyageurs[4] ; le chêne-des-pleurs de Béthel[5] ; le térébinthe d'Ophra, à l'ombre duquel s'assied l'ange de Yahvé[6]... Les Écritures sont peuplées d'arbres : « Quand tu assiégeras une ville, tu ne saccageras pas ses arbres en y portant la hache » (Deutéronome 20, 10). « Moi, vert olivier dans la maison de Dieu » (psaume 52).

1. Psaume 88 (89).
2. Genèse 2, 9.
3. *Ibid.* 12, 6
4. *Ibid.* 18, 4
5. *Ibid.* 35, 8.
6. Juges 6, 11.

« L'arbre a une espérance : si on le taille, il reverdit » (Job 14,7). « Tes fils, comme plants d'oliviers » (psaume 128). Le psaume 1 dit à propos de l'homme :

> Il est comme l'arbre
> planté au bord des eaux vives,
> il donnera fruit en son temps.

Ce qui fait écho au prophète Jérémie :

> Béni soit l'homme qui espère en Yahvé.
> Il est comme un arbre planté au bord des eaux :
> Vers le courant il étend ses racines.
> Quand vient l'été, il ne craint pas :
> Son feuillage est toujours vert.
> L'année de sécheresse ne l'inquiète pas :
> Jamais il ne cesse de porter du fruit[1].

Cet homme-là qui est « comme l'arbre », qui est-ce, pour les chrétiens du Moyen Âge ? Tout homme fidèle. Mais d'abord le Christ, tête de l'humanité.

À en croire les polémistes antibibliques d'aujourd'hui, Jésus de Nazareth n'aimait pas les arbres. Ils citent en boucle deux passages de l'Évangile qui parlent de figuiers : Matthieu (21, 18-22), où l'on voit Jésus en « dessécher » un, et la parabole de Luc (13,5) sur le « figuier stérile ». De là à dire que Jésus méprisait la nature, il n'y a qu'un pas – mais à condition d'écarter tous les passages de l'Évangile où l'on parle vignes, blés, eaux vives ; et de ne rien comprendre aux histoires de figuier. Les moines médiévaux ne commettaient pas ces deux erreurs.

1. Jérémie 17, 7-8.

Dans la première affaire de figuier (chez Matthieu), par exemple, Jésus s'approche de l'arbre et voit qu'il ne porte pas de fruit ; il prononce quelques mots ; le figuier se dessèche. Quel sens a cette histoire ? Jésus veut appuyer « par l'image » une leçon spirituelle donnée à ses disciples : « si vous aviez de la foi vous feriez bien plus que cela », etc. On serait naïf d'y voir une « cruauté envers les arbres » ! Le XIIIe siècle ignore ces naïvetés-là. Il connaît le figuier : le *ficus carica* – arbre emblématique du bassin méditerranéen – donne deux récoltes par an, au printemps et à l'été. L'anecdote de Matthieu se situe au mois de *nisan,* soit mars-avril. À cette date, les figues de printemps (le fruit précoce, *bikkurah* en hébreu) devraient être sur l'arbre ; s'il n'y en a pas, c'est que l'arbre est stérile. Jésus le voit et dit : « jamais tu ne porteras de fruit »... Cette parole en forme de constatation provoque-t-elle un dépérissement du figuier en accéléré, sous les yeux des disciples ? C'est ce que rapporte l'Évangile, sous-entendant que Jésus est maître de la Création et qu'il peut jouer avec une loi de la nature pour instruire ceux qui l'écoutent.

En tout cas Jésus s'y connaît en arbres. Dans l'autre texte, celui de Luc, il reprend l'idée du figuier stérile, cette fois pour une leçon d'écologie spirituelle :

> Un homme avait un figuier planté dans sa vigne. Il vient y chercher des fruits et n'en trouve pas. Il dit au vigneron : « Voilà trois ans que je viens chercher du fruit sur ce figuier sans en trouver. Coupe-le ! Pourquoi *épuise-t-il la terre* ? »

Il est donc question de ménager les sols : c'est de la viticulture raisonnée. Mais voici la réponse du vigneron, et c'est une parabole de la patience :

« Maître, laisse-le encore cette année, le temps que je creuse autour et que je mette du fumier. Peut-être fera-t-il des fruits à l'avenir… Sinon, tu le couperas. »

Pour mettre en valeur deux angles différents de l'enseignement du Christ, l'Évangile se sert donc d'arbres. Le Moyen Âge y est sensible. Il va même qualifier la Croix d'« arbre dont le Christ lui-même est le fruit », et cette vision inspirera les mystiques chrétiens durant deux millénaires. Ainsi en Afrique, au XXe siècle, ce choral liturgique de Cajetan Lusanga :

L'arbre qui ploie sous ses fruits, c'est toi
Arbre glorieux !
Ton fruit c'est l'Auteur de la vie,
le Créateur de tous les fruits
Tes fleurs sont les gouttes du sang de Jésus
ta beauté surpasse celle de tous les arbres
Toi l'arbre du salut…

On trouve des arbres dans tout le Nouveau Testament. Le dernier chapitre de l'Apocalypse de Jean décrit la Jérusalem céleste : « Au milieu de la place de la ville, entre les deux bras du fleuve, il y a des arbres de vie qui fructifient douze fois, une fois par mois : et leurs feuilles peuvent guérir les païens[1]. »

Paul, dans le texte fondamental adressé aux *goyim* convertis au Christ[2] et qui laisse ouverte jusqu'à la fin des temps la question des rapports entre le christianisme et le judaïsme, parle en arboriculteur :

1. Apocalypse 22, 2.
2. Lettre aux Romains 11, 11-35.

> Si la racine de l'arbre est sainte, les branches le sont aussi. De ces branches, quelques-unes ont été coupées, alors que toi, qui es une branche d'olivier sauvage, tu as été greffé parmi elles, et tu as part désormais à l'huile que donne la racine de l'olivier. [...] Ce n'est pas toi qui portes la racine, c'est la racine qui te porte.

Le jardin de l'âme et ses plates-bandes

Jésus dans ses paraboles se servira de tout le règne végétal : l'anémone (« lys des champs »), l'ivraie (une graminée sauvage : *lolium perenne*), le sénevé *(sinapis arvensis)*... Selon les quatre évangélistes, l'événement fondateur du christianisme – au matin de Pâques – se situe dans un jardin : là où le Ressuscité se montre pour la première fois, à Marie-Madeleine qui le prend pour le jardinier[1]. C'est en jardinier, la houe sur l'épaule ou la bêche à la main[2], que l'art chrétien aimera représenter le Christ des temps nouveaux. Le Romain Paulin de Nole l'appellera « cultivateur céleste » : « Que le Jardinier diligent visite et bénisse le jardin de notre âme ! » Au XIIe siècle, le mystique Guerric d'Igny dit au Christ : « Tu es le véritable jardinier, toi qui est le cultivateur, le créateur et le gardien de ton jardin, toi qui plantes par ton verbe, qui irrigues par ton esprit, qui fait croître la vertu. [...] Tu es le jardinier du monde entier, le jardinier du ciel. »

En matière de jardin, le Moyen Âge est fasciné par l'une des visions du Cantique des cantiques :

1. Jean 20, 15 : « Jésus lui dit : "Femme, pourquoi pleures-tu ? Qui cherches-tu ?" Mais elle, pensant que c'était le jardinier, lui dit [...]. »
2. Anonyme du XVe siècle, musée de Picardie.

Elle est un jardin bien clos,
ma sœur, ô fiancée ;
un jardin bien clos,
une source scellée…
Source des jardins, puits d'eaux vives[1] !

Le « jardin clos » est le monde de l'âme et l'espace du rêve pour l'homme médiéval. Ce mythe est d'origine : il vient de la Genèse. Dans le jardin d'Éden, où « Dieu fit pousser du sol toute espèce d'arbres séduisants à voir et bons à manger[2] », un fleuve jaillit et se partage en quatre bras :

> Le premier s'appelle le Pishôn : il contourne tout le pays de Havila où il y a l'or ; l'or de ce pays est pur et là se trouvent le *bdellium*[3] et la pierre de cornaline. Le deuxième fleuve s'appelle le Gihôn : il contourne tout le pays de Kush. Le troisième fleuve s'appelle le Tigre : il coule à l'orient d'Assur. Le quatrième fleuve est l'Euphrate.

Le jardin est donc partagé en quatre par ces fleuves. Cette idée semble avoir été empruntée par la Bible au *chaharbagh* des Perses : le « jardin quadruple » de Cyrus dans sa capitale de Pasargades, avec ses quatre parterres séparés par des chemins d'eau scintillante… C'est l'image terrestre d'un « paradis » : mot lui-même emprunté au vieil-iranien *pairideza* – qui signifie « enclos[4] ». Le quadruple « paradis » de Cyrus était un enclos royal. Le livre de la Genèse en fera le symbole d'autre

1. Cantiques 4, 12.15.
2. Genèse 2, 9.
3. Gomme aromatique.
4. Le premier à utiliser ce mot en grec est Xénophon *(Anabase)* pour parler d'un parc du roi de Perse. Dans la Bible, l'idée de jardin paradisiaque figure treize fois au livre de la Genèse : mais il s'agit du mot hébreu *gan* (« jardin »), et au sens religieux.

chose, qui fleurira ensuite dans la culture chrétienne d'Europe.

On a beaucoup dit que le Moyen Âge oppose le *jardin* à la *forêt* : le jardin « civilisé » à la forêt « sauvage ». C'est une antithèse issue de la psychanalyse. En réalité la forêt n'est pas si sauvage, étant liée à l'activité humaine : l'homme du Moyen Âge évalue les forêts « non d'après leur surface, mais d'après le nombre de bestiaux qu'elles peuvent nourrir[1] ». Et si le jardin médiéval est civilisé, la civilisation médiévale ne voit pas le monde comme la nôtre.

Pour l'homme du Moyen Âge, les choses seraient absurdes si elles se bornaient à leur fonction immédiate : l'univers se déploie comme un paysage de symboles, il se dresse comme une « cathédrale d'idées ». Le sensible exprime quelque chose du spirituel et ouvre un chemin à la quête des significations ultimes. C'est, disait le médiéviste Huizinga, une vision du monde « richement rythmique », une polyphonie de « l'harmonie éternelle »... Pour le Moyen Âge, tout est symbole : « Nulle chose n'est trop humble pour figurer le sublime et le glorifier. La noix signifie le Christ : l'amande savoureuse est sa nature divine ; l'enveloppe verte et charnue qui la recouvre, c'est son humanité ; le bois de la coquille, c'est la croix. Ainsi tout sert à élever la pensée vers ce qui est éternel[2]. »

Ce symbolisme transfigure tout : autour de l'homme, tout est message à déchiffrer. La place de l'homme dans la nature, ses activités quotidiennes deviennent elles-mêmes des symboles qui ouvrent sur le mystère du salut :

1. R. Bechmann, *op. cit.*
2. Johan Huizinga, *L'automne du Moyen Âge.* Rééd. Payot, 1980.

> Chaque métier a des rapports symboliques avec le sublime et la sainteté. Le travail de l'artisan est [...] l'incarnation éternelle du Verbe et l'alliance entre Dieu et l'âme. L'amour profane [...] est rattaché par le symbolisme à l'amour divin. La souffrance individuelle n'est qu'une ombre de la souffrance divine, et la vertu n'est qu'une réalisation partielle de l'idée du bien. Le symbolisme, en détachant ainsi la souffrance et la vertu personnelles de la sphère de l'individu pour les élever dans celle de l'universel, a constitué un contrepoids salutaire à l'individualisme religieux, si accentué au Moyen Âge[1].

Le jardin médiéval est un parterre de symboles. Il naît d'une horticulture venue de l'Antiquité, et il fait l'objet de nombreux traités : par exemple l'encyclopédie de Barthélemy l'Anglais, au XIIIe siècle[2], dont un chapitre traite « Des plantes, des fruits et des semences qui sortent de la terre grâce à la force de leurs racines ». Sur la tapisserie de la Dame à la Licorne, les experts parisiens du musée de Cluny dénombrent[3] quarante-trois espèces végétales, dont la véronique, la violette, la digitale, l'ancolie, la fleur-de-coucou, la dent-de-lion, la pervenche, la jacinthe, l'aconit, la pâquerette double, le jasmin, la rose, l'œillet. Le retable de *L'Agneau mystique,* chef-d'œuvre de van Eyck peint pour la cathédrale de Gand, montre toute la civilisation médiévale en rébus : au loin une ville ; plus près, des forêts ; encore plus près, des fleurs et des plantes, peintes avec « une exultation de botaniste » : quarante-deux espèces dont la vigne, le grenadier, le sureau, le rosier, la valériane, le coucou rouge, le petit muguet, la tanaisie, le sceau-de-Salomon, le vio-

1. *Ibid.*
2. *Livre des propriétés des choses,* Stock, 1999.
3. Viviane Huchard et Pascale Bourgain, *Le jardin médiéval : un musée imaginaire : étude sur le jardin créé par le musée,* PUF, 2002.

lier, le fraisier sauvage, la saxifrage, le grand plantain, la chélidoine, le pissenlit, le muguet...

La même connaissance apparaît chez les peintres d'enluminures. Le *Rustican* de Pierre de Crescens (Bologne, XIVe siècle) montre cent trente-deux herbes potagères avec leurs propriétés. Le *Jardin de la santé* du médecin Platearius (Salerne, XIIe siècle) contient cent planches d'herbes, fébrifuges, antiseptiques, narcotiques : la sauge, la menthe, l'hysope, la mélisse, la camomille, le romarin... Les enlumineurs montrent aussi des jardins d'agrément : pâquerettes, lavande, ancolies.

L'artiste médiéval donne les détails. Le jardin est toujours « clos » par un mur de pierre, un plessis d'osier tressé, un treillage de rosiers grimpants. Il est meublé de banquettes gazonnées, de « berceaux » qui sont des tunnels de verdure parfumés de chèvrefeuille. Les pelouses sont ornées d'arbres fruitiers, de pots d'ifs. Le jardin est aussi partagé en plates-bandes régulières, rectangles surélevés et entourés de briques. Au centre du jardin il y a toujours une fontaine :

> Ce fut en mai
> au doux temps gai
> que la saison est belle,
> Tôt me levai
> joyeux allai
> près d'une fontenelle,
> en un verger
> clos d'églantiers...

chante le trouvère Moniot d'Arras. Le symbole est aussi fort sur le plan cosmique que sur le plan spirituel. Un théologien du XIIe siècle décrit la fontaine du jardin idéal :

> Au centre la Terre pleure, les larmes qu'elle verse sont des pleurs heureux. En une sécrétion perpétuelle elle met au monde une fontaine et sanglote la douce boisson des eaux. Le liquide argenté expulse le limon de sa naissance, revenant à la consistance d'un élément pur il étincelle de son propre éclat, libéré de la boue vagabonde. Cette boisson enivre le sein de la terre prégnante et incline le souhait de la Terre mère à l'enfantement. La terre n'est pas jalouse, elle donne aux arbres la même boisson, et leur suggère le désir d'enfanter[1].

Ce texte de 1183 paraîtrait aujourd'hui proche de la *deep ecology*. Or il est l'œuvre de ce catholique indiscutable et rigoureusement orthodoxe[2] qu'était le recteur de l'université de Paris sous Philippe Auguste : le « Docteur universel » Alain de Lille – auteur également d'un commentaire du Cantique des cantiques... Dans un écrit de 1160, le même Alain exhorte ses confrères intellectuels : pour que la théologie ne s'enferme pas dans la ratiocination, et pour que la civilisation mette en ordre le chaos, dit-il, il faut que le raisonnement s'appuie sur la nature.

La fontaine au centre du jardin, c'est la *fons vitae*, symbole de la vie éclose de la terre créée par Dieu. Pure et précieuse, elle irrigue la prairie au centre du retable de van Eyck. La fontaine est aussi le symbole de la mère du Christ homme et Dieu. Sur le vitrail de Chartres, Marie est près du sommet de l'arbre de Jessé, portant le Christ comme sa fleur[3]. Dans les peintures, la fontaine lui est

1. *Anticlaudianus,* trad. P. Bourgain, Vrin, 2000.

2. Il est aussi l'auteur – parmi quarante livres – d'un *De fide catholica contra haereticos* réfutant la religion cathare.

3. « Ce jour-là, le germe du Seigneur sera dans la magnificence, et le fruit de la terre sera élevé en honneur [...] » (Isaïe 4, 2).

dédiée. Le Moyen Âge lui associe la rose, le lis et le narcisse de la Fiancée du Cantique.

Le botaniste se fait poète mystique. Regardant une fleur bleue qui se nomme la grenadille[1], il découvre que ses filaments, son style, ses cinq étamines font penser aux instruments de la Passion du Christ : le fouet, la colonne, la couronne, les clous, la lance ! Il l'appellera « fleur de la Passion », et il écrira des traités sur elle… Le cistercien Germain d'Auxerre[2] lit dans la Genèse que le paradis terrestre est partagé par quatre fleuves. Donc en quatre jardins. Il en déduit que dans les monastères (anticipation du paradis céleste), il faut quatre jardins aussi : un jardin de légumes, un jardin de fruits, un jardin de noix, un jardin d'aromates, qui symboliseront une foule de choses associées elles aussi par groupes de quatre : les quatre façons de lire l'Écriture, littérale, allégorique, morale, prophétique ; ou les quatre vertus cardinales, force, justice, prudence, tempérance ! Tout est signe. C'est ainsi que quatre arbres du jardin – la vigne, le poirier, le noyer, l'olivier – seront sculptés sur les chapiteaux de la Sainte-Chapelle à Paris. On y trouve même un plant de pois.

Trois écologistes du XIIe siècle : Hugues, Conrad, Hildegarde

Au XIIe siècle, Hugues, maître saxon de la brillante école parisienne des chanoines de Saint-Victor (et champion de l'orthodoxie contre la déviance d'Abélard), enseigne le progrès spirituel à travers « l'admiration du monde visible ». Pour

1. Petite passifloracée.
2. Cité in V. Huchard et P. Bourgain, *op. cit.*

lui aussi, la nature est un livre. Dans son ouvrage *De tribus diebus*, il médite devant les jardins de l'abbaye :

> Voici la terre couronnée de fleurs, comme elle offre un aspect agréable, comme elle plaît à voir, comme elle émeut tendrement ! Nous voyons des roses rouges, des lis blancs, des violettes pourpres ; et, en toutes ces fleurs, non seulement la beauté, mais l'origine aussi est admirable, c'est-à-dire comment, à partir de la poussière du sol, la sagesse divine produit une telle apparence. Enfin la verdure, plus belle que tout, comme elle ravit l'esprit de qui la regarde, lorsqu'au printemps nouveau une vie nouvelle fait sortir les jeunes pousses dressées sur leurs tiges comme pour fouler la mort aux pieds, elles percent ensemble vers la lumière, à l'image de la résurrection à venir[1] !

Vers la même époque, le moine bénédictin Conrad de Hirschau écrit un chant nuptial de l'âme avec le Christ ; il compare les plantes aux vertus : « les prairies roses frémissent, les champs rougissent empourprés »,

> [...] les boutons verdoyants des fleurs
> se gonflent sous le doux nectar,
> c'est un délire de violettes,
> de myrrhe, de crocus, d'aloès.
> Le palmier, signe de victoire
> embellit sa grappe épanouie,
> et s'émerveille du jardin,
> de ses plantes et herbes fleuries,
> le nard, le narcisse et le baume
> brillent partout dans ce jardin [...][2].

1. Traduction P. Bourgain. Voir aussi le *De tribus diebus* analysé par Dominique Poirel, Brepols, 2002.
2. *Analecta hymnica Medii Aevi*, trad. P. Bourgain, vol. 50.

Toujours au XIIe siècle, voici la marraine de l'écologie moderne : l'abbesse rhénane Hildegarde de Bingen.

Ce personnage étonnant est, dit-on, la fille naturelle d'un prince de Salm. Sa première éducation a été négligée. Elle s'est rattrapée en se dotant par elle-même d'une phénoménale quantité de savoirs. Théologienne, prédicatrice, psychologue, musicienne[1], médecin[2], pharmacologue, herboriste, elle est capable d'écrire sur tout, y compris les plantes et les astres. Elle proclame la solidarité du chrétien avec tout le vivant, « le visible et l'invisible » : « *visibilium et invisibilium* », dit le Credo de l'Église.

Elle écrit :

> Dieu a créé le monde pour glorifier Son nom. Il a renforcé le monde avec le vent. Il a relié le monde aux étoiles. Il a rempli le monde avec toutes sortes de créatures. Puis Il a mis les êtres humains partout dans le monde, leur donnant une grande puissance en tant que gardiens de toute la Création. Les êtres humains ne peuvent vivre sans le reste de la nature, ils doivent veiller sur toutes les choses naturelles[3].

Dans le *Livre des œuvres divines,* Hildegarde décrit l'homme comme un microcosme au centre de la Création : « L'homme, [Dieu] l'a entouré, pour le renforcer, de tout ce qui existe dans le monde, et il l'a transpercé du flux de sa grandiose énergie. » C'est l'alliance du Créateur avec sa créature, qu'il crée par amour et comme partenaire. L'homme est

1. Ses cantates et ses symphonies sont en CD depuis 1990. Mélodies et ensembles d'instruments étaient révolutionnaires pour l'époque.
2. Régine Pernoud, *Hildegarde de Bingen,* Le Rocher, 1995.
3. *Physica,* tome 1, Éditions Jérôme Millon, 2002.

placé au sommet d'une nature qui n'avait pas besoin de lui pour exister, et il est formé de la même matière qu'elle ; il a donc le devoir de protéger le reste de la Création. S'il manque à ce devoir, dit Hildegarde, « la justice de Dieu permet que l'humanité soit punie par la création » :

> Ceux qui ont foi en Dieu honoreront la stabilité du monde... Nous n'avons pas d'autre endroit où poser le pied. Si nous abandonnons ce monde, nous serons détruits par les démons et privés de la protection des anges[1].

Dans le livre où l'abbesse écrit cela, elle expose l'une de ses thèses majeures : la vitalité et la fécondité de la nature sont une force globale, à l'œuvre dans toutes les formes d'existence ; cette force est issue de la Création divine. Elle se manifeste de la façon la plus spectaculaire au printemps, quand la végétation renaît ; Hildegarde la baptise donc *viriditas,* c'est-à-dire « verdeur ». À ses yeux de théologienne, la verdeur du monde et la sanctification des humains ont la même source, qui est le jaillissement permanent de l'amour divin (ce que les théologiens modernes appelleront : la « création continuée »).

Hildegarde l'exprime dans l'un de ses cantiques :

> Ô si noble verdeur, qui rayonne dans le soleil
> et qui luis dans la sérénité candide
> comme une roue,
> toi qu'aucune excellence terrestre ne peut contenir,
> tu es prise dans l'excellence des mystères divins,
> tu flamboies comme l'aurore,
> tu brûles comme l'ardeur du soleil [...].

1. Hildegarde de Bingen, *Le livre des œuvres divines,* Albin Michel, 1989.

Explorant cette solidarité du vivant dans toutes ses dimensions, l'abbesse Hildegarde étudie la physiologie humaine. Sur ce terrain, elle aboutit, par ses lumières propres, à des résultats surprenants pour l'époque. C'est ainsi qu'elle émet (quatre siècles avant William Harvey) l'hypothèse que le sang circule dans les veines sous l'impulsion du cœur. Dans l'un de ses ouvrages de médecine, on trouve aussi la première description connue de l'orgasme féminin :

> Lorsqu'elle fait l'amour avec un homme, la chaleur dans le cerveau de la femme, qui lui procure la sensation de plaisir, se transmet aux sens et déclenche chez l'homme l'expulsion de la semence. [...] Quand la semence s'est logée à l'endroit prévu, les organes de la femme alors se contractent [...][1].

Quant aux capacités intellectuelles de la femme, Hildegarde est bien placée pour savoir qu'elles rivalisent avec celles de l'homme. Elle le dit, le démontre, le chante. L'évêque de Mayence en est irrité. Il tente de faire taire l'abbesse. Mais il est désavoué par le pape Eugène III, qui accorde son appui à Hildegarde lors du synode de Trèves, le 13 janvier 1148.

Cette femme d'exception meurt à Rupertsberg près de Bingen en septembre 1179, célèbre dans toute la chrétienté.

Trois ans plus tard naît, dans une ville d'Ombrie, un garçon qui aura beaucoup à dire sur l'homme dans la nature. « Ce sont souvent des illuminés évangéliques, ingouvernables, démangés par l'envie de fonder une vie religieuse inédite, qui

1. *Hildegardis Curae et Causae* (1173), présenté par Audrey Ekdahl, Mediaeval Institute, Michigan, 1992. Cet ouvrage de médecine « holistique » (la santé et l'homme considérés dans leur relation avec le monde) est considéré comme un texte précurseur par les médecines alternatives modernes.

ont réussi à offrir un exutoire aux sourdes aspirations d'un siècle[1]...»

2. François d'Assise et le phénomène franciscain

Au tournant des XIIe-XIIIe siècles, l'économie prend un essor sans précédent et bouleverse la société européenne. Les esprits répondent à ce bouleversement en inventant une attitude nouvelle. Cette nouveauté vient du spirituel : elle naît du christianisme, puisque l'immense majorité des Européens d'alors sont des gens qui ont foi au Christ. Un courant rénovateur apparaît au sein de l'Église catholique. Ce sera le phénomène des ordres religieux mendiants. Les dominicains et les franciscains partageront une même caractéristique : le rejet de l'argent. Les franciscains la porteront très loin ; ils lui associeront un sens exceptionnel de l'amitié entre l'homme et le reste de la nature.

Le plus curieux est que ce courant radical ne se perdra pas dans des utopies et qu'il se développera dans les villes, auprès des milieux marchands...

Francesco Bernardone, qui naît en 1182, est en effet le fils d'un drapier. La ville d'Assise est en pleine expansion économique, comme toutes les cités du nord de l'Italie. L'année suivante, l'empereur Frédéric Barberousse signe un traité avec elles : il leur abandonne tout ce qui compte, les taxes, les impôts, la justice, l'élection libre des consuls. C'est l'aube d'une nouvelle civilisation, celle des communes italiennes. C'est aussi le début de leurs guerres civiles. En 1200, à Assise, la bourgeoisie

1. Serge Bonnet, *op. cit.*

se soulève contre les nobles ; ils se réfugient à Pérouse, la cité rivale. La guerre commence entre les deux villes. Le jeune Bernardone a 18 ans, c'est un garçon fluet mais qui a des passions de jeune chevalier : il est prodigue et pugnace. Ce bourgeois se rêve en guerrier. La cité d'Assise est en guerre avec Pérouse ? François va se battre contre les Pérugins ! Il ne réussit qu'à se faire capturer, à la bataille du pont San Giovanni en 1202. Un an de geôle... On le libère, mais il n'est pas calmé. En 1205, il projette d'aller en Apulie rejoindre l'armée du pape et se battre contre l'empereur. Il s'équipe, il part.

Il s'arrête à Spolète, et il revient. Au fond de lui autre chose est en chemin. Il va devenir « l'un des plus grands saints de l'histoire du christianisme[1] ».

Son action sera le réflexe de l'homme chrétien sous la pression de nouvelles structures économiques. François appartient à la classe sociale montante, celle des marchands italiens ; ses « noces » avec l'idéal de pauvreté n'en auront que plus de sens.

Les actes symboliques du garçon commencent par stupéfier les gens d'Assise. En gros, c'est : « vive le Christ, à bas l'argent ! » En 1206, pour aider un prêtre pauvre à réparer son église, François vend – sans autorisation – une partie du stock de drap paternel. Le père fait un scandale. Le fils prend la ville à témoin. On l'avait connu joyeux jeune riche, le voilà révolté : on le prend pour un fou. Son père l'enferme. Sa mère le délivre. C'est en public, sur la place de la cathédrale Saint-Rufin dans la ville haute, et en présence de l'évêque Guido, qu'a lieu la scène racontée par les biographes et que Giotto immortalisera[2] près de cent ans plus tard :

1. Jacques le Goff, *Saint François d'Assise*, Gallimard, 1999.
2. Fresque de la nef de la basilique supérieure d'Assise.

> [Son père] mit une obstination véhémente à vouloir le traduire devant l'évêque de la ville, entre les mains duquel François renoncerait à ses droits d'héritier de la fortune paternelle. Le serviteur du Seigneur [François] s'y prête bien volontiers : à peine arrivé en présence de l'évêque, sans attendre un moment ni hésiter en quoi que ce soit, sans attendre un ordre ni exiger une explication, il enlève tous ses vêtements et quitte jusqu'à ses chausses. Emporté par son ivresse spirituelle, il n'eut aucune honte de sa nudité complète devant toute l'assistance, pour l'amour de Celui qui pour nous fut attaché nu à une croix[1].

François veut « suivre nu le Christ nu » : *nudus nudum Christum sequi,* dit le précepte. Mais ce qu'il vient de faire est excessivement concret. Son père suffoque. La foule s'exclame. Comment réagit le prélat ? Il accorde son soutien au provocateur.

> L'évêque se leva aussitôt et le couvrit de son manteau. [...] À partir de ce moment il se constitua son protecteur, lui prodigua encouragements et marques de tendresse, bref l'adopta et l'aima *in visceribus charitatis*[2].

Dans le latin médiéval, *« in visceribus charitatis »* traduit le mot hébreu biblique désignant l'amour – paternel et maternel à la fois – de Dieu pour son peuple. Étendre son manteau sur les humains est le geste des *Vierge de Miséricorde* que peindront Jacobello del Fiore, Pietro di Domenico, Enguerrand Quarton ou Jean Miraillet. L'évêque Guido ne doute pas du

1. *Legenda Minor.*
2. Thomas de Celano, *Vita prima,* Cerf, 1968.

jeune François. Il ne lui reproche pas son geste ; être démonstratif est dans l'esprit du temps. Le dépouillement volontaire doit être *visible* si l'on veut qu'il parle à tous.

La même idée viendra d'ici peu à un Espagnol nommé Domingo de Guzman, et l'ordre dominicain en naîtra.

Ce sera encore plus radicalement la démarche du mouvement franciscain. Il naît autour de François peu après l'algarade sur la place. Ce sera en 1208 ou 1209, au cœur d'une forêt, dans un petit oratoire voisin de deux léproseries (soigner les lépreux est l'une des vocations de François). L'endroit s'appelle la Porziuncola. Un matin, en entendant les lectures de la messe, François est frappé par ce passage de l'Évangile selon Matthieu :

> Allez… Sur votre route, proclamez que le Royaume des Cieux est tout proche… Ne vous procurez ni or, ni argent, ni petite monnaie pour en garder sur vous ; ni sac pour la route, ni tunique de rechange, ni sandale, ni bâton, car le travailleur mérite sa nourriture[1].

La vocation des franciscains naît de là. Leur tenue aussi : une seule vieille robe de laine sans couleur avec une corde comme ceinture. Ainsi que leur façon de vivre : sur les routes et en mendiant son pain, pour s'en remettre à l'insécurité totale – c'est-à-dire à la providence de Dieu.

On les appellera « les frères mineurs ». Le premier à rejoindre François est un inconnu. Le deuxième, un homme riche qui a vendu tous ses biens et donné l'argent aux pauvres ; il se nomme Bernard de Quintavalle. Le troisième est le chanoine Pietro Cattani, un juriste de l'université de Bologne.

1. Matthieu 10, 7.9.

En 1210, François et ses onze premiers compagnons vont à Rome, dans leurs frocs rapiécés, pour voir Innocent III. Le pape s'étonne de ce garçon hirsute : il a l'air d'un porcher en guenilles et il veut faire de ce style une règle religieuse, une « formule de vie » ? C'est déraisonnable.

Mais quelqu'un d'autre assiste à l'entrevue. Le cardinal Giovanni Colonna, membre de l'une des plus puissantes familles romaines, va plaider en faveur du guenilleux : « Si nous rejetons sa requête comme trop difficile à réaliser, alors qu'il ne nous demande que d'approuver la forme de vie évangélique, n'est-il pas à craindre que nous nous mettions en opposition avec l'Évangile du Christ ? Car si quelqu'un prétend que le vœu d'observer la perfection évangélique est chose nouvelle, déraisonnable et impossible, n'est-il pas convaincu de blasphémer contre le Christ auteur de l'Évangile[1] ? »

Les gens du Moyen Âge sont des logiciens, même si leur logique nous semble étrange ; celle du cardinal est imparable. Innocent III approuve la règle de vie des frères mineurs. Ils reçoivent mission d'aller prêcher sur les routes.

Ils partent aussitôt : à travers l'Ombrie, la Marche, toute l'Italie. On commence par rire d'eux, puis on se met à parler de miracles. À Ascoli, à Toscanella, à Narni, à Città della Pieve, François guérit des malades, des boiteux, des paralysés. Il n'est pas éloquent, mais il captive. Il n'argumente pas : il témoigne. Il est direct. « Son discours n'avait rien du ton ni des manières d'un prédicateur ; il ressemblait plutôt à une conversation et ne visait qu'à éteindre les haines et à ramener la paix. L'accoutrement de l'orateur était misérable, son aspect chétif, son visage sans beauté ; mais sa parole n'en par-

1. Bonaventure, *Legenda Sancti Francisci*, Quaracchi, Florence, 1898.

vint pas moins à réconcilier les nobles bolonais qui depuis des générations ne cessaient de s'entretuer », raconte l'archidiacre Tommaso da Spalato.

C'est un nouveau langage pour des temps nouveaux. Le biographe de François, Thomas de Celano, le proclame dans un hymne[1] :

> Un nouvel ordre, une nouvelle vie
> surgit, inconnu du monde !
>
> *Novus ordo, nova vita*
> *Mundo surgit inaudita !*

Le franciscanisme « n'est compréhensible qu'à partir d'un sentiment de la vie qui s'est élevé au-dessus de la question du possible, au-dessus des institutions, et qui est dominé par cette confiance eschatologique, de fin des temps, du Nouveau Testament, qui croit au Père, lequel revêt les fleurs des champs et nourrit les oiseaux du ciel[2] ».

Bientôt les « Frères mineurs » seront des milliers. C'est sous la forme d'un arbre que les chroniques franciscaines racontent cette croissance : « Un arbre immense et magnifique... Ses fruits étaient des hommes, c'est-à-dire les Frères mineurs ; ses branches étaient les provinces de l'ordre[3]... » En 1217, leur premier chapitre général pourra fonder onze « provinces » ; le mouvement franciscain a déjà débordé de l'Italie vers la Provence, la France du Nord, la Terre sainte. Il est « tenu en grande révérence par le seigneur pape et les cardi-

1. *Analecta franciscana,* t. 10, Quaracchi, Florence, 1897.
2. J. Ratzinger, *La théologie de l'histoire de saint Bonaventure, op. cit.*
3. *Actus beati Francisci,* compilés vers 1320, d'où sortira la sélection des *Fioretti.*

naux[1] » : surtout par le cardinal Ugolino (évêque d'Ostie), qui sera pape dans dix ans sous le nom de Grégoire IX. Le franciscanisme se perçoit comme une libération des pesanteurs passées, une mise en marche vers l'avenir. Il s'adresse aux foules, pas seulement aux élites : et les foules – toutes classes confondues – répondent à l'appel des franciscains. Comme Dominique de Guzman, comme Innocent III, comme le concile qui se réunit en 1215 à Saint-Jean-de-Latran, François et les siens « cherchent à apporter des solutions au même problème : dans un monde qui change, ouvrir aux hommes des voies nouvelles vers le salut[2] ».

Les franciscains, apôtres des villes

Le monde est en effet en train de changer au XIIIe siècle. Le grand commerce s'éveille autour de deux pôles, la Flandre et l'Italie du Nord ; les villes deviennent le moteur de l'économie et s'organisent en réseau ; les pouvoirs frappent de nouvelles monnaies. L'apparition de la lettre de change signe la naissance d'une bourgeoisie marchande et financière. En Italie du Nord, la population a doublé depuis l'an Mil ; l'essor économique la déracine, les villes se peuplent d'« immigrés » qui ont quitté la glèbe. Le bâtiment, le textile, les tanneries créent un prolétariat de manœuvres sans défense contre « la subordination du "juste salaire" au "juste prix" – qui n'est que le prix du marché déterminé par l'offre et la demande – et contre la domination des "donneurs d'ouvrage"[3] ».

1. Selon Jacques de Vitry (évêque de Saint-Jean-d'Acre en Terre sainte, futur cardinal lui-même).
2. J. Le Goff, *op. cit.*
3. *Idem.*

Cette mutation de la société oblige l'Église à un *aggiornamento* difficile. Il lui faut parvenir à penser théologiquement un univers qui n'existait pas jusque là : celui des activités bancaires, des transferts de fonds, du change, de la vente à crédit… C'est l'inédit, pour une Église habituée depuis quatre siècles au vieux monde rural-féodal. Un monde nouveau l'oblige à se doter d'outils d'analyse dont elle ne disposait pas. Sur quels critères moraliser le nouveau commerce, en faire une *negociatio honesta* ? Comment distinguer l'intérêt (légitime) de l'usure (inacceptable) ?

L'Église tient trois conciles au XIIe siècle. Elle en tiendra trois au XIIIe. Depuis les années 1180, les théologiens ruminent des éthiques plus nuancées, applicables aux réalités des professions nouvelles.

Mais le rôle décisif dans ce domaine va être joué par les ordres mendiants, qui apparaissent à partir de 1210. On peut s'en étonner : ces nouveaux moines, franciscains et dominicains, sont ceux qui ont rompu avec toute propriété pour n'avoir rien à faire avec le maniement de l'argent ! Néanmoins ce sont eux qui vont aider les professionnels de la nouvelle économie à vivre en chrétiens tout en faisant leur métier. La contradiction n'est qu'apparente. Le style de vie franciscain ne s'applique qu'aux franciscains. Le dénuement est pour les frères, non pour les laïcs. Pas un instant François d'Assise n'a pensé que sa *formula vitae* puisse être étendue au reste de la société. À l'inverse de ce que fera le dominicain Savonarole à Florence au XVe siècle, il ne rêve pas d'imposer l'austérité à tous : il a lancé le mouvement franciscain pour servir à la fois de témoin et de ferment. Les historiens définiront son mode de présence comme un contrepoids et une inquiétude. Ce rôle spécifique (François le souligne) est celui que le Christ prescrit à ses disciples : « Le Royaume de Dieu est comparable à du levain [...][1]. »

Les franciscains n'ont aucun lien avec le monde féodal des campagnes : ce sont des missionnaires citadins, attelés à la tâche de convertir des populations urbaines. Souvent issus des milieux nouveaux qu'ils viennent évangéliser, ils recruteront des centaines de commerçants dans leur fraternité laïque, le *tiers-ordre*, creuset d'un nouvel « art de vivre chrétien » adapté à la société nouvelle pour « aider les hommes du commun à vivre communément avec allégresse »[2].

Un des combats du mouvement franciscain sera d'amener le bourgeois à ne pas traiter la nouvelle classe salariale comme du bétail. Donc, à ne pas faire de la monnaie une idole.

Et c'est ainsi que le premier Européen à définir l'idée de « capital » sera un moine mendiant : le franciscain Pierre-Jean Olieu (1248-1298)... Le haut Moyen Âge accusait les prêteurs d'argent de vendre le temps, « qui n'appartient qu'à Dieu » ; le XIIIe siècle change d'approche. Il admet le prêt à intérêt, si l'intention du prêteur n'est pas abusive ou malhonnête. Olieu invente alors le mot « capital » pour désigner une somme d'argent ou une marchandise destinée à une activité économique productive, « et qui, à ce titre, porte en elle une potentialité de profit et l'espérance d'un gain »[3]. Selon le raisonnement du moine, la valeur d'un tel « capital » est « supérieure à celle de la somme d'argent qui l'exprime et le mesure » ; le prêteur et le commerçant ont le

1. Matthieu 13, 33 ; Luc 13, 21.
2. Gilbert K. Chesterton, *Saint François d'Assise*, Dominique Martin Morin, 1979.
3. André Vauchez, in *Apogée de la papauté et expansion de la chrétienté*, Desclée, 1993.

droit d'en tenir compte pour fixer des intérêts ou un prix de vente.

C'est une révolution conceptuelle, et c'est Olieu qui la réalise. Or il est le plus exigeant des franciscains, le plus attaché à l'idéal de la haute pauvreté ; après sa mort, sa spiritualité sera même revendiquée par un courant extrême et dissident : celui des *zelanti* ou *fraticelli,* des fols en Christ appelant à détruire toute propriété « puisque Jésus-Christ n'a rien possédé ». À force de vouloir être pauvres, ceux-là tomberont dans la guerre sociale… « Cette idée eût horrifié François », proclameront les franciscains modérés (ceux du courant central : on les appellera « la Communauté »). Voilà une belle contradiction : que les « fraticelles » anarchistes aient pu se réclamer d'Olieu, qui avait été le premier en Europe à étudier le capitalisme naissant.

Il y a une autre contradiction. Prédicateurs des villes marchandes, nés dans ces villes comme François lui-même, les franciscains ont pourtant une vision mystique de la nature. Et particulièrement intense. C'est ce que soulignera le pape Jean-Paul II quand il proclamera François d'Assise « patron céleste de l'écologie » en 1979…

Les franciscains, écologistes du XIIIe siècle ?

L'ordre franciscain s'installe dans les faubourgs des villes à partir des années 1230. Mais à l'origine, François et ses premiers compagnons – citadins – étaient allés chercher l'inspiration au fond des bois de la Porziuncola. Les citadins du Moyen Âge ne sont pas comme ceux d'aujourd'hui : ils connaissent la nature. Aucun homme du XIIIe siècle ne la chantera aussi fort que François d'Assise, dans un texte qui passera dans le patrimoine de l'humanité :

> Loué sois-tu, mon Seigneur, avec toutes tes créatures :
> spécialement Messire frère soleil
> qui donne le jour, et par qui tu nous éclaires ;
> il est beau et rayonnant avec une grande splendeur :
> de toi, Très-Haut, il est le symbole.
> Loué sois-tu, mon Seigneur, par (pour)[1] sœur lune et pour les étoiles :
> dans le ciel tu les as créées, claires, précieuses et belles.
> Loué sois-tu, mon Seigneur, par (pour) frère vent,
> par (pour) l'air et les nuages, et le ciel pur, et tous les temps,
> par lesquels à tes créatures tu donnes soutien.
> Loué sois-tu, mon Seigneur, par (pour) sœur eau,
> qui est très utile et humble, précieuse et chaste.
> Loué sois-tu, mon Seigneur, par (pour) frère feu,
> par qui tu éclaires la nuit ;
> il est beau et joyeux, et robuste et fort.
> Loué sois-tu, mon Seigneur, par (pour) sœur la terre notre mère,
> qui nous soutient et nous nourrit,
> et produit divers fruits avec les fleurs aux mille couleurs et l'herbe [...].

C'est le *Cantique de frère soleil,* écrit par François en 1224 à San Damiano, après qu'il ait reçu les stigmates[2]. Les Français connaissent ce poème depuis que Frédéric Ozanam l'a publié en

1. *Per* (italien) se traduit à la fois par « pour » et « par » : ce double sens est la clé du poème, comme l'a fait observer Didier Rance (*Famille chrétienne,* 29 septembre 2007).

2. Traces des supplices de la Passion du Christ, qui apparaissent sur le corps de certains mystiques. François reçoit deux stigmates en 1224 lors d'une retraite sur le mont Alverne.

1852 : « On y sent comme un souffle de ce paradis terrestre de l'Ombrie, où le ciel est si doré et la terre si chargée de fleurs[1] [...]. » C'est « une mélodie de l'être ». C'est aussi un outil d'apostolat. Selon la chronique de Pérouse, François, un matin (après une mauvaise nuit troublée par une invasion de souris dans sa cellule), a dit à ses frères : « Je veux composer une louange du Seigneur dans ses créatures, car chaque jour nous nous servons d'elles, sans elles nous ne pourrions vivre, et par elles le genre humain offense beaucoup le créateur : chaque fois nous méconnaissons un tel bienfait, en ne louant pas comme nous le devrions notre Créateur qui nous a comblés de tant de biens. »

Puis il a écrit le cantique. Notre « frère » le soleil, notre « sœur » l'eau...

Comment un astre, ou un élément, peuvent-ils être frère ou sœur de l'humanité ? La réponse est dans la Genèse : le soleil, l'eau et l'homme ont un même « père », c'est-à-dire un même Créateur. C'est lui qui fait exister le monde à chaque instant. Chanter le monde, c'est chanter Dieu.

Le franciscain Bonaventure, futur ministre général de l'ordre (1257), futur saint lui aussi (1482) et futur docteur de l'Église (1557), donnera une forme théologique à l'intuition de François. « Toutes les créatures de ce monde sensible conduisent au Dieu éternel l'âme du sage et du contemplatif », écrira-t-il : « elles sont les images de la source, de la Lumière, de la Plénitude éternelle, du souverain Archétype. Ce sont des signes qui nous ont été donnés par le Seigneur lui-même. » Les choses sensibles, « qui frappent les regards », élèvent au monde intelligible qu'on ne voit pas : « comme on arrive des signes à la chose signifiée »[2]. En pleine exégèse universitaire

1. Frédéric Ozanam, *Les poètes franciscains en Italie au XIIIe siècle,* Paris, 1852.
2. Bonaventure, *Itinéraire de l'âme à Dieu,* trad. Berthaumier, Paris, 1857.

du XIIIe siècle, le frère Bonaventure souligne que l'univers et les animaux sont le reflet de l'amour du Créateur. Les théologiens de cette époque connaissent l'Ancien Testament par cœur ; leur théologie fleurit sur le terreau de la Bible.

Sitôt écrit son cantique du soleil, François a envoyé les frères mineurs le chanter dans les villes. C'est pour appuyer leur prédication. Car il y a une seconde partie :

> Loué sois-tu, mon Seigneur,
> par (pour) ceux qui pardonnent pour l'amour de toi,
> et supportent douleur et tribulation ;
> bienheureux ceux qui persévèreront dans la paix,
> car par toi, Très-Haut, ils seront couronnés.
> Loué sois-tu, mon Seigneur,
> par (pour) notre sœur la mort corporelle,
> à qui nul homme vivant ne peut échapper.
> Malheur à ceux qui meurent en état de péché mortel !
> Bienheureux ceux qu'elle trouvera conforme
> à tes très saintes volontés,
> car la seconde mort ne leur fera point de mal.
> Louez et bénissez mon Seigneur et rendez-lui grâces,
> et servez-le avec grande humilité [...].

Le cantique a d'abord célébré le Créateur à travers ses créatures. Ensuite il appelle les humains au pardon et à la paix : tout est lié. Pacifier et pardonner (entre humains), ce n'est pas autre chose que louer Dieu pour sa Création (sans laquelle « nous ne pourrions plus vivre »). C'est une même démarche. La façon dont les hommes se comportent est inséparable de l'harmonie du monde : c'est la voie du salut selon la foi chrétienne.

Et c'est aussi le germe de toute écologie : l'équilibre du monde dépend de nos comportements.

L'homme est le gérant du monde par la volonté du Créateur, mais il n'est pas extérieur au monde. Il y joue sa partition privilégiée, mais les autres créatures ont la leur. Tout cela est solidaire. François le proclame dans sa *Lettre à tous les fidèles* : « Que toute créature qui est dans le ciel et sur la terre, dans la mer et dans les abîmes[1], rende à Dieu louange, gloire, honneur et bénédiction, car c'est lui notre vie et notre force [...]. »

Comme le Créateur lui-même, François ne sépare pas le « dire » et le « faire ». Toute créature doit louer Dieu ? François prêche à toute créature.

Sur la route d'Assise à Montefalco, il s'arrête à mi-chemin entre les villages de Cannara et de Bevagna et il parle aux oiseaux :

> Il y avait là sur la route, quelques arbres remplis d'oiseaux si nombreux que jamais ne s'en étaient vus dans ces parages, et il y en avait une multitude dans le champ voisin. Émerveillé à ce spectacle et rempli du Saint-Esprit, François dit à ses compagnons : « Restez ici sur la route à m'attendre, pendant que j'irai prêcher à nos frères les oiseaux. » Il entra dans le champ. Et à peine eut-il commencé son sermon que tous les oiseaux se réunirent pour l'écouter. Ils se tenaient immobiles, bien qu'en se déplaçant le saint les frôlât de sa tunique ; pas un ne bougea[2]...

Et que leur dit-il ?

> Mes petits frères les oiseaux, nombreux sont les liens qui nous rattachent à Dieu. Quant à vous, votre devoir est de le

1. Citation de l'Apocalypse 5, 13.
2. *Fioretti* de saint François d'Assise, trad. Omer Englebert, Denoël, 1945.

> louer partout et toujours, à cause de la liberté que vous avez de voler où il vous plaît, à cause de cette double et triple robe et de ce beau plumage coloré que vous portez. Louez-le aussi pour la nourriture qu'il vous donne sans que vous ayez à travailler, pour les chants qu'il vous a enseignés, pour votre nombre que sa bénédiction a multiplié, pour votre semence qu'il a jadis conservée dans l'arche, et pour cet élément de l'air qu'il vous a réservé…

À la basilique supérieure d'Assise, deux fresques, dont l'une de Giotto, immortaliseront la scène.

Une autre histoire complètera la renommée animalière de François : celle de sa rencontre avec le loup. C'était une bête redoutable, affirment les *Fioretti*. Les gens de Gubbio (austère petite ville marchande sur les premières pentes des Apennins) étaient terrorisés. François sort pourtant l'affronter, au nom du psaume 90 qui recommande de ne craindre ni le lion ni le dragon. Le contact se passe encore mieux qu'avec les oiseaux :

> Frère loup, si tu consens à faire la paix, j'obtiendrai que jusqu'à la fin de ta vie les habitants de cette ville te donnent chaque jour à manger, de sorte que tu n'aies plus faim, car je sais que c'est la rage de la faim qui te pousse à commettre ces méfaits[1]…

Marché conclu. Le loup donne la patte. François et lui entrent dans Gubbio. Les gens se sont massés sur la place. François les sermonne sur la responsabilité humaine dans les dérèglements de la nature : les hommes, explique-t-il, ont

1. *Fioretti, op. cit.*

plus à craindre de leurs péchés que des loups, « malgré la frayeur où une si petite bête avait jeté les habitants de cette ville… ».

Cette affection totale envers les animaux est l'une des marques de l'ordre. Thomas de Celano, le biographe de François, écrit que l'amour du Poverello pour toutes les créatures s'enracine dans la Bible : le psaume 21, par exemple, dit « Je suis un ver plutôt qu'un homme » ; or cette phrase s'applique à la Passion ; donc le ver, qui est le plus méprisé des animaux, a la dignité infinie d'être une image du Christ…

Dans les *Fioretti*, le franciscain Antoine (saint Antoine de Padoue) prend les poissons à témoin de la mauvaise volonté des hérétiques de Rimini :

> Mes frères les poissons, vous devez, selon vos moyens, remercier votre créateur de vous avoir donné pour séjour un si noble élément, où vous trouvez selon vos goûts de l'eau douce, de l'eau salée et des refuges nombreux pour vous mettre à l'abri des tempêtes. Il vous a procuré une masse claire et transparente où vous découvrez facilement votre chemin ainsi que votre nourriture. À la Création du monde, Dieu dans sa bonté vous donna sa bénédiction et l'ordre de croître et multiplier…

Et comme les poissons se rassemblent en foule près du rivage pour écouter le prédicateur, Antoine s'écrie « de toutes ses forces » : « Béni soit l'Éternel, de ce qu'il est plus honoré par les poissons de la mer que par les hérétiques ! »

En fait ces gens de Rimini ne sont pas des hérétiques (déviants mais chrétiens) : ce sont des cathares, qu'Antoine a mission de ramener au christianisme. Là est le sens véritable de cette anecdote. En effet, les cathares sont des manichéens. Adeptes d'une religion dualiste qui s'est répandue en Europe au XIe siècle, ils rejettent la Genèse : ils croient que le monde vivant est l'enfer, qu'il a été créé par le dieu du Mal, et qu'on doit s'en libérer pour rejoindre le dieu du Bien. Le catharisme enjoint d'être vertueux pour éviter de se réincarner après la mort. Cette vertu consiste notamment à condamner le corps et la procréation[1]. Les cathares critiquent même le fait de se nourrir, tout en admettant sa nécessité. Ce sont des gens qui n'aiment pas la vie et qui regrettent d'en faire partie. On mesure donc la portée de l'apostrophe d'Antoine : en totale opposition avec les cathares, le franciscain amoureux de la nature pense que Dieu a tout créé par amour (c'est aussi ce que pense le judaïsme[2]). Même chose à propos de l'ascèse : les cathares sont ascètes parce qu'ils détestent la condition humaine ; les franciscains sont ascètes parce qu'ils l'aiment. « S'ils en exigent beaucoup, ce n'est pas par mépris mais par confiance[3] [...]. » L'ascèse chrétienne n'est pas une négation de la nature. L'homme n'existe au monde qu'à travers son corps : le chrétien ne s'en plaint pas, ne l'idolâtre pas non plus. La nature est bonne. C'est tout cela qu'il s'agit de faire comprendre aux manichéens.

D'où la fin de cet apologue : plus Antoine parle, plus « son auditoire de poissons » augmente. Les gens de la ville s'émerveillent ; les cathares « rentrent en eux-mêmes » ; ils se met-

1. Texte cathare du XIe siècle : « Des esprits déchus entrent dans le corps de boue des femmes, et ils reçoivent la chair de la concupiscence de la chair [...] et c'est ainsi que le règne de Sathanas s'accomplit en ce monde. » On s'étonne au XXIe siècle de voir le tourisme occitan entretenir le mythe d'un « pays cathare » où il aurait fait bon vivre.

2. Targum du pseudo-Jonathan sur Genèse 4, 8 : « L'univers a été créé par amour. »

3. G.K.Chesterton, *op. cit.*

tent à écouter le moine. Et bien entendu, ils abjurent tous et entrent dans le giron de l'Église… « Quant aux poissons, dès qu'on leur eut donné congé, ils se retirèrent en exprimant leur gaieté par toutes sortes de jeux. » Le monde créé est intervenu directement pour convertir ses ennemis.

Propos de franciscain du XVe siècle[1] : « Imitez le bœuf quand il a pâturé. Il rumine, rumine, et ce ruminement lui paraît meilleur que de pâturer. Faites de même avec la parole de Dieu quand vous l'entendez ! Ruminez-la beaucoup, afin qu'elle vous paraisse encore meilleure à ruminer qu'à entendre… »

Cette amitié envers la nature est de plain-pied avec le Moyen Âge, qui sait que l'homme a besoin de temps autant que la bête.

*

Les choses se gâteront ensuite. Au XVIIe siècle, le pasteur réformé Pierre du Moulin dira toute l'horreur que l'âme franciscaine va inspirer à des esprits « modernes ». Dans un pamphlet qu'il publie en 1641 contre le Père Joseph, le polémiste s'en prend à l'esprit de saint François : il l'accuse d'inspirer au conseiller de Richelieu « […] cette bonté capucine par laquelle, en son presche patibulaire, pour consoler une putain qu'on exécutoit, il l'appeloit *sa sœur,* par une débonnaireté singulière ; car pourquoy n'appelleroit-il les putains ses sœurs, puisque le vénérable François, patron des capucins, appeloit ses sœurs les pies, les cigales et les arondelles ? »

1. Saint Bernardin de Sienne (1381-1444), *Omnia opera, prédications,* Quaracchi, 1965.

Chapitre III

CEUX QUI ONT DÉCIDÉ QUE LE MONDE ÉTAIT UN CHANTIER

Le chrétien dit :

— Si tu dois tout au Créateur, tu as des devoirs envers sa Création. L'homme selon la Bible gère la nature sobrement, sinon il blasphémerait. Il sait qu'il n'est qu'une créature. Il connaît ses limites.

L'écologiste répond :

— Si c'est un devoir biblique, les héritiers putatifs de la chrétienté l'ont oublié depuis deux cents ans !

C'est avéré. Mais si ce fait prouve quelque chose, ce n'est pas contre la Bible ou la chrétienté : c'est contre des hommes qui en étaient prétendument légataires. La foi se dessèche « quand l'Évangile est vidé et asphyxié par d'autres intérêts[1] »…

Le desséchement de la foi ne tient pas seulement à l'économique. C'est par l'intellectuel que tout a commencé, et c'est une longue histoire.

---

1. Déclaration des évêques latino-américains, Puebla, 1979, incorporée au *Catéchisme de l'Église catholique* (n° 1676).

En 1686, quarante ans après le pamphlet de Pierre du Moulin[1] contre l'esprit franciscain, on lit ceci à Paris dans le *Journal des savants* – qui sera l'ancêtre de tous les périodiques d'information scientifique :

> Depuis que les mathématiciens ont trouvé le secret de faire passer dans le cabinet des dames les termes d'une science aussi sérieuse que la mathématique, on dit que l'empire de la galanterie va en déroute, qu'on n'y parle plus que de problèmes, corollaires, théorèmes, angle droit, angle obtus, rhomboïdes, etc.

Le *Journal des savants* ne plaisante qu'à moitié. C'est l'éclosion d'un état d'esprit. « La mathématique » ne remplacera jamais la galanterie : mais tout ce qui ne peut pas être mis en chiffres va se trouver progressivement disqualifié, au nom de la science, par des philosophes qui poursuivent d'autres buts. Il faudra encore cent soixante ans avant l'apogée des idéologies scientistes qui prétendront se substituer à tout, y compris au politique ; dès cette fin du XVIIe siècle, la rumeur commence à répandre (*mezza voce*) que la science et la théologie sont deux choses incompatibles. Toute l'Europe des élites va prêter l'oreille.

Est-ce la faute à Descartes ? Le philosophe, mort en 1650, a déclaré : « Il n'y a qu'une seule matière en l'univers, et nous la connaissons par cela seul qu'elle est étendue[2]. »

Si la matière est tout et qu'elle se confond avec l'étendue, alors le monde se réduit à ce qui se cube et se calcule. Il suffit de réduire la physique aux mathématiques : et voilà la clé uni-

1. Voir fin du chapitre précédent.
2. *Principes de la philosophie*, II, 23, Vrin, 2000.

verselle. Elle est technique. Tout n'est plus que mécanisme. Les êtres sont des machines résultant de leur agencement interne. Le corps humain, écrit Descartes, est comme les machines des grottes et fontaines « aux jardins de nos rois », qui produisent de la musique et même des paroles « selon la diverse disposition de leurs tuyaux » :

> [...] et véritablement l'on peut fort bien comparer les nerfs de la machine que je vous décris [le corps humain] aux tuyaux des machines de ces fontaines ; ses muscles et ses tendons, aux autres divers engins et ressorts qui servent à les mouvoir ; ses esprits animaux, à l'eau qui les remue, dont le cœur est la source, et les concavités du cerveau sont les regards... Et enfin quand l'âme raisonnable sera en cette machine, elle y aura son siège principal dans le cerveau, et sera là comme le fontenier, qui doit être dans les regards où se vont rendre tous les tuyaux de ces machines, quand il veut exciter, ou empêcher, ou changer en quelque façon leurs mouvements[1].

Ainsi le XVIIe siècle – et plus encore le XVIIIe – rompent avec le sens biblique de la Création. Dans la Genèse, la nature avait son existence et sa signification propres : c'était le « message sans paroles » dont parlent les psaumes. On ne le perçoit plus. Descartes se croit encore chrétien (c'est un gentilhomme tourangeau élevé chez les jésuites), et son système maintient un Dieu à l'origine du monde ; mais il cantonne ce Dieu dans un rôle inaugural, et ne sait quoi faire de lui ensuite. L'homme cartésien n'est pas responsable devant le Créateur. Donc le monde créé devient *sa* chose. L'univers

1. *Traité de l'homme*, in *Descartes, œuvres et lettres*, Gallimard, La Pléiade, 1966.

étant une machine peuplée de machines, toutes les lois de leur fonctionnement seront découvertes et l'homme acquerra la maîtrise absolue. Les intellectuels des Lumières vont garder le mot « nature » – ils l'emploieront même énormément – mais en le vidant de son sens. On versera « d'abondantes larmes » sur « les touchants spectacles de la nature », pendant que les gens d'argent baptiseront « lois naturelles » ce qui servira leurs intérêts. La finance et la technique se substitueront à tout.

Nous n'en serons toujours pas sortis (c'est le moins qu'on puisse dire) trois siècles après, et l'on verra les effets du système sur la planète.

1. « Reculer les bornes de l'Empire Humain » : les prophètes de la science-pouvoir

Relisons Descartes. Au chapitre VI du *Discours de la méthode* (1637), on entrevoit quelque chose comme le monde du XXIe siècle :

> Au lieu de cette philosophie spéculative qu'on enseigne dans les écoles, on peut en trouver une *pratique,* par laquelle, connaissant la force et les actions du feu, de l'eau, de l'air, des astres, des cieux et de tous les autres corps qui nous environnent, aussi distinctement que nous connaissons les divers métiers de nos artisans, nous les pourrions *employer* en même façon à tous les usages auxquels ils sont propres et ainsi nous rendre comme *maîtres et possesseurs de la nature.* Ce qui n'est pas seulement à désirer pour l'invention *d'une infinité d'artifices,* qui feraient qu'on jouirait, sans aucune

> peine, des fruits de la terre et de toutes les commodités qui s'y trouvent [...][1].

L'homme se rendant « maître et possesseur » de la nature, par une philosophie « pratique » développant « une infinité d'artifices » ? C'est le fantasme moderne. L'urbanisme que Descartes apprécie, ce sont « les places régulières qu'un ingénieur trace à sa fantaisie dans la plaine » : il les préfère aux anciens bourgs devenus grandes cités, avec leurs édifices inégaux et leurs rues « courbées ». Il étend cette vision à la démarche intellectuelle : comme on abat les vieux logis pour en bâtir d'autres, on doit « ôter » les données métaphysiques et tout reconstruire à partir du doute. Qu'est-ce qui est douteux chez l'homme ? Le mystère de son existence. Ses capacités techniques, en revanche, ne font aucun doute. On s'acheminera donc vers une société technicienne sourde au mystère… Galilée, génie scientifique, l'avait laissé entendre dix ans avant Descartes : si la nature ne répond pas de bon gré à nos demandes et ne nous dévoile pas ses secrets, on la mettra sur un chevalet et, lui infligeant la question, on lui arrachera les réponses qu'elle ne veut pas nous donner librement…[2].

Galilée aussi se voulait chrétien et l'était sincèrement.

Tout autant que l'Anglais Francis Bacon, qui appelait pourtant en 1627 à « reculer les bornes de l'Empire Humain » en vue de réaliser « toutes les choses possibles »[3]. La maxime de Bacon était *Ipsa sciencia potestas est* : « savoir, c'est pouvoir »…

---

1. *Discours de la méthode,* sixième partie. Les italiques sont de nous.
2. *Cf.* Joseph Ratzinger, *op. cit,* qui ne justifie évidemment pas le mauvais procès politico-religieux fait à Galilée.
3. *La Nouvelle Atlantide,* Flammarion, 1995. Bacon (mort en 1626) est un contemporain de Galilée (mort en 1642).

La connaissance comme pouvoir ? « Réaliser » tout le possible ? Avec trois siècles d'avance, c'est déjà l'esprit de la technoscience[1]. Parmi les objectifs de sa société idéale (une oligarchie scientifique), Bacon fixait d'ailleurs celui de « créer de nouvelles espèces ». Les sources de nos vertiges actuels sont à chercher loin en amont.

Bien entendu, le *Discours de la méthode* n'a pas la paternité directe d'un capitalisme industriel qu'il précède de deux cents ans ! Mais les idées enjambent les générations. Et les phénomènes mentaux et sociaux ne naissent pas sans les hommes. Quand Marx parlera en 1848 du « bouleversement continuel » imposé par le capitalisme (« tous les rapports sociaux se dissolvent, tout ce qui avait solidité et permanence s'en va en fumée, tout ce qui était sacré est profané »), il l'attribuera à un système – mais incarné dans une catégorie d'êtres humains :

> La bourgeoisie ne peut exister sans révolutionner constamment les instruments de production, ce qui veut dire les rapports de production, c'est-à-dire l'ensemble des rapports sociaux. [...] Ce bouleversement continuel de la production, ce constant ébranlement de tout le système social, cette agitation et cette insécurité perpétuelles distinguent l'époque bourgeoise de toutes les précédentes [...][2].

Du mécanicisme cartésien vers la pensée bourgeoise du XIXe siècle, le chaînon se trouve au XVIIIe. En 1748, Julien La Mettrie pousse plus loin que Descartes : il supprime le

1. Voir au chapitre IV.
2. *Manifeste* de 1848. Marx attribue à la bourgeoisie de son temps une autre nature que celle des « bourgeoisies » pré-industrielles.

Créateur inutile et il ôte l'âme. « Croyant s'apercevoir que la faculté de penser n'était qu'une suite de l'organisation de la machine »[1], il écrit *L'homme-machine* où il prône un matérialisme total. Ce qui s'accompagne – sur le plan éthique – d'un concept voué à un grand avenir : celui de l'égoïsme individuel et collectif promu au rang de « loi naturelle ». Cette théorie de La Mettrie plaira aux philosophes marxistes du XIXe : Friedrich-Albert Lange[2] lui consacrera un chapitre de son *Histoire du matérialisme*. La théorie plaira aussi – plus tard – à Michel Onfray, qui préfacera une réédition de Lange et qui jugera La Mettrie « superbe contre les apologistes chrétiens »... La Mettrie, théoricien de l'homme-machine, jouait en même temps l'hédoniste : « Tout est roses, œillets, violettes dans le champ de la nature », écrit-il. C'est dans un texte intitulé *Art de jouir*[3]. La nature n'est plus là pour être contemplée, mais pour être exploitée.

Au XVIIIe siècle, ces nouveautés ont plu aussi à d'autres idéologues : les fondateurs du libéralisme économique et du capitalisme industriel. Faire de l'égoïsme utilitaire une « loi naturelle », substituer celle-ci aux lois des États, supprimer les « pourquoi » et les remplacer par des « comment », c'était transformer le monde naturel – et le monde humain – en un chantier d'exploitation.

1. Frédéric II, *Éloge de La Mettrie.*
2. 1828-1875 : universitaire, fondateur du parti social-démocrate avec August Bebel (*Histoire du matérialisme et critique de son importance à notre époque*, Éditions Coda, 2004).
3. Rééd. Éditions du Boucher, 2002.

2. XIXe siècle : un système économique sans précédent

Que se passe-t-il au seuil du XIXe siècle ? La « grande transformation », pour reprendre la formule de Karl Polanyi[1]. L'activité économique se libère (se « désenchâsse ») de tous les contrepoids sociaux, et entreprend de transformer les royaumes et les républiques en société de marché.

Sans les Lumières et l'Angleterre, sans l'assujettissement des consciences aux techniques, on ne peut comprendre la tournure que va prendre la révolution industrielle et son *big bang* de l'économie.

En prélude il y avait eu John Locke, l'utopiste oxfordien mort en 1704. Il avait inventé une « nature » très peu naturelle : ni cosmique, ni sociale[2], purement économique : un chantier ouvert à l'activité des individus, un empire des intérêts privés. La nature selon Locke n'avait de valeur que transformée par le travail de l'homme. L'homme s'appropriait ainsi la nature, sans limites ; il pouvait acquérir sur elle tous les droits. Locke, fils de puritains, se croyait chrétien. On peut s'interroger sur la lecture qu'il faisait de la Bible.

En 1776, le philosophe écossais Adam Smith publie sa *Recherche sur la nature et les causes de la richesse des nations*. Ce livre est une compilation (plus d'une centaine d'auteurs y sont cités) et il condense l'air du temps, ce en quoi il sera décisif. Smith est en effet persuadé que la vie se résume à la confrontation des égoïsmes. Sur ce socle, il érige les mythes

1. 1886-1964 : professeur à l'université de Columbia (*La grande transformation*, Gallimard, 1983).
2. *Second traité du gouvernement civil*, 1690.

fondamentaux du libéralisme, et les baptise « lois naturelles de l'économie ». Ce sont : le Marché et sa « main invisible », censée mener à l'harmonie ; la recherche du Profit individuel, censée profiter à tous ; le Libre-Échange, avec sa division internationale du travail ; le Progrès et la croissance indéfinie ; et le Rejet de l'État, prié de ne plus intervenir dans les salaires et les prix.

Là où Smith gardait l'ombre d'une prudence, elle disparaît à la génération suivante. (Justes ou fausses, les idées des théoriciens de l'économie exercent une puissance « supérieure à celle qu'on leur prête communément », dira cent cinquante ans plus tard un autre économiste[1].) La bourgeoisie capitaliste anglaise durcit le système smithien : elle y ajoute le « laissez faire » intégral. Elle abolit la notion de *bien commun* qui avait animé la pensée chrétienne jusqu'aux temps modernes.

Le « bien commun », selon les théologiens catholiques, est le bien de la société dans son ensemble – et c'est autre chose que la somme des intérêts privés. Au XXIe siècle, par exemple[2], l'énergie, l'éducation, la santé, l'eau, l'air, la diversité des espèces vivantes seront un bien commun de l'humanité. Mais les héritiers idéologiques d'Adam Smith le nieront, disant que le « privé », c'est-à-dire le business, s'étend à tout – y compris aux gènes.

Cette philosophie anglaise écarte ce qui pouvait la freiner. Notamment le souci de ménager les pauvres et les faibles, qu'il s'agisse de peuples ou d'individus… La théorie balaie ces considérations. L'économiste classique David Ricardo affirme que le pays le moins compétitif du monde trouverait avantage au libre-échange. (Ce sera toujours – à la fin du XXe siècle –

1. John M. Keynes, *Théorie générale de l'emploi, de l'intérêt et de la monnaie*, Payot, 1988.
2. Voir au chapitre IV.

l'argument de la mondialisation ultralibérale.) Rejoignant la théorie de Malthus[1] qui accuse la croissance démographique de nuire aux profits, Ricardo condamne même les aides aux indigents parce qu'elles favorisent, dit-il, les « naissances non souhaitables » : il ne faut pas percevoir de taxes pour les pauvres, qui faussent le libre jeu des lois naturelles et « privent le capital d'une partie de ses dividendes justifiés »[2].

Cet avis d'experts double la bonne conscience des capitalistes. Ils peuvent ainsi ignorer les premiers effets de la révolution industrielle sur l'écologie humaine, c'est-à-dire les conditions de vie de la classe ouvrière. Onze à quatorze heures de travail par jour, la vie familiale détruite, l'exploitation des enfants, les accidents dans les mines et les usines où n'existe aucune sécurité ; le saturnisme, la silicose, les maladies pulmonaires ; les chômeurs encasernés dans des *workhouses* où ils sont littéralement aux travaux forcés… Il faudra attendre 1833 pour qu'une loi limite à neuf heures par jour le travail des enfants, et à douze heures celui des adolescents.

Comment les ouvriers se défendraient-ils ? Dès 1799, les associations professionnelles sont prohibées par un *Act* du Parlement anglais. Elles étaient déjà interdites en France par un texte de l'Assemblée législative de 1790. Ces deux lois politiques affichent la même philosophie : servir les lois « naturelles » de l'économie[3].

Ces lois peuvent donc jouer à plein. Dès 1800-1820, l'industrie anglaise du lin opère les premières délocalisations de l'histoire du capitalisme : elle part s'installer en Irlande, où les salaires (encore plus misérables) donnent une meilleure pro-

---

1. Robert Thomas Malthus (1766-1834), pasteur anglican et économiste de l'école classique.
2. Roland Marx, *Histoire de l'Angleterre*, Fayard, 1993.
3. Les syndicats ouvriers ne seront légalisés en France qu'en 1884.

ductivité. Dès la fin des années 1830, Richard Cobden et l'école de Manchester inventent le lobbying : pour faire instaurer le libre-échange intégral, ils affirment aux parlementaires que la paix universelle sera « le couronnement de la division internationale du travail ». Promesse qui ne va guère se vérifier, mais sera répétée jusqu'à nos jours.

Ce qui survient, en revanche, ce sont les premières convulsions du capitalisme transatlantique. En 1836-1837, une crise bancaire venue des États-Unis ébranle la City. En 1838-1842, nouvelle crise bancaire américaine : les filatures anglaises mettent au chômage trois ouvriers sur quatre. En 1846-1850, faillite de trois grandes banques anglaises ; le « roi du rail » George Hudson s'enfuit à l'étranger. « L'industrie manufacturière a fait sa trouée à coups de canon dans cette vieille société, et plus elle grandit, plus avec elle s'accroît le désordre », constate un homme politique français[1].

En 1830, dans une lettre au *Leeds Mercury*, le *tory* Richard Oastler déclare que les prolétaires du Yorkshire sont des « esclaves blancs ». Le mot traverse l'océan. Il le retraverse en 1853 sous la forme d'une « Adresse affectueuse et chrétienne de plusieurs milliers de femmes des États-Unis d'Amérique à leurs sœurs, les femmes d'Angleterre, contre l'esclavage blanc » : riposte cinglante à une « adresse de dames londoniennes à leurs sœurs d'Amérique, contre l'esclavage noir » ! Le plus beau est que ce message anglais avait été envoyé aux Américaines par la duchesse de Sutherland, qui avait chassé de ses terres écossaises trois mille familles de tenanciers pour les remplacer par cent mille moutons. Le régisseur de la duchesse, James Loch, était allé jusqu'à incendier les hameaux ; une vieille

1. Léon Faucher, qui sera ministre de l'Intérieur en France sous la IIe République : *Études sur l'Angleterre*, Paris, 1845.

femme était morte dans les flammes. Loch avait lu les philosophes libéraux. Il savait que le bien commun n'existe pas, et il l'écrivait : « Pourquoi l'absolue autorité du propriétaire devrait-elle être sacrifiée à des intérêts généraux et à des motifs qui ne concernent que le public[1] ? »

La machine est-elle le contraire de la Création ?

L'effet de la révolution industrielle sur les villes d'Angleterre est impressionnant. Londres devient une mégapole : plus d'un million quatre cent mille habitants vers 1835, alors que Paris n'en compte que neuf cent mille. Les populations de Manchester, Liverpool, Birmingham et Glasgow quadruplent en quelques années. Pour loger les ouvriers on construit mal, vite et pas cher : l'économiste Nassau W. Senior – pourtant peu enclin à la compassion – constate que ces immeubles malsains sont bâtis « dans le plus total mépris de tous les principes, sauf le profit immédiat des spéculateurs chargés de les construire ». La suie industrielle colle aux murs et aux poumons : on a même fabriqué un mot, *smog*[2], pour désigner le mélange de gaz sulfureux, de poussières et de vapeur d'eau qui obscurcit le ciel. Les services d'hygiène et de voirie existent à peine (puisqu'ils ne sont pas rentables) ; les rats pullulent. Le typhus rôde. Dans cette première phase « pure et parfaite » de sa trajectoire, la révolution industrielle traite l'homme comme un matériau secondaire.

Quant aux paysages… Chateaubriand avait aimé la campagne anglaise en 1793 ; il est choqué de ce qu'il y voit en 1822,

---

1. James Loch, *An account of the improvements on the estates of the Marquess of Stafford*, Londres, 1820.
2. De *smoke* (« fumée ») et *fog* (« brouillard »).

et l'évoquera en 1842 avec consternation[1] : « Aujourd'hui ses vallées sont obscurcies par les fumées des forges et des usines, ses chemins changés en ornières de fer ; et sur ces chemins, au lieu de Milton et de Shakespeare, se meuvent des chaudières errantes... »

Astolphe de Custine[2] a une réaction comparable :

> Tout est triste à Birmingham. Le ciel, l'air, la couleur des maisons et les bruits singuliers produits par le mouvement continuel d'une multitude d'ateliers, de forges et de machines, rendent ce séjour curieux sans doute, mais tellement désagréable que si ses habitants vont en enfer, ils n'y apprendront rien.

À Horseley, « chez M. Manby, fabricant de fer », Custine ressent une impression dantesque :

> Une demi-heure avant d'arriver dans ce lieu de désolation, vous êtes saisi par l'odeur d'une fumée épaisse, que vous voyez s'élever à la fois de plusieurs points de la plaine, et qui, s'étendant progressivement dans le ciel, finit par l'obscurcir entièrement... Toute la nature vous paraît fantastique. Des arbres pauvres, presque sans feuilles, et le peu qui leur en reste noircies et calcinées ; des chemins noirs, des maisons noires, des hommes noirs ; enfin tout est de fer.

Les machines donnent à Custine une angoisse métaphysique. Dans leurs mouvements, il croit « voir une intelligence restreinte à une seule pensée, c'est l'emblème de la folie qui n'est qu'une idée fixe » :

1. *Mémoires d'outre-tombe,* 3e partie, 2e époque, livre troisième, 12.
2. *Mémoires et voyages*, Vézard, 1830.

> Ces rouages, qu'on dit sans vie, me paraissent des êtres animés, mais dégradés, et qui cherchent à rivaliser avec la nature [...] L'emploi capricieux des forces de ces monstrueux animaux de création humaine, qu'on désigne par le nom générique de machines, me cause d'abord un mouvement de curiosité qui ne me laisse bientôt qu'un malaise indéfinissable. Je me crois soustrait à la libre influence du Créateur, enchaîné à côté de la nature dans l'empire de la magie, et prisonnier dans un monde secondaire, image imparfaite et affligeante, misérable singerie des œuvres de la Providence...

Le règne de la Machine serait-il une dé-création, le contraire de l'œuvre de Dieu ? Cette nouvelle société est-elle perverse ? Y aurait-il du bonheur à s'en écarter ? Michelet – qui lui aussi a visité Birmingham – paraît le penser : « Devant une plaine bouleversée, des arbres malades, le jaillissement de flammes sur terre et dans le ciel, il croit assister à un spectacle de guerre, la guerre de l'homme contre l'être, ou le martyre de la nature suppliciée par la technique ; c'est, dit-il, “une image terrible de la passion de la nature sous la main de l'homme”[1]. » Ce matérialisme assujettit la nature « selon les visées de la prospérité matérielle » : et cela s'étend à la campagne, qui n'est plus qu'une « manufacture de viande », une nature réduite à la chaîne alimentaire.

Hippolyte Taine a la même impression : la ferme est devenue « une usine comme une autre », une « manufacture de pain et de viande »[2]...

« La pluie sur le gazon devient mouton, le mouton devient homme et l'homme est à l'usine », résumera Michel Crouzet[3] :

1. Michel Crouzet, « Le mythe du Nord et la modernité », in *L'image du Nord chez Stendhal et les romantiques*, Öbrero University, 2004.
2. Hippolyte Taine, *Notes sur l'Angleterre*, Hachette, 1874.
3. *Op. cit.*

il en résulte bien une dé-création, l'homme « met au monde un nouveau monde qui tend à brouiller les limites de ce qui est animé par la nature et de ce qui est animé par l'artifice, de ce qui *est* et de ce qui est *fabriqué,* à absorber l'être dans le travail, à réduire l'être à l'étant. [...] L'homme ne peut pas créer des êtres, de l'être, il ne peut qu'imiter l'être et cela au prix d'une déperdition ontologique car ces produits [...] ne sont que du simulacre, du faux, de l'apparence, une copie mal ficelée, l'imitation de la Création n'en est que la *misérable singerie*[1] ».

L'homme est d'ailleurs pris au piège de ce qu'il fabrique : « à nier la nature il s'est nié lui-même », dégradant aussi la condition humaine dans les usines et les taudis du capitalisme manchestérien. Ici les choses sont plus fortes que les hommes, concluait Custine, et les Anglais sont « heureux à se pendre ».

Que l'écologie envers l'homme et l'écologie envers la nature soient jumelles, on le découvrira formellement autour de l'an 2000 ; mais les romantiques le pressentaient dès 1830. Custine est un catholique : la morale individuelle n'est pas son obsession, mais il épouse la vision cosmique de la Bible. Dans les Alpes, il verra la montagne comme un temple de la présence divine :

> Plus je m'enfonçais dans ces hautes solitudes, plus je me sentais saisi de respect ; j'étais pénétré de la présence de Dieu qui seul anime les lieux où l'homme n'est pas encore parvenu[2].

Le « sublime » religieux du romantisme redécouvre que la Création existe indépendamment de l'homme. Il renoue avec la Genèse et les forêts de pierre de la cathédrale gothique : et

1. *Ibid.*
2. *Op. cit.*

c'est l'antithèse du « sublime » matérialiste et scientiste du XVIIIe siècle, qui était censé jaillir des énergies prométhéennes de l'humanité.

Or les Lumières sont l'univers mental dont procède le système économique qui va s'emparer de la planète.

L'impact de ce système sur la nature, et sa modification ravageuse des rapports sociaux, vont agir dans tout l'Occident et se mondialiseront une première fois dès le XIXe siècle.

Elles se retrouveront après 1917 (encore aggravées) dans la partie du monde où se déploiera le système « socialiste », antithèse dialectique du système capitaliste – mais qui en sera largement le produit. Cette filiation était d'ailleurs affichée par Karl Marx, disciple inversé d'Adam Smith dont il avait adopté les postulats de base… Entre le marxisme et le capitalisme existe une parenté profonde. Tous deux sont issus des Lumières. Comme elles, Marx pense que la question du but de la vie et celle de son origine ne se posent pas : l'homme n'est là que pour *faire,* pour *transformer* ; le monde est à sa disposition pour cela ; rien d'autre ! Et surtout pas l'idée de Création, qui garantirait à la nature un statut protecteur. Rien ne résiste à l'homme des Lumières ou à l'homme marxien : ni la nature, ni la culture. L'hymne de l'Internationale ouvrière[1] dira « Du passé faisons table rase », et ce cri n'est pas le contraire du capitalisme : la première table rase est réalisée *par le capitalisme lui-même* en pulvérisant toutes les valeurs préindustrielles. Quel philosophe a imaginé le premier une société amnésique ? Ce n'est pas Marx, c'est Adam Smith.

On entend l'objection : Il n'y a pas que Smith à Londres, à la fin du XVIIIe siècle. Il y a aussi Burke.

1. Composé en 1871.

En effet, le philosophe traditionaliste Edmund Burke (1729-1797) est député à Westminster… Mais une hirondelle chrétienne ne fait pas le printemps. Burke est un Irlandais qui aime le paradoxe. Sans doute, c'est une sorte d'écologiste de la politique, il milite pour les traditions lentement mûries par l'histoire, refuse les théories abstraites, combat les Lumières et leur table rase. Mais d'autre part il siège avec le parti *whig* : celui des Lumières, de l'idéologie marchande, de l'individualisme utilitaire et de la destruction des valeurs traditionnelles ! Le « libéralisme conservateur » de Burke est une idée contradictoire. Son influence sera d'ailleurs insignifiante sur la bourgeoisie européenne du XIXe : incomparable, en tout cas, avec le voltairianisme du bourgeois français (tout au long du siècle), et avec le darwinisme social du bourgeois anglo-saxon à la fin.

De Voltaire à Darwin : une bourgeoisie antichrétienne

Voltaire avait consacré une part notable de son œuvre à éradiquer la foi en la Bible. « Mais il était déiste… », répète la bourgeoisie du XIXe siècle. En effet, et il disait pourquoi : « Il est bon de faire accroire aux gens qu'ils ont une âme immortelle et qu'il y a un Dieu vengeur qui punira mes paysans s'ils veulent me voler mon blé et mon vin[1]. »

Dans ce fils de notaire, « intransigeant face aux ténèbres, mais indulgent face aux abus quand ils sont éclairés par les Lumières[2] », une partie de la bourgeoisie du XIXe siècle va se reconnaître longuement. Dans *Madame Bovary,* Homais déclare[3] :

1. Lettre de 1766.
2. Alain-Gérard Slama, *Les chasseurs d'absolu : genèse de la gauche et de la droite,* Hachette, 1994.
3. Gustave Flaubert, *Madame Bovary,* seconde partie,

« Mon Dieu à moi, c'est le Dieu de Socrate, de Franklin, de Voltaire et de Béranger. »

Et quel Dieu est-ce ? Un Dieu insensible, technicien, « et qui, pour le confort du bourgeois, a établi cette assurance inimitable du progrès indéfini[1] » : progrès au nom duquel le système économique s'emparera de la planète, de façon non moins indéfinie.

C'était d'ailleurs une question de principe, et Voltaire expliquait que le commerce vaut mieux que toute religion : « Entrez dans la Bourse de Londres, cette place plus respectable que bien des cours ; vous y voyez rassemblés les députés de toutes les nations pour l'utilité des hommes. Là, le juif, le mahométan et le chrétien traitent l'un avec l'autre comme s'ils étaient de la même religion, *et ne donnent le nom d'infidèles qu'à ceux qui font banqueroute*[2]… »

Avant Adam Smith, Voltaire déclarait[3] que l'intérêt général se confond avec l'intérêt privé : celui de l'homme de commerce « qui donne de son cabinet des ordres à Surate et au Caire ». Dans le poème *Le Mondain* (1736), il semblait célébrer d'avance la mondialisation :

> L'or de la terre et les trésors de l'onde,
> Leurs habitants et les peuples de l'air,
> Tout sert au luxe, aux plaisirs de ce monde.
> O le bon temps que ce siècle de fer !
> Le superflu, chose très nécessaire,
> A réuni l'un et l'autre hémisphère.
> Voyez-vous pas ces agiles vaisseaux
> Qui du Texel, de Londres, ou de Bordeaux,

---

1. Emmanuel Mounier, *Révolution personnaliste et communautaire*, 1935.
2. *Lettres anglaises*, VI, 1733. Les italiques sont de nous.
3. *Ibid.*, X.

S'en vont chercher, par un heureux échange,
Ces nouveaux biens nés aux sources du Gange,
Tandis qu'au loin, vainqueurs des musulmans,
Nos vins de France enivrent les sultans ?

Le Mondain est un poème-pamphlet contre le livre de la Genèse. Voltaire dit : « Le paradis terrestre est où je suis. » Et où est-il ? Dans le nouvel univers marchand – qui vaut incomparablement mieux que le jardin d'Éden, puisque dans le « jardin de ce premier bonhomme » on ne pouvait pas faire de commerce :

Quand la nature était dans son enfance,
Nos bons aïeux vivaient dans l'ignorance,
Ne connaissant ni le tien ni le mien. […]
Ils étaient nus : et c'est chose très claire
Que qui n'a rien, n'a nul partage à faire.

Autrement dit : la Création originelle avait le défaut d'empêcher le négoce. Elle avait aussi le tort de prétendre combler les besoins de l'homme, alors qu'il faut des besoins insatiables (et toujours nouveaux) si l'on veut faire croître le commerce, ce qui résume l'horizon de la nouvelle société. Voltaire a l'air de plaisanter. Il ne plaisante pas. Il appelle réellement à troquer la vision biblique contre le culte de la croissance et de la consommation. Il le dit, il le répète. Ainsi dans *Babou*[1], la tirade du marchand de « choses frivoles » : « Je vends aux nations voisines les même bagatelles plus chèrement qu'à vous »… En installant un culte de la marchandise, Voltaire annonce l'idéologie bourgeoise. En éradiquant la Bible,

1. 1748.

il sera la caution d'une bourgeoisie anticléricale. Homais s'en fera encore l'écho :

> Aussi, je n'admets pas un bonhomme de Bon Dieu qui se promène dans son parterre la canne à la main, loge ses amis dans le ventre des baleines, meurt en poussant un cri, et ressuscite au bout de trois jours : choses absurdes en elles-mêmes et complètement opposées, d'ailleurs, à toutes les lois de la physique[1].

C'est fruste comme exégèse ? À peine plus que chez Voltaire lui-même, dont le persiflage des Écritures fait grand effet en France tout au long du XIXe siècle.

*

À partir de 1880, un second courant « bourgeois » – le *darwinisme social,* né en Angleterre – bousculera la vision chrétienne de l'homme dans le monde. Le voltairianisme français ne parlait de la nature que par raccroc. Le darwinisme social en fera sa raison d'être. C'est au nom de la nature qu'il va parler : une philosophie qui *se réclame* de la « nature » va servir un système qui *exploite* la nature comme jamais auparavant.

Charles Robert Darwin meurt en 1882 après avoir révolutionné la science. Il a voulu prouver que les espèces vivantes « évoluaient » à partir d'un petit nombre d'ancêtres communs. Le ressort de cette évolution était selon lui la « sélection naturelle ». Darwin n'avait pas inventé ce mot de « sélection », mais l'avait emprunté à un idéologue (le libéral utilitariste Herbert Spencer) et l'avait utilisé dans son ouvrage

1. *Madame Bovary,* 2e partie, chapitre 1.

de 1859 : *Sur l'origine des espèces au moyen de la sélection naturelle, ou la préservation des races les meilleures dans la lutte pour la vie.* Le succès du livre avait été retentissant, immédiat, international – et avait débordé les intentions premières de l'auteur : Darwin ne souhaitait pas que l'on déviât ses hypothèses vers le politique et le social, mais son cousin Francis Galton s'y était employé dès 1865 en lançant la notion d'« amélioration héréditaire ». Et Darwin s'était laissé faire. Il avait validé la thèse de Galton, selon laquelle l'hérédité devait jouer un rôle dans la fréquence du « talent et du génie » dans les populations.

Le maître étant mort, Galton a les mains libres. Il baptise sa théorie : « eugénisme ». Ce mot aura de l'avenir.

De son côté, Spencer (qui n'est pas darwinien mais lamarckien[1]) applique son idée de « sélection des plus aptes » à tous les domaines de la société. Il s'en sert notamment pour justifier le capitalisme libéral anarchique. Les forces « naturelles » du Marché doivent prévaloir sur les lois de l'État : ainsi s'instaurera une société qui ne connaîtra plus que les lois de l'économie (Spencer avait fait ses classes en la matière dès les années 1840 aux côtés de Cobden, dans le lobbying acharné pour le libre-échangisme).

Les slogans de Galton et ceux de Spencer vont fusionner dans l'esprit d'une partie des élites en Angleterre et aux États-Unis. Il en sortira ce que l'on appellera improprement, à partir de 1890, le darwinisme social – et qui servira à justifier, pêle-mêle, le libéralisme sauvage, le colonialisme et la théorie de l'inégalité des races… Par une bizarre amnésie, les années 1990 présenteront le libéralisme et l'inégalitarisme comme

1. Contrairement à Darwin, il croit à la transmission héréditaire des caractères acquis. Darwin, pour sa part, croit que « la sélection naturelle » arbitre, entre les variations héréditaires, celles qui sont dans l'intérêt de « la race ».

deux antithèses : mais les années 1900 les conçoivent comme un couple inséparable. En Angleterre, les darwinistes sociaux « appliquent l'évolutionnisme à l'interprétation des sociétés, se gorgent d'idées utiles sur les inégalités à l'intérieur de toute nation, renforcent leur foi dans l'inégalité des races humaines, et, tout comme les grands impérialistes américains du temps, en infèrent l'existence d'une "destinée manifeste" des Blancs venus d'Europe. [...] De toute manière, il est plus noble de prêcher l'expansion au nom d'une philosophie que d'invoquer, comme le font les chambres de commerce et d'industrie, le besoin de plus en plus criant de marchés[1] ».

Les milieux économiques seront moins pusillanimes que la *High Church* anglicane, qui a commencé par craindre que l'évolutionnisme darwinien soit une menace pour l'ordre social.

Cette intrusion du darwinisme dans la philosophie de la société est l'un des symptômes d'une déchristianisation diffuse.

Darwin lui-même avait achevé de perdre la foi à la mort de sa fille Annie, en 1849 ; cette rupture morale était venue à point, dans ses travaux scientifiques, pour l'amener à considérer Dieu comme étranger à l'évolution. Celle-ci pourrait-elle être le fruit d'une « Création continue » – comme l'envisageait un ami de Darwin, le botaniste Joseph Hooker[2] ? Après tout Jésus lui-même disait dans l'Évangile : « Mon Père jusqu'à maintenant est toujours à l'œuvre » (Jean 5,17)... Non ! Darwin rejetait cette possibilité. L'abandon du christianisme tenait chez lui à plusieurs facteurs : sa psychologie pro-

1. R. Marx, *op. cit.*
2. Lettre de Hooker à Darwin : « Le Créateur capable d'avoir fait les premiers organismes est capable aussi de diriger la suite [...]. »

fonde, une méconnaissance des deux Testaments[1], et l'idée – très répandue – que la raison et la foi sont en rivalité, comme Voltaire l'avait martelé au XVIIIe siècle. Le résultat était là : dans la pensée de Darwin, Dieu était exilé hors de sa Création. Celle-ci devenait offerte à l'arbitraire humain. Le chantier mondial de l'économie obtenait un parrainage scientifique, après ses parrainages philosophiques.

Quant aux chrétiens d'Occident, ils se croyaient de plus en plus disqualifiés par « la science » – et se retrouvaient engrenés dans un système économique qui agissait hors de la vision judéo-chrétienne du monde, voire ouvertement contre elle. Pour eux le choix se rétrécissait : il fallait acquiescer à ce système. Ou tenter de l'améliorer. Ou le combattre de l'extérieur. Tâches d'autant plus aléatoires que la pensée chrétienne en Europe avait abordé le XIXe siècle en mauvaise posture, après sa défaite intellectuelle du XVIIIe…

3. Les chrétiens d'Europe : dans le système, ou contre lui ?

Si les chrétiens sont coupables de quelque chose, c'est de s'être mis intellectuellement hors jeu au XVIIIe siècle – à la veille de la révolution industrielle. De ce fait, ils se retrouvaient, au XIXe, condamnés : soit à protester de façon utopique, avec les traditionalistes ; soit à rétrécir la religion en moralisme privé, attitude (passablement hypocrite) de la bourgeoisie d'affaires chrétienne ; soit à lancer dans de petits journaux des prophé-

1. Ses lettres le montrent persuadé que, pour la pensée judéo-chrétienne, les souffrances du monde présent résultent d'une « intervention directe de Dieu ». L'Évangile dit pourtant le contraire de façon explicite et soulignée : Luc 13, 4.

ties peu lues ; soit à agir sur le terrain social, avec vaillance et charité mais sans prise sur le cours général des choses.

Il n'y a pas de défaites innocentes. Le christianisme avait forcément eu des responsabilités dans son propre échec au siècle des Lumières. Son manque de pédagogie était flagrant : l'artisan parisien Jacques-Louis Ménétra, né en 1738, ex-enfant de chœur à Saint-Germain-l'Auxerrois, quitte l'Église à cause de prêtres qui lui répondent « par monosyllabes[1] » au lieu de lui expliquer le sens de la foi. Les gens aisés aussi s'éloignent de l'Église à ce moment-là. Le XVIIIe siècle bourgeois, souligneront les historiens de la France religieuse, glissait vers une vision « laïcisée » du monde. À la veille de 1789-1793, la France restait un pays de forte pratique religieuse institutionnelle – mais la déchristianisation révolutionnaire allait avoir un effet dévastateur et, dans une large mesure, irréversible.

Dans le protestantisme, la défaite de la pensée chrétienne prenait d'autres formes : par exemple l'entreprise du chimiste-physicien-théologien Joseph Priestley[2], qui supprimait le contenu de la foi pour la réconcilier avec « la science et le progrès ». En Allemagne, Immanuel Kant[3] liquidait lui aussi le contenu de la foi et transformait le christianisme en morale… En France, les pasteurs de 1770 confondaient l'esprit de la Réforme avec les idées des Lumières et réduisaient, eux aussi, la religion à une morale. Le XVIIIe siècle avait produit une mentalité qui allait durer jusqu'à nos jours.

C'était la fin d'une certaine vision de la *vie*. Et en ce qui concerne la vision collective du *monde* – donc le système économique –, le « décrochage » de la pensée chrétienne laissait le terrain libre à la philosophie mécaniste : ce phénomène était

1. *Journal de ma vie*, Albin Michel, 1998.
2. 1733-1804.
3. 1724-1804.

lourd de conséquences alors que se profilait la révolution industrielle.

Des chrétiens au service du système

L'exemple du Royaume-Uni est instructif, quoique particulier : la religion y était plus émiettée qu'ailleurs en Églises et sectes de diverses sortes. Vers 1850, l'Église anglicane est en recul massif dans les régions industrielles : identifiée aux possédants, elle est battue en brèche chez les ouvriers par les baptistes, les congrégationalistes (calvinistes), et surtout les méthodistes[1] qui ont quintuplé leurs effectifs en cinquante ans. Toutes ces confessions s'évertuent dans le domaine de la charité privée ; c'est méritoire. Mais aucune ne propose d'alternative au système économique et social. Les Anglais pieux s'emploient à « ramener les filles perdues dans le droit chemin » et à mettre les pauvres en garde « contre la paresse et l'alcool ». À la fin du XIXe siècle, les trois quarts des Britanniques se seront éloignés de la pratique religieuse, mais le christianisme à l'anglaise aura fait ce qu'il pouvait pour détourner les ouvriers de la résistance collective. Même les méthodistes wesleyens (malgré leurs prêches sur le mauvais riche) expulsent de leurs rangs les fidèles tentés par le mouvement ouvrier[2]. L'impression que la religiosité anglaise donne à Taine est celle que la religiosité américaine donne à Tocqueville : « L'église est le lieu où les hommes, après les six jours du travail mécanique, viennent

1. Église fondée au XVIIIe siècle par le prédicateur John Wesley, auteur d'une « méthode » de rencontre personnelle avec Dieu. Le méthodisme au XXe siècle sera moins social (Margaret Thatcher, G. W. Bush).

2. E.P. Thompson, *The Making of the English Working Class*, Pantheon Books, New York, 1991.

pour rafraîchir en eux le sentiment de l'idéal[1]. » Ce n'est pas de la foi chrétienne, c'est du moralisme : la morale bourgeoise substituée à l'Évangile… Le « service » religieux relève du monde intérieur de l'individu ; il ne débouche sur aucune action collective. L'Anglais du dimanche n'est pas solidaire d'autrui, ni du reste de la Création.

Les catholiques du Continent devraient (en toute logique) suivre un autre chemin. En principe leur pratique religieuse n'a rien à voir avec du moralisme, et beaucoup à voir avec la solidarité humaine et la Création : les « sacrements », selon l'Église catholique, sont l'intervention du Christ transfigurant les hommes à travers la matière, et les incorporant à Lui. Il y aurait là de quoi construire une riposte au matérialisme individualiste. Et mettre sur pied une défense de l'homme et de la nature…

Pourtant une grande partie des catholiques d'Europe – surtout en France – se laissent confondre par le capitalisme sauvage qui est une machine non seulement d'injustice sociale, mais de déchristianisation en profondeur. Confondus, beaucoup coopéreront sans états d'âme. Quelque chose s'était cassé dans l'esprit de leurs aïeux entre le XVIIe et le XVIIIe siècle : ils avaient perdu de vue le Dieu de la Genèse, qui crée *tout* à tout instant. Ils avaient adopté le Dieu horloger de Voltaire : un Dieu relégué dans le passé le plus radical (à l'instant zéro de l'univers), donc expulsé du présent. L'univers n'étant plus soutenu hors du néant par l'Éternel, l'homme n'est plus responsable de la Terre devant Lui : il peut en faire ce qu'il veut – et, de gérant, devenir exploiteur au détriment de ses semblables et de la nature. Le « désenchantement du monde »

1. Hippolyte Taine, *Notes sur l'Angleterre*, Hachette, 1874.

cher à Marcel Gauchet baignait déjà la naissance du capitalisme libéral...

En 1831 à Lyon, les « canuts », artisans tisserands, demandent un tarif plancher aux « soyeux », les fabricants de soieries. Les fabricants refusent. Ils demandent l'application de la loi libérale de 1790 pour dissoudre les associations de canuts. Les ouvriers se révoltent. Louis-Philippe, le roi bourgeois, envoie vingt mille troupiers... Nouvelle insurrection en 1834, parce que le patronat veut diminuer les salaires[1] : on tue six cents ouvriers, on en arrête dix mille... La tragédie des canuts retentit dans toute l'Europe. C'est l'acte de naissance du mouvement ouvrier. La très belle chanson qu'Aristide Bruant composera (dans les dernières années du siècle) en l'honneur des tisserands lyonnais, aura un couplet anticatholique :

> Pour chanter *Veni Creator*
> Il faut avoir chasuble d'or
> Nous en tissons pour vous, gens de l'Église
> Et nous pauvres canuts n'avons point de chemise [...].

Ce *Chant des canuts* ne tient pas compte de la réalité historique : les associations de secours mutuel des canuts – celles dont le patronat libéral de 1831 demandait la dissolution – étaient soutenues par des militants catholiques... Mais qui s'en souvient vers 1891 ? En cette fin de siècle, l'image du catholicisme français se confond depuis longtemps avec une partie de l'ordre établi. Beaucoup de catholiques se qualifient

1. Lettre du ministre de l'Intérieur à Louis-Philippe : « La fabrique est dans un état de prospérité vraiment fabuleuse. Les commandes de l'Amérique sont immenses. Les ouvriers gagnent six à sept francs par jour. Cela est trop. »

eux-mêmes de « conservateurs ». Ils voudraient stabiliser la société capitaliste autour d'eux, en maintenant des valeurs léguées par la civilisation pré-capitaliste. C'est une illusion à terme, mais un bon nombre de catholiques français veulent y croire. Leurs mobiles sont mêlés : il y a chez eux une vieille peur venue du traumatisme de 1793 ; et une nouvelle crainte, celle du prolétariat, venue de la Commune de Paris en 1871. Il y a aussi le désir de voir régner la paix dans les affaires… (Le moteur du capitalisme est pourtant le contraire de la paix : mais cela, le bourgeois catholique ne veut pas le savoir. « C'est ce qui fait de lui un bourgeois inaccompli », ironisent les révolutionnaires).

Les progrès des idéologies rationalistes vont à nouveau déborder un christianisme européen sur la défensive. Si les chrétiens sont mal équipés intellectuellement, c'est qu'ils n'ont pas fait attention à ceux qui leur apportaient de quoi revenir à l'avant-garde : par exemple le théologien anglais John Henry Newman[1], avec sa comparaison-opposition entre le développement des dogmes chrétiens et l'évolution darwinienne. Ou le théologien italien Antonio Rosmini[2], qui appelait les catholiques à rompre avec la nostalgie d'un ordre social fait pour eux…

Néanmoins tous les chrétiens du XIXe siècle ne s'aveuglent pas sur la véritable nature du système économique. Un certain nombre se montrent lucides, et s'efforcent de construire quelque chose.

1. 1801-1890. Cardinal après son passage de l'anglicanisme au catholicisme. Si Newman avait été entendu, la crise interne de l'Église catholique (« modernisme » et « intégrisme ») aurait été évitée.
2. 1797-1855. Béatifié par Benoît XVI en 2007.

Une « contestation » chrétienne au XIXe siècle

La logique de l'économisme capitaliste est de tout s'assujettir, y compris les valeurs pré-industrielles, et notamment la religion. Il la vide pour lui fixer une mission domestique : être l'opium du peuple, « le soupir de la créature opprimée, l'âme d'un monde sans cœur, comme elle est l'esprit des conditions sociales d'où l'esprit est exclu[1] ».

Des chrétiens du XIXe siècle comprennent le danger. Ils ne se laissent pas faire. Ils entreprennent de faire contrepoids à l'exploitation de l'homme par l'homme. Marx peut ironiser sur leurs efforts, « mélange de jérémiades et de libelles, d'échos du passé et de grondements sourds de l'avenir » ; il peut les traiter d'aristocrates (selon lui, le peuple se disperse « avec de grands éclats de rire dès qu'il aperçoit les blasons qui ornent leurs derrières »). Mais il admet que ces chrétiens, qu'il appelle « socialistes féodaux », opposent au libéralisme marchand une critique « mordante, amère et spirituelle »[2], capable de frapper la bourgeoisie « au cœur », c'est-à-dire au centre moral du système.

Dès 1830-1840 apparaissent en Europe des revues et des courants catholiques sociaux. En France, c'est *L'Atelier* du sociologue Philippe Buchez[3], ou *L'Avenir*, de Lamennais, qui écrit le 30 juin 1830 : « La question des pauvres n'est pas seulement une question d'économie politique, mais une question de vie ou de mort pour la société. » Alban de Villeneuve-Bargemont (pur « socialiste féodal ») critique le règne de la concurrence et l'industrialisation à l'anglaise ; il fonde une

1. Karl Marx, *Critique de la philosophie du droit de Hegel*, 1844.
2. *Manifeste*, *op. cit.*
3. *L'Atelier* était une revue associative. Ses typographes et ses journalistes en étaient propriétaires.

« économie politique chrétienne » axée sur les coopératives et les mutuelles. Armand de Melun, parlementaire modéré, milite pour les associations ouvrières et les chambres syndicales. Frédéric Ozanam, fondateur du premier mouvement caritatif français[1], dit que le droit au travail ne peut être laissé à la merci du marché parce que ce droit est « naturel et divin » selon la théologie catholique : voilà une idée du « naturel » qui contrecarre celle du libéralisme... Ozanam était un jeune bourgeois lyonnais lors de l'insurrection des canuts ; il avait été bouleversé par le sang répandu et le spectacle de l'injustice. Il meurt trop tôt (à quarante ans) pour développer cette idée dans un mouvement social.

En Rhénanie, un courant universitaire catholique se forme en 1840 contre l'économie libérale anglaise. En naîtront les Gesellenvereine[2] d'Adolf Kolping (1848), à la fois centre socio-éducatifs et bourses du travail. L'évêque de Mayence, Mgr Ketteler, rêve d'un secteur économique antilibéral, soutenu par les communautés chrétiennes et structuré en coopératives de production ; il mise sur le syndicalisme ouvrier face à la concentration du capital. À la conférence des évêques allemands de 1869, il demande que l'Église fasse campagne pour des lois sociales et pour la création d'une inspection du travail : cela relève, insiste-t-il, « de sa responsabilité pastorale[3] ».

Mgr Ketteler voulait aussi regagner le terrain perdu sur le plan intellectuel. Face à la philosophie anglaise de l'égoïsme marchand et à l'individualisme des Lumières, il était allé

1. Les Conférences de Saint-Vincent-de-Paul : dix mille membres en 1848.
2. « Cercles de compagnons » autogérés par les ouvriers.
3. Le combat de Mgr Ketteler sera poursuivi (face au *Kulturkampf* anticatholique) par son neveu, Ferdinand von Galen, Le onzième fils de celui-ci, l'évêque Clemens von Galen, sera l'un des principaux opposants à Hitler. Benoît XVI le déclarera bienheureux en 2005.

chercher dans la pensée médiévale (chez saint Thomas d'Aquin) une idée révolutionnaire : la « destination universelle des biens », selon laquelle les ressources ne peuvent être confisquées par le petit nombre. Cette idée aura de l'avenir. Redécouverte à la fin du XXe siècle, elle relancera la doctrine sociale de l'Église, et servira de socle au combat de Jean-Paul II et de Benoît XVI pour une écologie chrétienne.

Le souci prioritaire du XIXe siècle, chez les chrétiens sociaux comme chez les socialistes, est la condition du prolétariat. Ce n'est évidemment pas l'écologie, qui ne naîtra que beaucoup plus tard.

Mais l'histoire de ce siècle montre ce qui se passe lorsque l'on invente des « lois naturelles de l'économie » pour en faire la seule norme de la société : une irrésistible dégradation de la condition humaine et de son environnement. Tout ce qui sera fait pour améliorer le sort de la classe ouvrière, devra l'être – volontairement ou involontairement – par des crises, *contre* la théorie libérale. Le capitalisme ne s'humanisera ni spontanément, ni durablement. Au XXe siècle, il faudra la pression des luttes ouvrières pour introduire la justice sociale, qui est une forme d'écologie humaine. De même, au XXIe siècle, c'est en assiégeant le système que les écologistes tenteront de l'obliger à se soucier de l'environnement.

*

Quittons le XIXe siècle sur la description de Manchester par Hippolyte Taine[1]. Il voit une cité d'hommes d'affaires prométhéens régnant sur le reste du monde : des édifices « babyloniens », un pêle-mêle d'usines « gigantesque et ordonné », un

1. *Op. cit.*

labyrinthe de machines (« cisailles monstrueuses », « forges colossales », « gueules de feu ») fonctionnant « avec une vitesse vertigineuse comme un automate infatigable et acharné », entourées de leurs servants : une fourmilière d'ouvriers… Un monde de Cyclopes, de Titans, écrit Taine : celui « des nains et des géants souterrains de la mythologie scandinave ». Ces trois images renvoient au paganisme. Il dit aussi que Manchester est « la Babel des briques ». Là, il pense à la Bible.

Chapitre IV

L'ENGRENAGE DU XXe SIÈCLE ET LA NAISSANCE DE L'ÉCOLOGIE

Diverses formes de « capitalisme » avaient existé depuis l'aube de l'humanité : les Phéniciens, les Flamands, la Hanse, Gênes, Venise. C'était aux temps archaïques

> où l'empire d'argent
> relevait du courage
> et le marchand était soldat,
> qui bâtissait au fil des ans
> était maître d'abordage
> filait le rocher et défiait le vent,
> lorsque chantaient
> nos oiseaux [...][1].

Il fallut que le capitalisme passe au stade industriel, puis qu'il acquière le monopole de la planète, puis qu'il se dématérialise

1. Chanson de Glenmor après la marée noire du *Torrey Canyon* : 121 000 tonnes de pétrole sur la côte bretonne (1967).

(aujourd'hui) en spéculation pure – pour que se révèle son essence : la financiarisation, l'argent ne rendant compte qu'à l'argent ; l'« économie » financière vassalisant l'économie réelle ; le monde devenant une vaste salle de marché, un casino livré aux actionnaires nomades. L'économisme parvient ainsi à son stade suprême et se retourne contre la société dont il se nourrit. Le capitalisme d'après 1990 a renoué avec celui de 1860 : les pouvoirs financiers mondialisés sont plus froids que les patrons de Manchester (qui semblaient si féroces au vieil Hippolyte Taine), malgré les gestes caritatifs de Bill Gates qui ne changent pas le système global.

En 1997, l'historien économique Paul Bairoch[1] avait prévenu que le *laissez-faire, laissez-passer* n'était pas la cause du progrès social et économique. Deux ans avant l'an 2000, le publicitaire Marcel Bleustein-Blanchet s'inquiétait à son tour[2] : « Le capitalisme ne peut pas vivre sans règles. Et les règles dont il a besoin sont essentiellement morales… On ne peut pas se contenter de spéculer sur les cours et les indices. »

On devra pourtant s'en contenter : le capitalisme libéral ne se donne pas de règles à lui-même, son essence étant la dérégulation. Des contrepoids sociaux et des contraintes politiques lui avaient été imposés *de l'extérieur* au XXe siècle ; mais au XXIe, la société ne fait plus le poids face au capital et ces correctifs sont abolis un par un. Tel est l'impact humain du système.

Quant à son impact sur la biosphère, presque aucun contrepoids n'était venu le corriger au XXe siècle (l'écologie n'étant pas à l'ordre du jour). Le nouveau capitalisme sau-

1. *Victoires et déboires*, Gallimard, 1997. Paul Bairoch (1930-1999), enseignait à l'université de Genève.
2. *Les mots de ma vie*, Robert Laffont, 1990.

vage, celui des années 2000, n'aura donc rien à abolir dans ce domaine. Il pourra tourner à plein rendement – quitte à utiliser un peu de vocabulaire « vert » : l'un des talents du système étant de métaboliser les critiques qu'on lui fait et de les tourner en sa faveur.

Ou plutôt, en faveur de son image...

Car tout est affaire d'image et de psychologie, dans le nouveau système économique. C'est une perpétuelle surenchère, une fuite en avant : et toute cette énergie tend à « s'autodétruire », comme le redoutent des experts[1].

1. Un capitalisme destructeur et autodestructeur

Au XIXe siècle, le capital uni à la science et à la technique avait déchaîné les prodiges de la civilisation matérielle : électricité, chemins de fer, production industrielle de masse. Au début du XXe siècle, la surproduction engorgeait le système. Beaucoup d'intellectuels continentaux y virent la cause véritable de la Première Guerre mondiale ; ainsi Maximilian Volochine écrivait en 1915 : « La guerre actuelle est née en Allemagne de la surproduction, laquelle, sans trouver à s'exporter, aurait fini par étouffer ce pays... Le matérialisme européen, en créant une culture de la machine toujours croissante et en multipliant la vitesse des moyens de communications et d'échange, a favorisé l'émergence d'immenses organismes

1. Ainsi Patrick Artus, directeur des études économiques de la Caisse des dépôts (*Le capitalisme est en train de s'autodétruire*, La Découverte, 2005). Ou Paul Dembinski, professeur à l'université de Fribourg (*Finance servante ou finance trompeuse*, Desclée de Brouwer, 2008) : « il existe bien un risque que ce système implose ».

industrialo-étatiques qui, naturellement, ne peuvent survivre qu'en se dévorant entre eux[1]. »

Onze ans après la fin de la guerre, c'est à nouveau par une crise de surproduction – aggravée par la spéculation et le laissez-faire de l'État – que 1929 a éclaté aux États-Unis, entraînant l'asphyxie de l'économie américaine puis une panne mondiale.

Comment échapper à ce cycle ? Le capitalisme américain trouva la formule magique : susciter, organiser, contrôler, exploiter une consommation *de masse.*

La société consumériste naissait. Elle s'étendit à l'Europe après 1945 ; puis à toute la planète. Mais elle créait un nouvel engrenage, dont le mécanisme était inédit autant que le système consumériste lui-même.

Le piège de la consommation de masse

Regardons ce système de plus près. Il vise à transformer les peuples en un magma de consommateurs. C'est une nécessité pour lui. La plus-value de l'investissement se réalise sur des économies d'échelle exigeant des marchés *de masse,* pour écouler la production : donc le nouveau système *doit* manipuler les désirs des foules et la psychologie des individus. Pour créer sans cesse de nouveaux besoins, le capitalisme de consommation *doit* prendre le contrôle du désir humain – « et l'exploiter comme il exploite les gisements pétrolifères, jusqu'à épuisement de la ressource »[2].

1. Le Russe Volochine se définit comme « européen, artiste et poète ». Il écrit en 1916 : « La guerre est pour l'Occident le Jugement Dernier de la culture européenne dans sa totalité. Mais l'Occident n'en a pas conscience. »

2. Bernard Stiegler, in « Comprendre le capitalisme », *Le Nouvel Observateur,* mai 2007.

On en sera vite au stade du « neuromarketing » qui permet de photographier l'activité cérébrale au moment crucial du choix du produit. Des centres de recherches exclusivement dédiés à cette « science de la pensée » ouvriront aux États-Unis : ainsi le *Brighthouse Institute of Thought Sciences* ou le *Mind Marketing Laboratory.* Leurs enquêtes utiliseront l'IRM (imagerie électronique) pour aboutir à des données de ce genre : « Ceux qui préfèrent le Pepsi présentent une réaction cinq fois plus importante dans le *putamen,* l'un des centres [cérébraux] de la récompense, que ceux qui aiment le Coca[1]. » Il faut donc activer le cortex médial préfrontal, car, explique un psychotechnicien[2], « cette région correspond à l'image que l'on a de soi-même »...

Titre du magazine *Time,* 2 août 1999 : « Vous ne vous en rendez pas compte, mais l'air autour de vous est plein de publicité clandestine et les gens du marketing espionnent chacun de vos gestes ». Il s'agit de s'adresser « personnellement » au consommateur, de le « distraire », de « le faire interagir », et, pour cela, de « le connaître intimement ». C'est ce qu'avoue Sharon McLoad, directrice de la marque Dove au Canada[3] : « Ce que l'on souhaite, c'est que la cliente dise : je vais choisir la marque qui est la plus en phase avec moi en tant qu'être humain. »

Lorsque la cliente confondra son identité d'être humain avec le fait de choisir la marque, l'objectif sera atteint.

Là est le piège. Le marketing de masse attire les individus en les détournant de leurs anciens objets de désir, la famille, la

1. Jerome Burne, *Financial Times,* 28 novembre 2003. Voir aussi : Sandra Blakeslee, *New York Times,* 19 octobre 2004, Dean Schabner, *ABCNews.com,* 13 janvier 2004.
2. Clint Kilts, du Brighthouse Institute : *Financial Times, ibid.*
3. *Le Monde,* 24 décembre 2007.

culture, la solidarité, le gratuit, le spirituel. Effacer tout cela (« l'inestimable ») pour nous fixer sur la marchandise (le « jetable »), c'est dissoudre ce qui faisait exister les peuples : la société de marché dissout les valeurs et « ruine le sens de l'existence[1] » ; sa logique le veut. On voit apparaître des symptômes. En 2002, par exemple, ce petit couple de Français consommateurs compulsifs (six comptes en banque, vingt et une lignes de crédit, quinze cartes magnétiques), qui tente de se suicider en tuant ses enfants parce qu'il est surendetté. « Vous n'arrêtiez pas de nous acheter des choses mais nous n'étions pas une famille », criera le fils rescapé à ses parents pendant le procès d'assises... Une société effritée, des individus fragilisés : voilà l'effet du « marketing du désir ».

Cette économie étendue à la libido se retourne contre le milieu humain dont elle vit. Et elle renoue vite avec les crises. Dès la fin du XXe siècle, des économistes lancent l'alarme : ce système est un artifice jusque dans son fonctionnement interne. La dérégulation, l'effacement des contrepoids sociaux transforment le capitalisme en une caricature de lui-même. Les profits des entreprises bénéficient de plus en plus aux actionnaires, de moins en moins aux investissements, aux salaires et à la création d'emplois.

La marche à la « mondialisation » de l'économie, par la déréglementation et la libéralisation absolue des échanges commerciaux, a été lancée par les États-Unis à la fin des années 1960. Il s'agissait d'amener les autres pays à se soumettre au marché global, perdant ainsi les moyens de maîtriser leur économie nationale. Les gouvernements ont obtempéré les uns après les autres. (Pourquoi ? Une lassitude d'être ? Une grande fatigue, chez les Européens notamment ? Ce fut l'une de ces

1. Bernard Stiegler, *ibid.*

bascules historiques au-delà desquelles l'Histoire continue, sous d'autres formes). Abaissement des droits de douane, fin de la parité fixe entre les monnaies, libéralisation des capitaux, dérégulation généralisée ! Vers 1990, la démission économique des États au profit des firmes permettait à celles-ci de se concentrer pour devenir des entreprises mondiales. En 2000 il y avait déjà neuf fois plus de multinationales que dix ans plus tôt : 63 312 holdings issues de 47 pays et contrôlant 821 818 filiales, selon les chiffres de l'ONU…

À l'étape suivante, les systèmes productifs nationaux perdaient leur autonomie sous la pression des firmes étrangères.

Puis les multinationales devenaient nomades, délocalisant-relocalisant au gré de leurs stratégies, entraînant avec elles leurs concurrentes : d'où la « décomposition internationale du processus de production »[1] qui marque le début du XXIe siècle, avec une intégration croissante des pouvoirs économiques et financiers.

De la masse des multinationales, se détache un pôle de quelques milliers de sociétés : les grandes transnationales. Leur développement agit d'une façon toujours plus déstabilisatrice, parce que leur raison d'être n'est plus vraiment l'économique : c'est le financier. Elles continuent à contrôler des usines et des services, mais pour soutenir le cours de l'action. Dominant de haut les pouvoirs politiques, elles sont dominées elles-mêmes par les actionnaires. « Produire » n'est plus que leur moyen d'être rentables en Bourse : tel est leur seul repère, et son instabilité tend vers l'infini. Leurs opérations technofinancières deviennent d'ailleurs si complexes que leurs propres opérateurs peuvent en perdre le contrôle. Pourquoi cette frénésie de fusions-acquisitions, d'OPA, d'absorp-

1. Wladimir Andreff, *Les multinationales globales*, La Découverte, 2003.

tions ? « Dans le capitalisme mondial il faut bouger pour grossir, et grossir pour être le moins vulnérable, c'est-à-dire demeurer en vie », constate un analyste : comme pour les sumos, prendre du poids est « l'impératif catégorique »[1]. L'économie n'était plus qu'un moyen de la finance ; la finance n'est plus qu'un moyen de la volonté de puissance.

En 1995, Percy Barnevik, président de la multinationale ABB (équipement électronique), déclare ouvertement : « Je définirais la mondialisation comme la liberté pour mon groupe d'investir où il veut, le temps qu'il veut, de produire ce qu'il veut, en s'approvisionnant et en vendant où il veut, et en ayant à supporter le moins de contraintes possibles en matière de droit du travail et de conventions sociales[2]. »

Les effets humains de ce système mondialisé sont sous nos yeux. Il met en concurrence toute la main d'œuvre de la planète, faisant plonger les salaires vers le minimum vital comme à Manchester en 1830. À la veille de l'an 2000, près de 800 millions de gens souffraient de la faim, alors que « les patrimoines des trois personnes les plus riches du monde dépassaient ensemble le PIB global des 48 pays les plus pauvres »[3] ; les revenus des 20 % les plus riches dépassaient 74 fois ceux des plus pauvres : l'écart avait *triplé* par rapport aux années 1960. En février 2004, le Bureau international du travail (BIT) publie un épais rapport sur l'impact social de la mondialisation : abaissement des normes sociales, précarité grandissante, accroissement du chômage, privatisations

1. Frédéric Lordon (CNRS), *La politique du capital,* Odile Jacob, 2003.
2. Cité dans *L'Église face aux grandes sociétés transnationales,* par Patrick de Varax (thèse à l'université du Latran, 2004).
3. P. de Varax, *op. cit.*

désastreuses des services publics ; « les marchés mondiaux se sont développés sans que se développent parallèlement les institutions économiques et sociales nécessaires pour qu'ils fonctionnent sans à-coups et équitablement ». La mondialisation ne bénéficie qu'à un habitant de la Terre sur six, estime l'un des auteurs du rapport, l'économiste péruvien Hernando de Soto : « Les dangers sont les mêmes que ceux soulignés par Karl Marx, à savoir l'aliénation, la frustration, le sentiment de ne pas faire partie de la même civilisation que les autres. »[1]

Le BIT n'est pas le premier à contester le système et son injustice. Le pape Jean-Paul II les a fustigés avant lui :

> Ce système considère le profit et les lois du marché comme des paramètres absolus au détriment de la dignité et du respect de la personne et du peuple. Il a parfois évolué vers une justification idéologique de certaines attitudes, et de certaines façons de faire dans le domaine social et politique, qui provoquent l'exclusion des plus faibles. En réalité les pauvres sont toujours plus nombreux, victimes de politiques déterminées et de structures souvent injustes [...][2].

La « justification idéologique » que dénonce le chef de l'Église catholique, dans ce discours de 1999, c'est l'ultralibéralisme des élites nord-américaines et européennes. Le nouveau système économique tend à devenir le monde à lui seul. En tâchant d'éliminer tout ce qui n'est pas lui, il dévaste le milieu humain. Il n'épargne pas non plus le milieu naturel.

---

1. *Le Monde*, 25 février 2004 : « Le BIT passe au crible les faillites et les excès de la mondialisation. »
2. Jean-Paul II, *Ecclesia in America*, 1999.

XXe siècle : l'opinion découvre le saccage de la planète

L'économie contre la nature ? Ce n'était pas un thème inédit. La première mise en garde avait été lancée dès 1864 par le diplomate américain George Perkin Marsh[1], qui n'hésitait pas à affirmer, à propos de la déforestation du pourtour méditerranéen (dont se plaignait déjà Platon) : « Les moyens mis en œuvre par l'action humaine ont amené la face de la Terre à une désolation aussi complète que celle de la lune. »

Mais c'est un siècle plus tard que le grand public découvrira l'étendue du problème. (Entre temps il aura eu d'autres soucis : deux guerres mondiales, un monde à reconstruire deux fois).

C'est par la pollution que le scandale arrive et que l'esprit écologique vient au Français moyen, dans les années 1970.

D'abord ce citoyen voit les marées noires. C'est le plus frappant et le plus télévisuel. Avec une régularité impressionnante, le pétrole vient engluer la Bretagne : *Torrey Canyon* sur la Côte de granit rose en 1967... *Olympic Bravery* sur Ouessant, en 1976... *Boehlen* sur Sein, encore en 1976... *Amoco Cadiz* sur Portsall, en 1978... *Gino* sur Ouessant, en 1979... Et les autres marées noires, dans d'autres pays : *Othello* sur la Suède en 1970, *Urquiola* sur la côte de Galice en 1976, la plateforme *Ixtoc 1* dans le golfe du Mexique en 1979... Etc. Le goéland mazouté devient un emblème de l'époque, dessiné par Reiser dans *Charlie Hebdo*.

La pollution de l'atmosphère aussi préoccupe les années 1970. Les écologistes aident le public à se repérer parmi les substances polluantes : le monoxyde de carbone du chauffage

1. *Man and Nature – Physical, Geography as Modified by Human Action.* Marsh était un ami de Lincoln.

urbain, les oxydes d'azote des véhicules (générateurs d'ozone), le dioxyde de soufre des fiouls et du gazole (retombées acides), les hydrocarbures polycycliques (cancérigènes), les composés organiques volatils, les particules qui se dépose dans les poumons[1]... Deux de ces polluants – le méthane et surtout le dioxyde de carbone (CO_2) émis par les véhicules – sont promis à un bel avenir médiatique, en raison de leur rôle dans l'effet de serre. Sans oublier les métaux lourds : plomb toxique des carburants et des batteries, zinc du fioul, pesticides, dérivés fluorés...

Dans quelle mesure tout cela est-il dangereux ? Le public s'inquiète. Il apprend que les promenades en forêt peuvent être trompeuses, que l'air pur n'existe pas, que la pollution est d'autant pire que le temps se réchauffe, et que la pollution « couvre la ville comme un couvercle de marmite ». Ce qui démoralise les urbains... Les experts leur apprennent qu'un moyen de lutter contre le « dôme de pollution » est de créer des espaces verts en ville ; ce point figurera dans les programmes électoraux de presque tous les partis – avec une sincérité variable.

La pollution de l'air, mais plus encore celle des rivières et des estuaires (par les nitrates et les déchets industriels), deviennent dans ces années 1970 un leitmotiv des sondages. On s'inquiète d'une quantité croissante de choses. Les sacs en plastique, par exemple, qui traînent partout et qu'on retrouve dans des poissons morts. Ou encore les décharges à ciel ouvert : mais par quoi les remplacer ? En effet les incinérateurs de déchets sont encore plus préoccupants : ils émettent des dioxines liposolubles, aptes à voyager loin et à

1. La pollution aux particules vient du transport routier, des combustions industrielles, du chauffage domestique et de l'incinération des déchets. Elle cause des maladies respiratoires : en 2008, elle sera à l'origine de 350 000 décès anticipés en Europe (selon le Conseil national de l'air français).

se concentrer le long de la chaîne alimentaire. Rien n'est simple ; les problèmes écologiques sont particulièrement complexes.

En 1970, la hantise de la pollution devient si générale que Johnny Hallyday en fait un tube :

> Les lapins se meurent dans les champs pollués
> Les poissons crevés dans les mers polluées, hé
> Les hommes sont asphyxiés par l'air pollué
> Les oiseaux muets dans les arbres pollués, hé
> Le muguet fané au printemps pollué, hé
> Les hommes sont usés dans ce siècle pollué
> Mais dites-moi ce qu'il faut faire pour exister, hé
> Quand la Terre tout entière est polluée, hé

Johnny se hisse (signe des temps) jusqu'à l'antiproductivisme contestataire :

> Les usines n'arrêtent pas de fumer
> Les fumées n'arrêtent pas de polluer, hé hé
> Et les hommes continuent à fabriquer[1] !

Pressés par l'opinion et les autorités sanitaires, les pouvoirs publics des années 1970 se mettent à fabriquer – pour leur part – des textes antipollution. En France : un arrêté ministériel sur les gaz de moteurs, une enquête sur la pollution des nappes phréatiques par les zones industrielles de Rouen. Aux États-Unis : le *Clean Air Act* (air « propre ») et le *Clean Water Act* (eau « propre »). Même chose au

1. Trente ans après, le rocker aura oublié cette bouffée « verte » : il participera à la course la moins écologique du monde, le Paris-Dakar.

Japon. En Angleterre se fonde une Royal Commission « pour informer la reine, le gouvernement, le Parlement et le public ». Au Canada, c'est l'élevage productiviste industriel qui est en cause : l'opinion gronde contre les « barons du jambon », dont les mégaporcheries polluent les provinces des Prairies et même le Québec : un porc pour trois Québécois...

Dans le monde occidental, les écologistes s'interrogent sur la nocivité potentielle des molécules chimiques des produits de consommation courante ; se doute-t-on par exemple que les shampoings, les parfums, les dentifrices contiennent des alkyphénols (émulsifiants) dangereux pour l'équilibre endocrinien, donc pour la reproduction humaine ? Ou que les plastiques souples contiennent des phtalates, cause d'asthme infantile ? Ou que les moquettes, les chaises de bureau, les peintures, les PVC recèlent des organoétains (stabilisateurs ou fongicides), dangereux pour le système immunitaire ? Non, on ne le savait pas ! Le fait d'en parler déchaîne même quelques huées à droite : l'écologie est taxée de « gauchisme », de « néophobie », de ressentiment maladif contre « les gens heureux ». L'Europe attendra plus de trente ans avant de mettre sous surveillance des composés chimiques dangereux pour la vie humaine ; et ce ne sera qu'un texte timide[1] dont la mise en œuvre dépendra des industriels. Lesquels ont réussi à empêcher les gouvernements nationaux de prendre ces mesures chacun de son côté...

Les pouvoirs politiques se sentent en effet de plus en plus faibles devant les grandes firmes qui les surplombent. Cette

1. Le règlement REACH, entré en vigueur en 2007.

évolution échappe aux soixante-huitards, tout à leur rage contre « l'État »[1].

L'affaire du Larzac va en donner un exemple. En 1971, les 103 paysans de ce Causse aveyronnais apprennent que Paris veut étendre le périmètre du camp militaire, qui occupait une partie du plateau depuis des années. Les paysans s'indignent (l'élevage était en train de renaître). Et ils s'insurgent, soutenus par les évêques de Rodez et de Montpellier… Labourant de force des parcelles réquisitionnées par les militaires, reconstruisant les fermes, « les 103 » vont résister pendant dix ans. Ils sont soutenus par de véritables écologistes. Ils le sont aussi par toute la société soixante-huitarde, qui déferle au Larzac, antimilitaristes en tête : ce qui permet d'immenses manifestations de plein vent (bonne chose pour la lutte) – mais affuble la résistance paysanne d'une idéologie qui va bientôt dater. En effet, dénoncer « la menace autoritaire : l'État et son armée », c'est ne pas prévoir le déclin du politique en Occident. L'empire qui vient, c'est l'économique ! Les soixante-huitards se trompent d'époque. Plus tard, l'un des « 103 », Léon Maillé, déclarera[2] que finalement l'État et l'armée n'avaient pas été des ennemis redoutables : « L'argent, c'est différent, c'est un adversaire sournois et insidieux ».

Maillé fera cette confidence en 2003. À cette date, les paysans du Larzac auront pris le virage altermondialiste, contre la

1. Les années 1970 craignent aussi le nucléaire. En France : manifestations contre Fessenheim, Bugey, Creys-Malville et le projet Plogoff – finalement abandonné. En Allemagne : Wyhl. L'accident de Three Mile Island aux États-Unis (1979) relance les inquiétudes ; Tchernobyl en 1986 en marquera le sommet, suivi, en 1987, de l'abandon du projet allemand de Wackersdorf. En 2000, l'Allemagne renoncera au nucléaire. Mais tous les écologistes ne donnent pas la priorité à ce combat, et une nouvelle angoisse – le climat – perturbera le débat sur le nucléaire, moins actif dans ce domaine que d'autres énergies.

2. *Le Monde*, 5 août 2003.

globalisation ultralibérale et ses effets sur la vie quotidienne : la « malbouffe », par exemple, avec José Bové démontant le MacDonald's de Millau le 12 août 1999. Cette fois l'écologie aura trouvé un adversaire plus coriace que l'armée française et ses budgets en haillons.

Ayant commencé à s'intéresser au dossier de l'écologie, le public va en apprendre plus sur les mécanismes industriels, économiques, financiers, qui sous-tendent le saccage de la planète. Des économistes vont lui expliquer que notre civilisation est en train de consommer le stock d'énergies accumulé depuis des millions d'années ; que ce pompage ne peut pas continuer indéfiniment ; et que nous devrons changer de façon de faire. Au moment précis où le productivisme et la société de consommation submergeront tout, l'idée que l'on peut vivre autrement va commencer à circuler.

2. L'écologie critique l'économie

Il y a un saccage de la planète, disent les écologistes : il était terriblement prévisible. Il avait commencé bien avant la dérégulation généralisée de la fin du XXe siècle, mais l'impact industriel sur l'environnement est devenu démesuré depuis : « Les multinationales assurent que si des restrictions environnementales leur sont imposées, elles ne seront plus compétitives… À moins que les gouvernements ne cèdent, elles menacent d'exercer leur liberté de se délocaliser dans un autre pays avec des normes environnementales moins strictes, en licenciant à tour de bras… En étendant le modèle industriel du libre-échange au monde entier, on exporte un système qui traite la nature comme une collection de ressources exploitables en vue d'un gain financier à court terme[1]. »

Les écologistes insistent : la mondialisation, qu'est-ce que c'est ? Supprimer tout ce qui s'oppose au profit. Notamment les protections de l'environnement.

Durant les dernières années du XXe siècle, l'opinion internationale a découvert que les prêts du Fonds monétaire international (FMI) aux pays pauvres n'étaient pas sans contrepartie. Ils s'accompagnaient de « programmes d'ajustements structurels ». Lesdits programmes étaient destinés, en théorie, à accroître la compétitivité de ces pays ; en pratique, à leur faire engranger des devises pour qu'ils puissent... régler leurs dettes. Or ces « ajustements » se révélaient nocifs pour l'écologie – physique et humaine – des pays visés. En Afrique, plusieurs États avaient dû aggraver (dans des proportions destructrices) l'exportation de leurs ressources naturelles. En Amérique latine, le FMI avait exigé l'importation d'aliments industriels de masse venus de l'hémisphère Nord, ruinant ainsi les petits paysans et les chassant de leurs terres vers les bidonvilles. En Inde, l'État renonçait à protéger les zones « écologiquement sensibles », pour laisser s'y implanter cimenteries et mines de bauxite. Ailleurs, le FMI imposait la suppression de lois protégeant l'eau, pour que des firmes occidentales soient libérées du souci de polluer : d'où par exemple les 80 000 tonnes quotidiennes de plomb, de cadmium, de zinc et de cuivre déversés dans les rivières de Nouvelle-Guinée

1. Simon Retallack, « Le libre-échange contre la planète », *L'Écologiste*, automne 2002.

par des sociétés minières américaines et australiennes... Partout, les gouvernements devaient – pour « ajuster » leurs budgets – sabrer dans les crédits alloués à l'environnement[1].

L'Organisation mondiale du commerce (OMC) exerçait le même type de pressions envers tous les pays membres. En 1996, sur plainte de l'industrie pétrolière, elle forçait les États-Unis à importer un carburant contenant un additif interdit par la loi américaine sur « l'air propre[2] ». En 1998, sur plainte de l'industrie agro-alimentaire, l'OMC condamnait Bruxelles pour son embargo sur le bœuf aux hormones de croissance : les Européens (qui s'interdisaient de produire cette viande) ne voulaient pas en importer de l'étranger, c'était logique – mais ce n'était pas libéral. L'OMC autorisa de lourdes représailles contre les produits européens : 116,8 millions de dollars de surtaxes annuelles au profit de Washington ! Au nom de la liberté du bœuf aux hormones, les États-Unis pénalisèrent la moutarde de Dijon, le roquefort, la truffe italienne et les jambons danois. « Ô le bon temps que ce siècle de fer... »

L'hypothèse révolutionnaire du professeur Georgescu-Roegen

Les échos de ce genre de conflits, et de centaines d'autres de toutes dimensions, retentissent durant les premières

1. Le FMI est présidé alors par un catholique : Michel Camdessus. Celui-ci changera de cap par la suite, mais la politique du Fonds a créé un malaise entre, d'un côté, les écologistes et militants de l'économie équitable, et, de l'autre, les milieux économiques chrétiens.

2. *Clean Air Act* contre la pollution par les hydrocarbures sur le territoire américain (1970), *cf. supra.*

années des « forums sociaux » de Porto-Alegre lancés en 2001 par le chrétien Chico Whitaker[1].

Le capitalisme laissé à lui-même se révèle destructeur : c'est ce qu'affirment depuis la fin du XXe siècle ceux qui se sont levés pour le mettre en examen sur les cinq continents. On les a d'abord appelés « antimondialistes ». Puis ils se sont donnés le nom d'« altermondialistes », qui correspondait mieux, disaient-ils, à leur vision des choses : ils ne prétendaient pas nier la mondialisation (qui est une donnée brute), mais ils entendaient, disaient-ils, la *civiliser,* en redonnant aux forces économiques les contrepoids sociaux et écologiques dont les États les avaient libérées. Cette bataille ne pouvait se morceler en luttes nationales ; face au bulldozer ultralibéral lancé sur la planète, la riposte devait être planétaire. Et pluridisciplinaire. Les problèmes écologiques et les problèmes sociaux étaient provoqués par le système économique. Que faire donc ? Agir, mais comprendre : et s'appuyer sur la pensée d'économistes non-conformistes.

Par exemple celle du mathématicien roumain-américain Nicholas Georgescu-Roegen (1906-1994) : ce professeur à l'université Vanderbilt du Tennessee qui jeta les bases d'une vision révolutionnaire, au carrefour des sciences économiques, biologiques et physiques.

Selon Georgescu-Roegen[2], la théorie libérale est trompeuse parce qu'elle est mécanique. Elle s'enferme dans l'idée d'un couple production-consommation auquel il

1. Brésilien, alors secrétaire (laïc) de la commission *Justice et Paix* des évêques brésiliens.

2. Ses textes principaux ont été réunis par Jacques Grinevald sous le titre : *La décroissance,* Sang de la Terre, 1995.

faudrait assurer un fonctionnement « pur et parfait ». Les libéraux classiques appellent cela « lois naturelles de l'économie », mais ce système n'a rien de naturel : c'est le parangon de l'artificiel. Il est pensé en vase clos, à l'écart du monde de la nature et des hommes, donc à l'écart de l'histoire... Car la nature aussi a une « histoire » – si l'histoire se définit par l'irréversible. La planète est un environnement limité. Ses ressources utiles ne sont pas inépuisables. Elles ne sont pas un *flux*, comme l'énergie solaire : elles sont un *stock*. L'homme les exploite, et c'est normal ; ce qui n'est pas normal, c'est qu'il ignore que cette exploitation a des effets irréversibles sur le stock... La théorie du capitalisme libéral s'est bâtie sur l'idée d'une croissance économique sans limite, où tous les processus seraient réversibles, où l'on atteindrait de mirifiques situations d'équilibre, etc. Cette utopie reposait sur l'exploitation sans frein des ressources du monde physique. Plus le système s'est développé, plus l'exploitation du stock a augmenté, pour devenir une surexploitation. Notre activité économique présente est donc engagée dans un processus d'entropie : la dissipation inéluctable des ressources, dit Georgescu-Roegen, « diminue irrévocablement la dot de l'espèce humaine ».

Si entropie il y a, alors la croissance indéfinie est un mirage, – et la croyance au progrès technologique *pour tout résoudre*[1] est un mensonge, puisque les technosciences (quelles que soient leurs ambitions scintillantes) ne peuvent pas créer la matière. Le professeur propose donc une « bio-économie »

1. Ainsi chez Robert M. Solow et John M. Hartwick, pour qui le « capital technique » (équipements, connaissances, éducation et formation) prend le relais du « capital naturel » (le stock de ressources).

qui remettrait l'économie dans sa véritable situation : historique et écologique. Il faut imaginer, dit Georgescu-Roegen, une « décroissance soutenable » : changer de mode de vie, rompre avec le culte du jetable et de l'éphémère, produire des biens durables, « renoncer au cercle vicieux de l'homme qui prend le matin un appareil à raser plus vite pour arriver plus rapidement à l'atelier où il fabrique un nouvel appareil à raser plus vite »...

L'écologie vue sous cet angle n'est pas réactionnaire, puisqu'elle se fonde sur le constat de phénomènes irréversibles. Elle ne prêche aucun retour en arrière : au contraire, c'est elle qui tient compte des mutations de la pensée scientifique, et ce sont les partisans de la croissance à tout prix qui s'accrochent à une théorie mécanique de l'économie, système mental hérité du lointain Adam Smith. L'écologie nous dit de ne plus croire que le marché soit le seul arbitre des activités humaines. Et de ne plus admettre que l'économie trône loin des contingences humaines et du monde de la nature, c'est-à-dire hors de la Création.

Recadrer l'homme et son activité dans le paysage de la Création ? C'est une idée qui rend un son familier à des oreilles judéo-chrétiennes.

Mais qui avait fait sortir l'économie du monde de la nature ?

« La Bible », (comme l'affirment paradoxalement certains intellectuels), parce qu'elle mettrait « une coupure » entre la nature et un homme fait à l'image de Dieu, donc « différent de la Création » ?

Cette accusation est extrêmement répandue. C'est même l'un des pont-aux-ânes des débats occidentaux.

Elle est inexacte si l'on vérifie dans la Bible, et inexacte également si l'on enquête dans l'histoire : car la nature n'était pas mieux protégée dans des sociétés païennes[1] où elle était confondue avec les dieux.

Par ailleurs l'historien et le philosophe constatent que le libéralisme et le marxisme, systèmes de la modernité *construits contre la vision biblique,* ont produit des modèles économiques hostiles à la nature. « Devenue parfaitement étrangère à la sphère des activités humaines, la nature apparaît finalement comme la simple pourvoyeuse des moyens nécessaires à la réalisation des fins humaines... Penser ensemble nature et société est devenu quasi-impossible[2]. »

Le saccage de la planète, et les mœurs prédatrices du monde économique et financier, sont-ils alors deux produits (jumeaux) du vieux mécanicisme de la pensée et de son artificialité technicienne léguée par le XVIIIe siècle ?

Feu Sumantra Ghoshal, « gourou du management » et professeur de stratégie et de gestion internationale à la London Business School, n'hésitait pas à le dire. À son avis, l'erreur de traiter la gestion « comme une sorte de science physique » libère « de tout sens de la responsabilité morale ». D'où – affirmait-il – les pratiques scandaleuses révélées aux États-Unis par l'affaire Enron, puis attestées un peu partout dans le monde financier...

1. Voir aux chapitres premier et II. Les Grecs et les Romains ignoraient la Bible mais violentaient la nature.

2. Dominique Bourg, *Esprit*, juin 1996. Professeur à l'université de Lausanne. Auteur de : *Le développement durable, maintenant ou jamais*, Découvertes-Gallimard, 2006.

L'origine de cette mentalité, disait-il, ce sont les écoles de commerce[1] : leur enseignement amène les étudiants à penser que l'entreprise doit biaiser « ses fournisseurs, ses clients, ses propres salariés et les autorités de contrôle », que c'est ainsi « qu'elle réalise ses profits, quelles qu'en soient les conséquences pour la société », et que c'est « l'une des tâches les plus importantes pour lesquelles les chefs d'entreprise sont payés ».

Le schisme économie/nature, né du monde mental scientiste, est la fracture que la bioéconomie du professeur Georgescu-Roegen propose de réduire. En voulant rendre l'économique au monde naturel, cette théorie ne dévalorise pas le rôle de l'homme. Au contraire, elle l'investit d'une ambition sans précédent : calculer l'impact et le coût énergétique de ses activités sur la biosphère, et modifier celles-ci. C'est-à-dire changer le paradigme économique mondial ! Et cette mission n'est pas réservée aux experts ni aux décideurs : elle concerne tout le monde. Pour Robert Reich[2], ex-ministre de l'Emploi de Bill Clinton, chacun doit prendre conscience de sa propre responsabilité quoi qu'il fasse, lorsqu'il va à l'hypermarché autant que lorsqu'il joue en Bourse : « D'où viennent les bonnes affaires ? D'entreprises en très forte concurrence qui, pour répondre à notre demande, baissent les coûts salariaux, délocalisent et polluent l'environnement… Si nous voulons réduire les inégalités, retrouver la stabilité de l'emploi et de meilleurs salaires, ainsi que combattre le réchauffement climatique, nous devons accepter de faire de moins bonnes affaires. »

---

1. Article (posthume) in *Academy of Management Learning and Education*, mars 2005.
2. « Le supercapitalisme a infesté le processus démocratique », *Libération*, 5 novembre 2007.

3. Pour une politique de l'écologie

Souvenons-nous des années 1990. Après la chute du Mur de Berlin et le référendum européen de Maastricht, le même discours résonnait partout : finies les frontières, barrières, digues et douanes ; « la mondialisation » promettait à chaque individu « l'ouverture » et l'illimité, on allait respirer les vents du grand univers. La dérégulation économique faisait partie de la promesse, bien entendu : le marché universel, la croissance indéfinie, la technologie prométhéenne allaient dilater la condition humaine au-delà de tout horizon.

Dix ans après, ce mythe ne dupait déjà plus. On en avait fait le tour. La Terre était rétrécie par les voyages ultra-rapides et la communication planétaire instantanée. Le rêve nomade était dépoétisé par le spectacle des usines fermées pour délocalisation, et par la crainte de maladies bondissant d'un continent à l'autre. Désormais le globe était petit. Très petit ! Beaucoup plus petit qu'au temps du voyage de *La Boussole* et de *l'Astrolabe*[1]... On allait devoir le gérer avec circonspection, devenir ses jardiniers et ses comptables. C'était sa vocation, nouvelle et très ancienne à la fois : « L'homme apparaît comme le gestionnaire de la planète. Il se situe, à nouveau, au centre du système, non cette fois comme un droit, mais comme un devoir[2]. »

1. Les vaisseaux de La Pérouse, disparus avec lui en 1788 dans le Pacifique. La vastitude du monde faisait rêver : « A-t-on des nouvelles de M. de La Pérouse ? », demandait Louis XVI, peu avant sa mort.

2. Serge Frontier et Denise Pichod-Viale, *Écosystèmes, structures, fonctionnement, évolution*, Masson, 1993.

En juillet 2002, la National Academy of Sciences des États-Unis publiait un rapport scientifique international sur l'empreinte écologique[1] de l'humanité, c'est-à-dire son impact sur les écosystèmes et l'ensemble de la planète. Il s'agissait de mesurer l'effet de six activités humaines : les infrastructures, la combustion fossile, la pêche, l'exploitation forestière, l'agriculture, le pâturage. Publié en France par *L'Écologiste,* ce rapport établissait que l'humanité, depuis les années 1980, consommait plus que ce que la planète pouvait produire de façon durable, en exploitant ce capital naturel « au-delà de sa capacité à se régénérer ». Si l'on voulait « conserver la demande humaine dans les limites de ce que la nature peut nous offrir », il fallait changer de paradigme : au lieu de laisser les forces économiques exploiter les ressources à leur guise, il fallait redistribuer les droits à l'exploitation.

Selon quels critères ? Des « critères biophysiques » (la durabilité) et des « critères éthiques » (riches/pauvres, générations présentes/générations futures), indiquait le rapport.

Mais pour cela, il fallait une révolution. On devait faire descendre les multinationales de l'Olympe où elles s'étaient installées à la chute de l'URSS en 1991. Ce changement de paradigme, qui pouvait le réaliser ? C'eût été la tâche des États. Ils bricolèrent des décrets de détail, contre ceci ou pour cela : mais « à notre connaissance », soulignait le rapport de 2002, « aucun gouvernement n'a établi d'évaluations complètes pour mesurer la compatibilité entre l'utilisation humaine de la nature et la capacité biologique des écosystèmes existants. »

1. « Surface terrestre et aquatique biologiquement productive qui est nécessaire à la production des ressources consommées et à l'assimilation des déchets produits par l'homme, dans les conditions de gestion et d'exploitation de l'année considérée » (Mathis Wackernagel, *Notre empreinte écologique,* Écosociété, 1999).

Il aurait fallu que les États se donnent une nouvelle mission : une *politique de l'écologie.* Vaste programme ! Personne ne l'entreprit. Le plus sourd à l'avertissement de l'Académie américaine des sciences fut le pouvoir américain, George W. Bush régnant. En Europe, les gouvernements firent des efforts de posture. Mais lorsque Nicolas Sarkozy organisa en 2007 le spectaculaire « Grenelle de l'environnement » inspiré par Nicolas Hulot, la droite française gronda sourdement. Elle n'allait pas tarder à prendre sa revanche. Dès février 2008, le Sénat entamait une bataille législative en faveur des OGM.

De nos jours, la classe politique d'un grand État « comprend mieux les multinationales que ses propres communautés locales », selon le mot d'un militant de l'écologie britannique[1].

Les pouvoirs politiques sont-ils capables de réveil ?

« Non ! », estiment des révolutionnaires radicaux. Parmi eux on trouve le jeune intellectuel catholique américain William Cavanaugh – qui appelle les chrétiens à s'organiser économiquement par eux-mêmes. Il propose un « anarchisme eucharistique » fondé sur la solidarité dans le Corps mystique du Christ, prometteur d'un ciel nouveau et d'une terre nouvelle.

« Si ! », affirment des écologistes qui ne désespèrent pas d'un réveil des dirigeants pour une « politique mondiale de la nature ».

Ils veulent y croire et donnent des exemples : rien qu'en 2007, soulignent-ils, on a vu les annonces se succéder :

– en septembre, le bilan positif de la lutte contre les substances nuisant à la couche d'ozone (« un accord multilatéral,

1. Zac Goldsmith, rédacteur en chef de *The Ecologist.*

basé sur la science, ratifié par 190 pays et qui a atteint son objectif »[1]) ;

– en novembre, un avis de la Commission européenne pour protéger les sols (après les eaux et l'air) contre les activités polluantes ;

– en décembre, à la conférence mondiale de Bali, la réapparition de l'idée d'une taxe sur les flux financiers pour alimenter un fonds de lutte contre le réchauffement climatique...

Paroles, paroles, ironisent les radicaux : « ce que les pouvoirs politiques réussissent à décider, les lobbies industriels le défont en coulisses ».

Le plus pugnace d'entre les écolos durs est le vieil agroéconomiste Lester Brown, 73 ans. Il proclamait en 2007 : « Nous avons besoin qu'un leader politique émerge, un Churchill de l'environnement, pour rallier le monde à cette cause ! »

Il faut, expliquait-il, une nouvelle politique pour une nouvelle économie : « efficacité énergétique, énergies renouvelables, recyclage, transports collectifs, agriculture respectant les sols et la biodiversité »[2].

Il y a urgence, disent-ils tous : la pollution touche désormais la biosphère, et les progrès vertigineux des biotechnologies nous placent devant des responsabilités dont on n'avait pas idée voilà cinquante ans. Les grands cycles géochimiques sont désormais perturbés par les activités humaines :

> Tel est le cas du cycle du carbone [...]. Tel est encore le cas du cycle de l'eau, dont les perturbations sont imputables, non

1. Achim Steiner, directeur du PNUE (Programme des Nations-Unies pour l'environnement).

2. Lester Brown : *Le plan B – Pour un pacte écologique mondial*, Calmann-Lévy, 2007.

> seulement à la gestion de nos ressources, mais encore au traitement des sols et à la déforestation. Bref, nous sommes désormais en mesure de perturber les grands mécanismes régulateurs de la biosphère. [...] Notre existence est donc devenue en partie dépendante de nos actions et décisions... Il convient d'instituer des procédures de régulation artificielles, d'instaurer une politique de la nature[1].

Une politique de l'écologie, ou une écologie politicienne ?

Une « politique de la nature » n'est pas une écologie politicienne. Pourtant c'est cela que les Français ont sous les yeux. À droite : des annonces gouvernementales sans lendemain, soufflées par des conseillers, étouffées par des élus. À gauche : les postures vertes de notables roses (qui parlent d'écologie « comme s'il s'agissait de socialisme affublé d'un pot catalytique[2] »), et les discours roses de leaders verts (qui cultivent des thèmes sans rapport avec la défense de l'environnement). Dans ces deux cas l'écologie n'est qu'un réservoir à formules, un fonds de commerce. Elle n'engage à rien.

Dans la France des premières années 2000, le choix écologiste semblait se résumer à deux impasses : être une annexe des partis de gouvernement, qui ménagent les multinationales ; ou s'en tenir aux joies minuscules du *terrain* et de la *proximité,* plaisirs louables mais peu créatifs. Dans les deux cas il n'était pas question de rompre pour bâtir autre chose. Bâtir quoi ? Un pôle indépendant des partis, ancré dans un courant d'opinion puissant, et qui soit en mesure d'influencer

1. D. Bourg, *ibid.*
2. Paul Kingsworth.

durablement les pouvoirs publics. Ce sans quoi aucune « politique de l'écologie » ne naîtra jamais...

Quelques-uns le proclament ; ce sont des écologistes « politiques » – mais non politiciens. Ils veulent une rupture fondatrice. Avec quoi veulent-ils rompre ? Avec l'idéologie productiviste venue du XIXe siècle. Ils disent en gros ceci :

« Le mythe de la croissance indéfinie s'évapore. Tout le monde comprend que la mondialisation n'a pas ouvert les grands espaces : elle inaugure un monde rapetissé et conflictuel. Elle amène aussi de lourdes responsabilités pour tous les habitants de la Terre. Par notre façon de vivre et de consommer, nous agissons tous à distance, les uns sur les autres et vis-à-vis de la planète. Changer cette façon d'agir est une entreprise collective qui requiert une gouvernance. Chacun peut le pressentir. Et c'est le contraire de ce qu'annonçaient les néolibéraux... Le chacun pour soi ne sera pas la clé de la prospérité. Il ne donnera pas au monde “un mode de développement qui réponde aux besoins du présent sans compromettre la capacité des générations futures de répondre aux leurs”, pour reprendre les termes du rapport de la Norvégienne Gro Harlem Brundtland en 1987. La voie, disait-elle, est de respecter “la capacité de l'environnement à répondre aux besoins, actuels et futurs”. Pour la respecter, il faut la connaître. Ce devoir de connaissance n'est pas réservé à une élite d'experts : l'heure de *savoir* est venue, pour des millions d'habitants de la Terre. C'est aussi l'heure de l'écologie politique : c'est-à-dire d'une écologie humaine qui va se servir de la politique pour assurer l'avenir des générations futures, et pour transformer la société dans le sens d'une vision plus complète des réalités. »

Ceux qui parlent ainsi ne se voient ni comme des prophètes du retour en arrière, ni comme des annonciateurs de catastrophes. Ils se voient comme les pionniers d'un art de vivre. Ils se voient aussi comme des scientifiques, pour qui les faits sont les maîtres.

Chapitre V

LE GRAND TOURNANT DU XXIe SIÈCLE

Plus notre emprise sur la nature augmente, plus augmente notre responsabilité.

Certains disent que ce souci est superflu. Ils se trompent d'époque. Ils n'ont pas quitté mentalement la phase précédente. Ils en restent même à John Locke[1] – mort en 1704 – et autres Anglais muséographiques qui fondaient l'économie sur les droits *absolus* de l'individu, souverain propriétaire de la nature parce qu'il lui donne sa valeur en la « transformant »[2]... Ces théoriciens du XVIIIe siècle avaient parrainé le système soumettant le monde à l'économie : un système qui a tout forcé, hommes, bêtes et choses, à fléchir devant lui.

Or ce système est aveugle. Le capitalisme pourrait s'effondrer « parce qu'il ne permet pas au marché de dire la vérité

1. *Cf.* chapitre III, section 1.
2. *Idem.*

écologique », comme le socialisme s'est effondré « parce qu'il n'autorisait pas le marché à dire la vérité économique »[1].

La théorie classique avait trois dogmes : 1. le Marché (supposé intemporel), 2. les Cycles économiques (supposés indépendants de la nature), 3. l'Abondance des ressources (supposées inépuisables). Les trois dogmes étaient faux ; surtout le troisième. Les ressources ne sont pas inépuisables. Le capital naturel ne sera pas remplacé par le capital technique. L'homme ne peut pas se passer de la biosphère.

Jacques Attali fait croire à ses lecteurs[2] que l'extension des technologies garantit l'avenir du modèle économique actuel. Comment ça ? Par leur emprise illimitée sur la nature – qu'elles sont censées remplacer (en beaucoup mieux).

Non-sens, disent les écologistes : la technologie ne se substituera pas au monde. Elle est un outil. C'est à nous de lui fixer des buts, des limites et des normes universelles ; cela fera partie d'une « politique écologique ».

Cette politique devient une nécessité pressante. Une économie mondiale ne peut être construite par des méthodes de casino. Il lui faut un plan : c'est la « seule alternative aux gaspillages et aux destructions de choses et d'hommes », écrivait François Perroux[3] dès 1961. Une économie mondiale sans écologie mondiale serait « à terme, catastrophique pour l'économie elle-même », écrivait le délégué général de Pax Christi France en 1994[4].

1. Lester Brown, *op. cit.*

2. *Dictionnaire du XXIe siècle*, Fayard, 1998. Dans ce livre, Attali – socialiste devenu ultralibéral – s'en prend à l'écologie qu'il traite de « religion ».

3. *L'économie du XXe siècle* in François Perroux, *Œuvres complètes*, Presses universitaires de Grenoble, 1993.

4. René Coste, *op. cit.*

L'homme (soulignent les environnementalistes) va devoir prendre en charge des régulations « autrefois naturelles » : « tenir la comptabilité des gaz rejetés dans l'atmosphère, protéger la pureté des nappes phréatiques, sauvegarder les espèces qui vivent sous les tropiques, ne pas laisser le génome des enfants devenir le jouet des parents... »[1]

Ces soucis sont-ils fondés ? Non, persistent à dire ceux qui se débarrassent du problème – parce qu'il heurte leurs opinions.

Les faits sont pourtant là, répondent les écologistes : Pourquoi devons-nous prendre en charge certaines choses que la nature réglait elle-même autrefois ? Parce que notre propre civilisation suscite, dans la nature, des processus inédits que nous n'avons pas le droit d'ignorer.

« Et parce que notre mode de vie commence à coûter très cher à la planète », ajoutent-ils.

Deux agronomes wallons[2] calculent la facture écologique d'un dîner de Noël « tendance ». Fleurs venues du Kenya. Vins du Chili. Asperges du Pérou. Langoustines d'Indonésie. Bœuf d'Argentine. Laitue d'Espagne. Le pire est la salade de fruits : elle vient à la fois de Corée, du Brésil, de Colombie, des États-Unis, d'Israël, du Costa-Rica, de Malaisie, de Nouvelle-Zélande et d'Afrique du Sud... Total du dîner : 209 000 kilomètres d'avion, donc 41,3 kilos de dioxyde de carbone polluant l'atmosphère ! Pourquoi la maîtresse de maison belge n'a-t-elle pas acheté du bœuf ardennais, du vin français, des fruits locaux ? Parce qu'ils sont plus chers en rayon. Elle a donc fait comme tout le monde et acheté « planétaire ». Or le fret mondial de marchandises par voie aérienne atteignait

1. Dominique Bourg, *op. cit.*
2. Pierre Ozer (Liège) et Dominique Perrin (Gembloux), *Libération*, 25 décembre 2007.

déjà 150 milliards de tonnes-kilomètre transportées en 2006[1], « et la part des émissions de CO_2 due aux transports aériens s'accroît chaque année... »

Que faire contre ça ? Les deux agronomes proposent de prendre au mot les supermarchés belges dont le slogan est « vivez comme vous voulez » : « Si le consommateur voulait vivre en se passant de cerises d'Argentine en hiver, les rayons ne lui en proposeraient plus. »

Cette façon de réagir suscite l'ironie des productivistes. « Un raisonnement de Khmers verts ! », disent-ils. L'expression « Khmers verts » vise à disqualifier les écologistes en les associant à des monstres. (Jeter le soupçon et « pointer du doigt », comme on dit au journal télévisé, est une méthode de la société postmoderne, qui est une société du slogan).

Mais si le raisonnement des deux agronomes belges était fondé sur des faits objectifs ?

Si le souci de diminuer le CO_2 était réaliste ?

Si l'air, la terre et les eaux étaient *réellement* perturbés par notre façon de vivre, à tel point qu'il faille la changer ?

Si la hausse des températures menait réellement à « des niveaux que notre espèce n'a jamais encore expérimentés », exigeant en réponse une politique sans précédent : réduire la consommation de combustibles fossiles, protéger les forêts et les océans (qui absorbent le carbone de l'atmosphère), ne plus soutenir l'agriculture industrielle, « renverser la tendance actuelle qui subordonne les impératifs écologiques et sociaux

1. En 1960 il n'était que de 2 milliards. (« Tonnes-kilomètre transportées » : le nombre total de tonnes transportées, multiplié par le nombre de kilomètres parcourus.)

aux intérêts à court terme des firmes et des investisseurs et à la croissance sans fin du commerce mondial »[1] ?

En bref : si Lester Brown avait raison de dire que la sauvegarde du monde « passe par la restructuration de l'économie à une vitesse comparable à celle d'une mobilisation de temps de guerre[2] » ?

La crise écologique est un océan de complexité. Ne prétendons pas en faire le tour. Jetons-y des coups de sonde : pour prendre la mesure du problème et de nos responsabilités.

1. La crise écologique n'est pas « un fantasme de Khmers verts »

Le 25 octobre 2007, à l'ONU, Achim Steiner (directeur du PNUE : le Programme des Nations-Unies pour l'environnement) remet un « rapport phare » intitulé *GEO 4 – Avenir de l'environnement mondial.* « *GEO* » signifie *Global Environment Outlook* (« état des lieux global de l'environnement »). Ce rapport résulte du travail de 1400 scientifiques : il « évalue l'état actuel de l'atmosphère, de la terre, de l'eau et de la biodiversité » et il identifie les « actions prioritaires ». Son objectif, souligne-t-il, est de présenter, « non un scénario catastrophe, mais un appel urgent à l'action ». Ce rapport met en lumière deux faits :

– la crise écologique existe, à l'échelon de la planète ;

1. « Appel contre la déstabilisation climatique », lancé en 2000 par *The Ecologist* (Londres). Parmi les premiers signataires : Mgr Thomas J. Gumleton, évêque de Detroit et fondateur de Pax Christi USA, et le professeur de botanique français Jean-Marie Pelt.

2. *Op. cit.*

– affronter cette crise exige un changement d'attitude économique.

La réalité de la crise est tangible, constate *GEO 4.* Qu'il s'agisse de dangers marins ou de « la résurgence de maladies liées en partie à la dégradation de l'environnement », aucun des problèmes majeurs ne connaît « de prévisions d'évolution favorables »... Quant au changement climatique, sa menace est devenue évidente : « des réductions importantes des gaz à effet de serre » sont donc nécessaires d'ici au milieu du siècle.

Nous vivons très au dessus de nos moyens, déclare ce rapport. Reprenant la déclaration Brundtland de 1987, il souligne le lien entre les trois crises : celle de l'environnement, celle du développement, celle de l'énergie. N'essayons pas, dit-il, de traiter séparément et techniquement des problèmes comme le climat, *« ou »* la disparition d'espèces vivantes, *« ou »* la perte de terres fertiles, *« ou »* la baisse de la quantité d'eau douce, « *ou* » la faim dans le monde. Écologie physique et écologie humaine sont un ensemble. Cet ensemble étudie des situations qui peuvent évoluer dans des directions très différentes : de la meilleure à la pire.

Le rapport scientifique de l'ONU envisage en effet plusieurs « scénarios » d'ici à 2050.

Dans le scénario encourageant, les pays changent de démarche économique : les gouvernements, la société civile et le secteur privé coopèrent pour l'environnement ; la consommation se stabilise dans les pays riches, mais « des marges de progression sont laissées aux pays en développement » – où le niveau de vie s'élève –, ce qui aide la démographie mondiale à se stabiliser. Ainsi la crise globale n'est pas aggravée.

Dans le scénario le plus inquiétant, les gouvernements restent rivés à la quête de « la croissance économique maximale ». Sans voir que le profit illimité met le monde en danger, ils persistent dans la logique des années 1990 : d'où une augmentation des gaz à effet de serre, donc une aggravation du changement de climat. En ce cas, dit le rapport, nous aurons en 2050 une situation écologique « très dégradée ».

D'autant que ce scénario s'alourdit d'un autre qui lui est complémentaire : une course au contrôle des ressources raréfiées, ce qui créerait des foyers de guerre – autour du pétrole ou de l'eau, par exemple... Guerres affublées de toutes sortes de prétextes idéologiques : lutte antiterroriste, révolution islamique, etc. (Les modèles sont déjà sous nos yeux).

Peut-on éviter d'en venir aux scénarios catastrophes ? Oui, souligne le rapport : si l'on réalise « des transformations fondamentales dans les structures sociales et économiques, y compris une modification des modes de vie ». Il faudrait pour cela, dit-il, surmonter l'opposition de « certains secteurs industriels » et le « remarquable manque d'empressement » des États ; donc contourner cette hostilité et ces réticences en mobilisant les opinions publiques. Autour de quoi ?

Autour des faits. On sait que certaines propositions de l'ONU sont biaisées par des partis pris, notamment envers ce qu'elles nomment la « santé reproductive des populations » (dans les pays pauvres). Mais on ne peut en tirer prétexte[1] pour rejeter la collection de faits sur lesquels s'appuie *GEO 4*...

1. À moins d'invoquer un « complot international » : explication standard à l'époque de la guerre froide, mais qui manque de crédibilité en notre temps.

Le réchauffement n'est pas « un mythe fabriqué par l'Axe du Mal »

Le changement du climat ne date pas d'hier. Le premier à en parler fut un abbé géologue. Antonio Stoppani vivait à Milan en 1880 : on l'aurait pris pour un chanoine du Duomo avec sa chevelure blanche et son air caustique, mais c'était l'un des meilleurs savants d'Italie. Il annonçait : « Nous entrons dans une ère sans précédent. L'industrie humaine modifiera le climat et la vie sur la planète. »

Le deuxième à en parler vivait à Stockholm en 1900. Svante August Arrhenius avait un prix Nobel de chimie ; c'était un petit gros moustachu, aussi scientiste que Jules Verne, avec un gilet et une chaîne de montre. Il disait : « Un doublement du taux de dioxyde de carbone dans l'atmosphère causerait un réchauffement de cinq degrés du climat de la Terre ». (Il avait cent ans d'avance sur nos climatologues.) Le savant suédois ajoutait que le changement climatique lié à l'effet de serre venait de la consommation d'énergies fossiles – et que celle-ci croissait de plus en plus vite.

À partir de 1960, à Hawaï (observatoire de Mauna Loa), le géochimiste océanographe Charles Keeling signalait l'augmentation rapide du CO_2 dans l'atmosphère.

Mais il faudra attendre encore vingt ans pour que la communauté scientifique commence à bouger. En 1979, à Genève, deux organismes des Nations-Unies – l'Organisation météorologique mondiale (OMM) et le Programme pour l'environnement (PNUE) – lancent le « Programme climatologique mondial ».

Ensuite se succèdent les conférences intergouvernementales et les rapports scientifiques. 1981 : conférence de l'ONU sur les énergies renouvelables. 1984 : l'ONU demande une réduction de 30 % des émissions de dioxyde de soufre. 1985 : une conférence mondiale sur le climat annonce un échauffement sans précédent d'ici soixante ans, et appelle à une collaboration des politiques et des scientifiques. 1987 : le rapport Brundtland lance l'idée de « développement durable ». 1988 : à la conférence de Toronto sur le thème *L'atmosphère en évolution, implications pour la sécurité du globe,* les scientifiques déclarent : « L'humanité mène non intentionnellement une expérience mondiale incontrôlée » ; ils demandent que les émissions de CO_2 soient réduites de 20 % d'ici à 2005.

Cinq mois plus tard, en novembre 1988, l'OMM et le PNUE créent le « Groupe intergouvernemental d'experts sur l'évolution du climat » (GIEC[1]).

Qu'est-ce que le GIEC ? Une association de 130 pays mandatant 2500 scientifiques : un réseau de spécialistes officiels accrédités par les gouvernements. Ce réseau a quatre missions : comprendre les réactions du climat ; étudier leur impact sur l'environnement, les sociétés et l'économie ; proposer des politiques de réduction des émissions de gaz et d'adaptation au changement climatique ; étudier les problèmes spécifiques des pays pauvres. Le GIEC n'est pas un lobby, c'est un organe de débat et de synthèse. Il est chargé « d'expertiser l'information scientifique, technique et socio-économique qui concerne le risque de changement climatique provoqué par l'homme ».

« Provoqué par l'homme ? » Cette simple hypothèse irrite les productivistes et les ultralibéraux : ce qui est logique. (Elle irrite aussi des chrétiens, ce qui est illogique. La Bible souli-

1. Ou IPCC : *International Panel on Climate Change.*

gne que l'homme a des responsabilités envers la Création et qu'il lui a nui presque dès le début[1] : quand on dit aujourd'hui qu'il existe une économie de Caïn, on a du mal à comprendre que des chrétiens haussent les épaules).

Quand on parle de l'échauffement climatique, on n'est pourtant pas dans le domaine des opinions mais dans celui des *faits*. La concentration du CO_2 dans l'atmosphère est plus élevée aujourd'hui qu'elle ne le fut dans les 650 000 dernières années. Cette concentration va modifier le climat ; l'un des traits du changement sera une augmentation de la température moyenne au sol. En 2004, le conseiller scientifique de Tony Blair, sir David King, déclare dans la revue de référence *Science* : « Le changement climatique est le plus grave problème auquel nous soyons confrontés aujourd'hui ». Il ajoute : « … avant même la menace du terrorisme », ce qui ne manque pas de sel alors que l'armée britannique est enferrée en Irak.

Le phénomène est en effet indiscutable et confirmé par les observations des satellites. Chaleur inusitée, fonte de la banquise et des glaciers… L'immense majorité des scientifiques jugent que cet échauffement a une très probable origine humaine ; le GIEC évalue cette probabilité à plus de 90 %. Le 17 novembre 2007, le quatrième rapport du groupe confirme les prévisions pour la fin du XXIe siècle : une augmentation de la température moyenne terrestre « comprise entre 1,1° C et 6, 4° C. » En janvier 2008, l'American Geophysical Union (association internationale de spécialistes des sciences de la Terre et de l'univers[2]) publie ses conclusions : « Le climat de la Terre est clairement hors d'équilibre et se réchauffe… Dans les pro-

1. Genèse 4, 10-14.
2. 50 000 membres dans 137 pays.

chaines années, même la limite basse du changement climatique engagé – environ un degré supplémentaire en moyenne planétaire au dessus de la dernière décennie – se situe bien au-delà de la variabilité climatique du dernier millénaire, et pose de graves problèmes de prévision et d'adaptation. »

« — Mais la Terre a déjà connu des réchauffements, objectent ceux qui s'intitulent "climat-sceptiques".

— Exact, disent les climatologues : quatre grands épisodes durant les 400 000 dernières années. Et des variations brèves au cours du dernier millénaire. Par exemple au Xe siècle, quand Erik Thorvaldson découvre la terre qu'il va nommer *Groenland* : ce qui veut dire *Terre verte*... Cependant la fin du XXe siècle et le début du XXIe sont la période la plus chaude depuis deux mille ans, et ce réchauffement est inhabituel. »

« — Mais il peut venir du cycle solaire ! disent les climat-sceptiques.

— Peut-être en partie pour le début du XXe siècle, mais pas pour ce que l'on enregistre depuis 1980 », répondent les chercheurs du GIEC.

« — En tout cas ses causes peuvent être naturelles, disent les objecteurs.

— Il y a, répond le GIEC, un "forçage" (une perturbation dans l'équilibre absorption-réflexion de l'énergie solaire par la Terre). Ce forçage apparaît comme "anthropique" (dû à l'activité humaine), particulièrement depuis 1976 : il est corrélé avec une forte augmentation dans l'atmosphère des gaz à effet de serre, dioxyde de carbone, méthane, protoxyde d'azote... Il ne fera qu'augmenter si les activités humaines ne se modifient pas. »

Mais les sceptiques opposent une négation de principe :

« — Il est impossible de prévoir. Voyez comme la météo se trompe. D'ailleurs les modèles des climatologues ne sont pas fiables.

— Double erreur ! corrigent les spécialistes. D'abord, la climatologie n'est pas la météorologie : rien de commun entre la météo (aléatoire) et le climat, "déterminé à échéance de dizaines ou de centaines d'années par le bilan énergétique global de la planète et par les échanges d'énergie au sein de l'atmosphère et des océans" », expliquent Jean Jouzel, Olivier Talagrand et Hervé Le Treut[1].

Ensuite, les modèles climatiques ont prouvé leur aptitude à rendre compte des grandes variations, dans le passé et dans l'avenir :

« — Il y aura bientôt quarante ans que les spécialistes ont prévu un échauffement climatique résultant de l'augmentation anthropique de la quantité de gaz à effet de serre dans l'atmosphère terrestre. Ces prévisions, effectuées sur la base de modèles simplifiés, puis de plus en plus complexes, ont permis de prévoir des changements qui se sont produits postérieurement[2]. »

Le physicien Jacques Treiner, professeur à Paris VI et président du groupe interdisciplinaire de sciences exactes, est du même avis : les tendances de fond, dit-il, se laissent mieux cerner que les fluctuations. Le futur climat en 2100 est plus

1. *Le Monde,* 13 février 2007. Jean Jouzel est directeur de recherche au CEA. Olivier Talagrand, directeur de recherche au CNRS. Hervé Le Treut, directeur du laboratoire de météorologie dynamique.

2. *Idem.*

facile à prévoir que le temps qu'il fera dans quinze jours… « On sait relier l'évolution à long terme du climat de la Terre à la concentration en gaz à effets de serre de l'atmosphère », ajoute-t-il, et les modèles utilisés par le GIEC permettent d'établir « des causalités » : « Ne nous y trompons pas : le réchauffement est certain (probabilité très proche de 100 %), ainsi que son origine anthropique. »

Selon Treiner, ces conséquences de l'activité humaine « affectent le monde entier, pour longtemps », et « c'est la première fois qu'une nuisance possède ce caractère universel ». Influer sur le rythme de la dérive climatique, dit-il, sera « l'enjeu environnemental du siècle »[1].

Même son de cloche chez le climatologue et océanologue Édouard Bard, professeur au Collège de France. Les modèles numériques du GIEC sont fiables, affirme-t-il. Les simulations réalisées avec différents modèles se recoupent. Et les faits actuels confirment les prévisions des modèles : « Toutes les années 2000 sont nettement au dessus de la moyenne 1960-1980. Le niveau marin global poursuit sa progression de 3,1 millimètres par an depuis 1993, selon les satellites… La réponse de la flore et de la faune au changement climatique devient plus nette : allongement de la durée de croissance végétale, déplacement des animaux sauvages… » Autrement dit le GIEC a raison, et il faut diviser par deux d'ici à 2050 les émissions de gaz à effet de serre, « pour les ramener au niveau des capacités de pompage par les océans et la biosphère ».

1. *Le Monde,* 15 février 2007.

Les pays en développement l'ont eux-mêmes dit à Bali, à la conférence de l'ONU sur le climat[1] tenue en décembre 2007 : « Étant donné la gravité sans précédent, l'ampleur et la profondeur des impacts du changement climatique, il ne peut être résolu par le seul effort des pays développés », reconnaissait le représentant chinois, Xie Zhenhua. « Même si les pays en développement n'ont pas de responsabilité historique dans le changement climatique, ils doivent agir », a ajouté la représentante du Brésil, Marina Silva. Le tout est qu'ils n'en soient pas pénalisés. Comment diminuer les gaz mondiaux et « décourager la division mondiale du travail fondée sur le transport massif à longue distance », tout en soutenant les pays pauvres dans leur combat contre la pauvreté ? Comment créer un fonds d'adaptation au réchauffement planétaire, qui aiderait ces pays à bâtir des digues contre la montée des eaux, ou des réservoirs contre les sécheresses ? Beaucoup de pays n'en ont pas les moyens. Donc il faut les soutenir.

Cela suppose « une action de grande ampleur coordonnée au plan international », indique Brard. On doit se méfier « des sirènes des seuls mécanismes de marché », explique Monique Barbut, présidente du Fonds pour l'environnement mondial (FEM)[2]. Le climat, dit-elle, est un enjeu planétaire, que le marché du carbone – les « permis de polluer » – ne pourra pas régler. Une taxe sur le carbone serait plus efficace ; et elle serait équitable envers les pays pauvres.

La lutte contre le réchauffement ouvre ainsi une perspective : celle d'un ordre économique qui ne serait plus le casino ultralibéral.

1. Où l'on a même vu les États-Unis amorcer un futur changement d'attitude.
2. *Libération*, 10 décembre 2007. Le FEM a 160 pays membres.

La crise du pétrole n'est pas une lubie des marchands d'éoliennes

Pétrole, gaz naturel, charbon : les énergies non renouvelables fournissent 90 % de la consommation mondiale. Quelle est leur part dans la détérioration du climat ? Prépondérante, selon les études scientifiques.

Il faut donc la faire décroître *maintenant*, disent les écologistes.

Si l'on attend que cette décroissance intervienne « naturellement » (par le déclin inéluctable des stocks d'hydrocarbures), ce sera trop tard pour lutter contre l'échauffement du climat.

Le pétrole est crucial pour l'économie que nous connaissons. Elle en a extrait 110 milliards de tonnes depuis 1859. Elle en consomme actuellement 3,5 milliards de tonnes par an. Au rythme international des premières années 2000 et si l'on poursuit le *business as usual*, cette consommation devrait augmenter de 60 % d'ici à 2030.

Or cette augmentation est utopique : non seulement la ressource pétrolière ne peut augmenter, mais elle est condamnée à décliner.

Son exploitation suit une courbe définie par le géologue King Hubbert en 1956 : une fois le « pic » dépassé, la production décroît et devient de plus en plus coûteuse jusqu'à ce qu'on doive l'abandonner. C'est ce que les experts nomment la *déplétion*.

Or le pic a déjà été atteint par une soixantaine de pays : les États-Unis en 1970, l'Iran en 1976, l'URSS en 1987, la Norvège et le Royaume-Uni en 2000, l'Arabie saoudite en 2004… Il a été atteint, ou va l'être, par les quatre plus grands champs pétroliers de la planète : Daqing en Chine (2004), Burgan au

Koweit (2005), Cantarell au Mexique (2006), qui se trouvent sur la pente descendante. Le gisement saoudien de Ghawar – le plus grand au monde – est proche de cette situation. Presque tous ces soixante pays ont même dépassé la mi-parcours de l'épuisement de leurs réserves.

Selon l'ex-numéro 2 du pétrole saoudien, Sadad al-Husseini[1], les réserves mondiales sont surestimées de 300 milliards de barils (dix ans de production) : la fourniture de pétrole diminuera donc fortement dans le monde dès les années 2020. Moins pessimiste, l'Agence internationale de l'énergie (AIE)[2] croit que l'offre pétrolière « conventionnelle » ne décrochera qu'à partir de 2030... Quant aux réserves de pétrole « non conventionnel » – celui des grands fonds marins et des schistes ou des sables bitumineux –, les économistes ne misent guère sur elles : les extraire est cher, ardu, et consomme trop d'énergie.

Pour les autres énergies non renouvelables, le compte à rebours est enclenché aussi : selon les prévisions de l'AIE[3], l'uranium en a pour quarante ans, le gaz naturel pour soixante ans, le charbon pour deux cents ans.

Mais ce déclin annoncé est contredit par l'explosion de la consommation mondiale d'énergie, dont une grande part vient de nouveaux acteurs : la Chine et l'Inde. L'AIE voit les besoins énergétiques mondiaux augmenter massivement (55 %) et faire porter presque tout le poids de leur demande sur les énergies fossiles. La demande en pétrole monterait jusqu'à 116 millions de barils par jour en 2030... c'est-à-dire au moment exact où la production commencera à tomber, selon les mêmes prévisions de l'AIE ! La contradiction éclate.

1. *Le Monde*, 16 novembre 2007.
2. *World Energy Outlook* 2006. L'AIE est un organisme de l'OCDE.
3. *World Energy Outlook* 2002.

La crise du pétrole n'est pas une lubie des marchands d'éoliennes.

Il y a sans doute des pétro-sceptiques comme il y a des climat-sceptiques ; ils se recrutent dans les mêmes eaux. Ainsi le consultant industriel américain Daniel Yergin, qui affirmait : « Le monde n'est pas près de manquer de pétrole[1]. » Comme Jacques Attali, cet ultralibéral disait que les progrès technologiques résoudraient presque tout ; comme George W. Bush, il croyait que la politique ferait le reste. Mais ces trois-là ont fini par se sentir un peu seuls. Pour les populations, une certitude se fait jour : le mode de vie occidental reposant sur le pétrole abondant et peu cher est inexorablement conduit à se réformer.

C'est l'avis de l'Agence internationale de l'énergie : si l'on ne change pas de modèle de consommation très vite, elle prévoit d'ici à 2030 – dans le cas le moins défavorable – un seuil atmosphérique « d'environ 550 parties par million » de la concentration de gaz à effet de serre en équivalents CO_2. C'est aussi ce que craignent les climatologues du GIEC : « une élévation moyenne de la température de la surface du globe de 3 degrés Celsius par rapport à l'ère préindustrielle ; soit 0,6 degré au-dessus de la valeur considérée comme celle de l'emballement climatique ». On aboutirait ainsi à ce paradoxe : le saccage de l'atmosphère par l'usage aveugle d'une énergie pourtant condamnée… Ce qui entraînerait la civilisation dans une impasse, et la biosphère dans un sérieux problème.

Mieux vaudrait faire la révolution économique tout de suite, concluent les écologistes. Selon eux, l'obligation de trouver une alternative énergétique apportera aux pays déve-

1. *Les Échos*, 14 novembre 2007.

loppés un autre mode de vie, créateur de centaines de milliers d'emplois : le réveil du « local » et du « proche », et le réveil de l'agriculture.

La biodiversité est vraiment en péril

En février 2007, dans la nuit polaire, au milieu des montagnes neigeuses du Spitzberg hantées par les ours blancs, les projecteurs d'une sorte de base secrète s'allument pour une cérémonie : le président de la Commission européenne et Wangari Muta Maathai, la militante écologiste kényane[1], viennent inaugurer ce qu'ils appellent une « arche de Noé végétale ». À 130 mètres au dessus du niveau de la mer, un tunnel s'enfonce sous la montagne et débouche sur trois entrepôts immenses, creusés dans le roc et ceints de béton armé : c'est une triple chambre froide géante à – 18 degrés centigrades. Là seront conservés 4,5 millions de graines : les duplicata des semences conservées dans les 1400 banques de gènes des cinq continents. Le projet a coûté 9 millions de dollars. Qui a payé ? Un gouvernement seul : celui de la Norvège, dont dépend l'île du Spitzberg…

« Ces semences sont le patrimoine du monde », explique le représentant du FFMDC [2] qui a conçu le projet.

Il s'agit de préserver la biodiversité végétale de la planète pour les millénaires à venir.

L'idée remonte à 1992, quand les États réunis à Rio en Sommet de la Terre avaient voté une « convention mondiale sur la biodiversité ». À Göteborg, en 2001, les Européens

1. Première Africaine à recevoir le prix Nobel de la Paix (2004). Au Kenya, son mouvement Green Belt a replanté des millions d'arbres, créé des milliers de pépinières et des dizaines de milliers d'emplois. Les Kenyans appellent Wangari Maathai « la Femme Arbre ».

2. Fonds fiduciaire mondial pour la diversité des cultures.

s'étaient fixé un objectif : « arrêter le déclin de la biodiversité d'ici à 2010 ».

Qu'est-ce que la biodiversité ? Ce mot est assez récent. Il a été créé en 1985, et il a connu un succès foudroyant dans le grand public (si foudroyant que les climat-sceptiques l'ont rejeté, comme ils rejettent toute l'écologie[1]). Mais il s'agit réellement d'un concept scientifique, créé par les biologistes. Il ne s'applique pas seulement aux végétaux mais à tous les domaines du vivant : c'est « la variabilité des organismes de toute origine, y compris notamment les écosystèmes terrestres, marins et les autres écosystèmes aquatiques et complexes écologiques dont ils font partie ; cela comprend la diversité au sein des espèces et entre espèces, ainsi que celle des écosystèmes[2] », disait le Sommet de Rio.

Pourquoi faut-il protéger la biodiversité ? Parce qu'elle est la vie terrestre : si elle est menacée, nous le sommes aussi. C'est sa main invisible (non celle du marché) qui soutient les civilisations depuis l'origine. La biodiversité assure les grands cycles naturels, dont celui de l'eau. Elle fournit l'oxygène – et la régulation climatique : en octobre 2006, la revue *Nature* révélait par exemple que des micro-organismes marins recyclent le méthane émis par des volcans à 1250 mètres au fond de l'océan Arctique.

La biodiversité fournit les matières premières. Elle est nécessaire à l'alimentation. Elle est aussi un réservoir de ressources. Elle fournit ou inspire entre autres une partie des médicaments : anticancéreux ou cardiovasculaires extraits des bactéries océaniques, biostimulants tirés des algues…

Qu'est-ce qui la menace ?

1. « Ils rejetteront bientôt le système de Copernic », ironisent les écologistes.
2. *Convention sur la diversité biologique* (art. 2). Le Sommet de la Terre à Rio s'est tenu en 1992.

– *L'homogénéisation,* qui supprime la diversité génétique des animaux et des végétaux (diversité dont les espèces ont besoin pour résister) ; sous cet angle aussi l'agro-industrie productiviste est un danger.

– Et la *destruction* pure et simple : depuis la seconde moitié du XXe siècle, le taux d'extinction des espèces est plus élevé qu'il ne le fut jamais ; les biologistes redoutent qu'une sur cinq ait disparu avant 2050.

La cause de cette liquidation de masse est la destruction des écosystèmes par la surexploitation économique, en l'absence d'une réglementation de l'accès aux ressources. La *Liste rouge* 2007 de l'Union mondiale pour la nature indiquait que 16 306 espèces, de la perruche verte de l'île Maurice au corail des Galapagos, étaient menacées d'extinction : « un mammifère sur quatre, un oiseau sur huit, un tiers de tous les amphibiens et 70 % de toutes les plantes évaluées sont en péril », affirmait ce réseau d'experts de 180 pays. Il insistait : « Le rythme de l'érosion de la biodiversité s'accélère, et nous devons agir sans plus attendre[1]. »

Dans les océans, une partie des espèces pêchées sont en train de disparaître : d'après les déclarations officielles – et minimalistes – des États, la FAO indique que la moitié des stocks mondiaux de poissons sont exploités au maximum de leurs possibilités, et qu'un quart est déjà surexploité ou épuisé.

Sur Terre, la biodiversité s'amenuise là où les forêts reculent : devant la monoculture productiviste ou le saccage industriel, comme en Guyane française où des milliers d'orpailleurs épandent du mercure dans les fleuves… 13 mil-

1. *Le Monde,* 13 septembre 2007.

lions d'hectares de forêts disparaissent chaque année dans le monde, dont 6 millions pris sur la forêt primaire.

Selon le rapport de deux sénateurs français[1] soucieux de l'environnement – il en existe –, « le choc climatique va se doubler prochainement d'un choc biologique » : « En 2050, le rythme de disparition des espèces pourrait être 100 à 200 fois supérieur au rythme naturel d'extinction. » Le principe de précaution conseille d'agir. Zones protégées, banques de semence, grands équilibres écologiques, projet d'une agence mondiale de l'environnement ; dans les pays riches, lutte contre l'expansion continue des villes, le bétonnage autoroutier et la « minéralisation des territoires »…

Selon les deux sénateurs, rompre avec le système qui érode la biodiversité – de même que rompre avec le tout-pétrole – ne serait pas une mise en panne de l'économie[2]. Ils le démontrent dans le tome 2 de leur rapport de 2007, intitulé *La préservation de la biodiversité et les nouvelles transformations industrielles,* en citant la politique du Costa-Rica qui rémunère les petits propriétaires forestiers grâce à la valorisation des ressources de la biodiversité.

Celle-ci sera-t-elle « la boîte à outils de la quatrième évolution industrielle », comme l'envisagent ces sénateurs ? Ce sera, en tout cas, très certainement le germe d'une *autre vision* de l'activité économique, fondée sur le souci de ménager l'avenir.

C'est ce que l'on appelle le « principe de précaution ». Ce principe est la bête noire des néolibéraux, qui demandaient à l'État français de l'abolir en 2008. Mais il fait partie du traité

---

1. Pierre Laffitte (UMP) et Claude Saunier (PS), rapport au Sénat, 13 décembre 2007.

2. C'est ce que démontre le rapport Stern : *cf. infra,* section 2 : *Une prise de conscience mondiale.*

international signé à Rio en 1992. De quoi s'agit-il ? De simple prudence, explique la loi française[1] de 1995 : « prévenir un risque de dommages graves et irréversibles » même « en l'absence de certitudes compte tenu des connaissances scientifiques et techniques du moment ».

« Vous accusez l'homme d'exister », reprochent les sceptiques aux écologistes.

Pas du tout, rectifient ceux-ci : « ce que nous accusons, c'est un modèle économique ». L'écologie veut amener l'homme, non à *renoncer* à utiliser la nature, mais à l'utiliser « de façon et à un rythme qui ne provoquent pas un déclin de la diversité biologique » – disait le texte de Rio.

Mais ceci exige de sortir de la mentalité de marché.

La biodiversité et la logique de marché appartiennent à deux univers différents : la biodiversité est le monde de la lenteur et de l'utilité collective ; le marché, celui de la rentabilité immédiate et du profit privé.

Et quand le système du marché dégrade le monde de la biodiversité, cela n'apparaît pas dans les calculs du PIB. L'alerte ne vient jamais du monde marchand (et pour cause) ; elle vient des hommes de terrain et des scientifiques.

En 1970, il fallut que les agriculteurs angevins voient décliner leur production de graines de trèfle pour que l'on comprenne que les bourdons, pollinisateurs du trèfle, avaient disparu à cause de la destruction du bocage : effet de la politique de remembrement imposée par le productivisme.

En 2002, il fallut que les apiculteurs vendéens perdent 70 % de leur récolte de miel de tournesol – et qu'ils déclenchent un

1. *Loi relative au renforcement de la protection de l'environnement*, Code de l'environnement, art. L-100-1-II.

scandale politique – pour que l'État interdise deux pesticides produits par des multinationales, qui détruisaient le système nerveux des abeilles[1]. Celles-ci ne sont pas équipées génétiquement pour résister aux toxiques. Les pesticides les tuent donc en masse : on le sait officiellement depuis 2006, année où leur « déclin significatif » a été signalé par l'Académie des sciences des États-Unis, tandis que la revue *Science* constatait le même phénomène en Europe du Nord.

En 2007, le syndicat des apiculteurs italiens accusait un insecticide neurotoxique d'être le « tueur d'abeilles » qui leur avait fait perdre des milliers de ruches. En 2008, le gouvernement français autorisait cet insecticide dans l'Hexagone ! Furieux, les apiculteurs, appuyés par France Nature Environnement et la Ligue de défense des oiseaux, montaient manifester à Paris, obtenaient un rendez-vous avec le ministre de l'Agriculture, appelaient celui de l'Écologie « à se ressaisir », réclamaient l'application du principe de précaution... Peine perdue. « À quoi sert l'Union européenne si l'expérience d'un pays ne sert pas aux autres ? » interrogeait, consternée, une apicultrice du Lot-et-Garonne.

Les populations d'abeilles ont subi au début du XXIe siècle une chute de 30 à 40 % dans les zones agricoles. Leur disparition serait « un bouleversement considérable dans l'histoire de l'humanité », explique un spécialiste de l'INRA[2] : « Plus de 80 % des espèces de plantes à fleurs dans le monde et 80 % des espèces cultivées en Europe dépendent directement de la pollinisation par les insectes : des abeilles, pour l'essentiel. » Sans elles, plus de pommes, de poires, d'abricots, d'amandes, de tomates, de radis, de carottes, d'oignons, de moutarde, de thym : « 35 %

1. L'un des deux produits était toxique non seulement pour les abeilles, mais pour l'homme. Il était autorisé depuis dix ans par l'administration française.
2. Bernard Vaissière, *Le Monde*, 14 octobre 2007.

de la production de nourriture dépend des insectes » ! Il resterait les céréales. Mais la diversité alimentaire n'existerait plus.

Que faire pour sauver les abeilles ? « Arrêter les pesticides », disent les apiculteurs et les écologistes : « Aux agriculteurs et aux horticulteurs de faire leurs comptes et de prendre la décision. Ce sera douloureux... On leur avait dit d'être productifs pour pas cher[1] », explique un apiculteur de l'Hérault.

Business OGM : « la nature est violée, les hommes sont dupés »

« 114 millions d'hectares sont plantés en cultures transgéniques, soit une augmentation de 12 % entre 2006 et 2007 » : en février 2008, l'International Service for the Acquisition of Agri-biotech Applications (ISAA) affichait ainsi sa satisfaction. Bonne humeur peu surprenante, l'ISAA étant financé par la multinationale biotechnologique Monsanto.

Mais si le transgénique – en clair : les OGM, « organismes génétiquement modifiés » – était lui aussi un processus de destruction de la diversité ?

Selon la définition bruxelloise officielle, un OGM est « un organisme dont le matériel génétique a été modifié d'une manière qui ne s'effectue pas naturellement par multiplication et/ou recombinaison naturelle[2] ». C'est une modification *forcée*, imposée à la nature par la technique : une « chimère », dit-on en botanique, c'est-à-dire un organisme greffé composé de plusieurs génotypes différents ; par exemple des gènes de poisson dans une fraise.

1. *Le Monde*, 30 août 2007.
2. Commission européenne, directive 2001/18/CE.

La diffusion des OGM, ce sont « des chimères innombrables répandues par force sur des milliers d'hectares en quelques mois » avec « le support terroriste de l'agriculture intensive », dit le biologiste et agronome Jacques Testart[1].

Donc l'OGM est l'inverse de ce que les paysans avaient toujours fait : *accompagner* la nature pour sélectionner leurs semences. « Le paysan "fait avec" la nature, mais l'industrie biotechnologique est en lutte contre elle », soulignent les écologistes. On commence par transformer le maïs en insecticide, pour améliorer les rendements agricoles ; on continue en forçant le lait de chèvre à produire la molécule du fil d'araignée, pour fournir des néo-tissus à l'industrie du vêtement, etc. Les perspectives scientifiques sont indexées sur les perspectives commerciales, qui sont (dit-on) immenses ; les perspectives environnementales comptent pour des prunes. D'où l'argumentaire industriel selon lequel les OGM ne seraient « pas plus hasardeux » que les hybridations classiques de variétés végétales…

L'industrie ne s'encombre pas du principe de précaution. Pour ne pas ratifier la Convention internationale sur la diversité biologique (1992), Washington a invoqué les droits de propriété intellectuelle : les firmes américaines étaient propriétaires de leurs organismes transgéniques brevetés ; elles voulaient étendre cette propriété à l'agriculture de toute la planète, ce qui ne pouvait aboutir qu'à homogénéiser celle-ci. Elles ne pouvaient pas laisser la Maison Blanche signer un traité de biodiversité.

Les États-Unis sont donc le creuset du business OGM.

1. « Chimériques OGM », *Libération*, 23 octobre 2007.

Pourtant, au début de l'année 2008, ils ont laissé deux mauvaises nouvelles parvenir aux partenaires du transgénique dans le reste du monde.

La première était celle-ci : un généticien de l'université Cornell (État de New York) venait de mettre au point un maïs enrichi en vitamine A sans utiliser la transgenèse ! Donc les OGM n'étaient ni la seule piste scientifique, ni la plus récente. On l'a su en France le 19 janvier 2008, cinq jours après que des députés UMP se soient insurgés en faveur des OGM – contre le gouvernement, qui venait, lui, de proscrire un maïs transgénique. À entendre une partie des élus, les OGM étaient l'avenir et les contester « relevait de l'archaïsme »… Ils n'ont pas apprécié l'affaire de la vitamine A.

Ils ont encore moins apprécié l'autre nouvelle, tombée le 7 février 2008. Elle venait de l'université d'Arizona. Une équipe de chercheurs avait constaté qu'un coton OGM, que l'on avait doté d'un gène (tiré de la bactérie « Bt ») pour le transformer en insecticide contre les ravageurs, avait rendu la chenille d'un de ces ravageurs – la noctuelle *Helicoverpa zea* – 500 fois plus résistante aux… insecticides. D'autres études montraient que les mauvaises herbes aussi devenaient résistantes au transgénique, et qu'il fallait employer de plus en plus d'herbicides, comme l'atrazine, dans les cultures OGM.

Ceci mettait en cause l'utilité même des OGM commercialisés en agriculture, sachant que 99 % sont vendus comme insecticides ou désherbants !

Et pour en revenir aux insectes, comment empêcher la noctuelle de muter en masse ? Le seul remède, expliquait le chercheur, était qu'elle se croise avec des populations de noctuelles non mutantes ; pour cela, il fallait conserver (ou recréer), dans les champs de l'Arkansas et du Missisipi, de vastes zones de... coton non-OGM ! Garder beaucoup de non-OGM pour permettre à l'OGM de sauver la face, c'était une contorsion du raisonnement.

D'autant que le remède lui-même était voué à l'échec, les champs OGM ayant tendance à contaminer les champs non-OGM – et que c'est l'une des raisons de l'hostilité des Européens envers cette cuisine agro-industrielle...

En Italie, depuis l'automne 2007, un raz-de-marée populaire déferlait contre les organismes génétiquement modifiés. Son organisateur était une coalition de 11 millions de membres intitulée « Italie-Europe libres d'OGM » : 29 associations, dont les syndicats agricoles, les confédérations d'artisans et une partie de la grande distribution. Le coordinateur du mouvement était l'écologiste Mario Capanna, président du « Conseil des droits génétiques » :

« Les gens ne se contentent pas de signer leur adhésion, ils posent des questions, ils donnent leur avis, c'est un extraordinaire exemple de démocratie participative », rapportait-il en conférence de presse. « Avant de commercialiser un OGM, il faudrait avoir étudié toutes ses conséquences », ajoutait-il.

L'objectif était d'amener Rome à résister à des directives européennes autorisant plus d'OGM dans les produits alimentaires.

Depuis mai 2004, en effet, la Commission européenne avait mis fin à son moratoire sur les OGM, en autorisant un maïs transgénique de chez Syngenta, le « Bt 11 » destiné à l'alimentation humaine. L'industrie biotechnologique faisait pression pour faire sauter tous les moratoires, partout dans le monde, sous la menace de poursuites devant l'Organisation mondiale du commerce... (Et qui peut résister à l'OMC ?). Un à un, le Sri Lanka, la Bolivie, le Brésil avaient cédé. L'Union européenne cédait à son tour. Le 19 avril, son comité scientifique avait cautionné un maïs transgénique de chez Monsanto, le MON 863, objet de soupçons de la part de la Commission française du génie biomoléculaire – qui pourtant était pro-OGM !

L'industrie du transgénique proposait de saturer l'environnement de toxines. Mais elle ne voulait pas savoir ce que cette saturation allait faire à l'environnement. Elle ne voulait même pas se soucier de toxicités éventuelles : « Monsanto ne devrait pas avoir à assurer la sécurité de la nourriture biotechnologique. Notre intérêt est d'en vendre le plus possible. Assurer sa sécurité est le travail de la FDA[1] », n'hésitait pas à déclarer Phil Angell, directeur de la communication de la multinationale.

Quant à la FDA, elle montrait peu d'empressement à enquêter sur le transgénique. Il s'agissait de ne pas retarder « la fameuse corporation scientifico-industrielle en vogue[2] », constatait Gilles-Éric Séralini, professeur à l'université de Caen – et *seul* membre de la commission française du génie moléculaire à n'avoir pas fait le choix « philosophique » en faveur des OGM.

Mais comment réagiraient, par exemple, les micro-organismes du sol, à la « provocation » d'OGM émettant dix mille fois plus d'insecticide que les aspersions saisonnières classiques ?

Et « si la protéine insecticide codée par un gène de haricot devient gravement allergène chez le petit pois, qu'en est-il de l'innocuité des autres bricolages chimériques ? », interrogeait Jacques Testart[3].

1. *NYT Sunday Magazine*, 25 octobre 1998 (FDA : *Food and Drug Administration* aux États-Unis).
2. *OGM, le vrai débat*, Flammarion, 2000.
3. Art. cit.

Il aurait fallu se le demander. Et se poser bien d'autres questions. Jean-Pierre Berlan, directeur de recherche à l'INRA, s'étonnait que les expériences censées évaluer les risques soient traitées par-dessous la jambe[1] : « Penser que les leçons d'une expérience sur *une* fraction d'hectare, *une* variété, *une* construction génétique et *une* (ou quelques) année(s) pourrait être extrapolée à une agriculture transgénique tout entière, ce n'est pas de la science, c'est de l'exorcisme : du vaudou[2]. »

En matière d'OGM, constatait la presse, l'évaluation scientifique des risques est « opaque », les dossiers « parfois incomplets », les délais « très brefs ». Les études concernant l'alimentation humaine « ne sont pas menées », disait l'ex-ministre Corinne Lepage[3]. Diagnostic confirmé trois ans après par un chercheur en biologie moléculaire de l'université d'Orsay[4] : « Les études sont faites par des laboratoires choisis par la firme semencière, au prétexte du secret industriel... »

Était-ce dû au fait que les études (très rares) menées par des experts indépendants, donnaient des résultats troublants ? En 2003, à Londres, les scientifiques chargés par Tony Blair d'étudier l'impact des OGM sur l'environnement avaient rendu des conclusions pessimistes.

Ce doute était partagé par le reste de l'Europe (sauf certains cercles). En France, un sondage de mai 2007 indiquait que près de 60 % des agriculteurs étaient en faveur d'un moratoire, et que près de 11 % souhaitaient un référendum –

1. Jean-Pierre Berlan (sous la dir. de), *La guerre au vivant*, Agone, Marseille, 2001 (INRA : Institut national de la recherche agronomique).
2. *L'Écologiste*, automne 2001.
3. Hervé Kempf, *Le Monde*, 23 avril 2004.
4. Christian Vélot, *Libération*, 4 février 2008.

sachant l'hostilité de l'opinion envers le transgénique. La Confédération paysanne, la Coordination rurale et le Modef étaient anti-OGM ; la FNSEA était divisée. Mais au sein de cette fédération, le poids des gros producteurs de maïs était prépondérant.

Ils allaient se livrer à un lobbying intense dans les mois qui précédèrent la décision prise par Nicolas Sarkozy de suspendre le maïs MON 810. « Monsieur le président, ne cédez pas aux marchands de peur », enjoignaient de pleines pages de publicité dans la presse. Elles étaient signées « Orama » : en clair, le syndicat des producteurs de blé, maïs et oléagineux de la FNSEA. Orama faisait aussi le siège des députés et sénateurs.

Survint néanmoins, en janvier 2008, le rapport de la Haute Autorité sur les OGM avec ses cinq « faits scientifiques nouveaux » :

– les OGM se disséminent sur de grandes distances,

– ils peuvent avoir des effets toxiques sur certaines espèces,

– il n'est pas possible qu'une pollinisation croisée ne se produise pas entre champs OGM et non OGM,

– la toxine Bt (insecticide) peut se retrouver dans la chaîne alimentaire,

– les molécules insecticides persistent dans l'eau et les sédiments.

S'ensuivit la suspension du produit Monsanto incriminé. Les pouvoirs publics français commençaient-ils à trouver leurs repères dans ce dossier brumeux ? Les écologistes agissaient en ce sens. Nicolas Hulot posait le problème de fond : celui de la portée du transgénique. « On change d'échelle en transgressant la barrière des gènes », soulignait-il : « Je mets au défi n'importe quel décideur de pouvoir affirmer sereinement que les résistances que l'on code à ces organismes sont, à long terme, sans danger pour la santé humaine et l'équilibre du vivant[1]. »

Un membre de l'Académie des sciences, un professeur au Muséum national d'histoire naturelle et un professeur d'AgroParisTech[2] publiaient un réquisitoire contre les effets prévisibles des OGM sur la planète : pertes « considérables » de biodiversité, toxicité possible, dégradation des sols par la monoculture industrielle imposée aux paysans – eux-mêmes spoliés de la propriété de leurs semences, puisque les OGM étaient brevetés ! « Les biotechnologies ne sont pas "la" solution aux problèmes de la production agricole mondiale[3] », indiquaient les trois scientifiques. Le chercheur d'Orsay pensait comme eux : « On veut nous faire croire qu'on va résoudre la faim dans le monde avec des OGM dont le seul but pour les firmes semencières est de mettre des brevets sur des plantes et d'avoir la mainmise sur l'alimentation mondiale[4]... »

Pour l'organisation écologique des Amis de la Terre, le lobby OGM « nie la réalité » lorsqu'il dit que les cultures transgéniques aident les petits paysans pauvres de l'hémisphère Sud : « Les OGM permettent aux agriculteurs les plus riches de cultiver plus de surface avec moins de travail, stimulant la tendance mondiale vers des exploitations moins nombreuses, plus grandes et de style industriel[5]. »

1. *Le Monde*, 17 janvier 2008.
2. Institut des sciences et industries du vivant et de l'environnement : grand établissement français d'études supérieures et de recherches.
3. *Le Monde*, 11 février 2008.
4. Christian Vélot, art. cit.
5. Les Amis de la Terre, « contre-expertise » du 14 février 2008 en réponse au rapport annuel de l'ISAA.

« Il n'y a aucun problème agronomique ou alimentaire qui requière une solution transgénique. Les “solutions” transgéniques sont une réponse à l'évolution antérieure du système (l'industrialisation de l'agriculture et la mise sous tutelle des paysans transformés en “exploitants”) et ne font que la renforcer », accuse l'agronome Berlan[1] : selon lui, le saut dans le transgénique n'est pas un progrès demandé par l'agricole, c'est un dérapage poussé par l'industrie. Et la riposte efficace n'est pas de s'opposer à la science, mais de changer l'économie.

L'écologie affronte l'économie sur les océans

Le 16 mars 1978, le supertanker *Amoco Cadiz* s'échouait au large de Portsall (Finistère), lâchant 220 000 tonnes de pétrole brut sur quatre cent kilomètres de côtes. Le lendemain 17 mars, mon boucher ferma son étal à Paris et partit pour la Bretagne en disant : « Je vais les aider à nettoyer. » Ce boucher était d'Avranches. Quand on sait l'incompatibilité d'humeur entre Normands et Bretons[2], sa décision avait valeur de symbole. L'opinion publique ne supportait plus que l'industrie souille l'océan. Des centaines de nettoyeurs volontaires allaient affluer en Bretagne, ce printemps-là, pour ramasser le goudron : à la pompe, à la pelle, à la main… L'armée y était aussi. Mais pas les gens des firmes pétrolières, alors que l'*Amoco Cadiz* (un monstre de trois cents mètres de long et 334 000 tonneaux de jauge) avait été affrété par Standard Oil et transportait du brut destiné à Shell. Les écologistes appelè-

1. *Op. cit.*
2. Les historiens la font remonter aux ducs Guillaume Longue-Épée et Alain Barbe-Torte, vers l'an 930.

rent au boycott de Shell. La firme leur fit un procès pour « obstruction commerciale » – et le gagna.

Lors de la marée noire du pétrolier *Erika,* en décembre 1999, les côtes furent engluées du Finistère à la Charente-Maritime par 20 000 tonnes de fioul lourd de chez Total (contenant des hydrocarbures aromatiques polycycliques cancérigènes). Plus de 150 000 oiseaux moururent : dix fois plus qu'avec l'*Amoco Cadiz.* L'*Erika* était vétuste, mal entretenu, il avait changé huit fois de nom depuis 1975, et son propriétaire s'abritait derrière des sociétés-écran. Ce n'est qu'en janvier 2008 que le procès allait aboutir à une condamnation de Total pour « pollution maritime » ; à quoi le groupe pétrolier riposta en faisant appel.

Les éléments de cette affaire de l'*Erika,* mis bout à bout, formaient un exemple-limite de la situation créée sur les mers par les comportements économiques d'aujourd'hui.

Aussi symptomatique fut l'unité des plaignants contre Total : organismes publics, élus locaux, associations, habitants du littoral atlantique... La défense de la mer et des côtes était devenue une cause « transversale », tous partis confondus. La citoyenneté et l'écologie se rejoignaient. Des soutiens venaient du monde entier. On découvrait l'existence d'un monde commun : la « Terre-patrie » (comme dit Edgar Morin) était aussi une « Mer-patrie », un océan qu'il fallait défendre par le droit et la politique. Après l'affaire de l'*Amoco Cadiz,* celle de l'*Erika* matérialisait l'affrontement entre les communautés humaines et leur contraire : les grandes sociétés transnationales, stade suprême d'un capitalisme surplombant la société.

Cela dit, les marées noires impressionnent le public mais ne sont pas la plus grave menace pour le milieu marin. Le vrai danger vient de la terre.

La pollution marine se crée le long des côtes. Puis elle voyage à travers l'océan mondial : on retrouve des traces de plomb (automobile) jusque dans l'Antarctique. Près de 45 % des pollutions constatées en mer viennent des rejets industriels, écoulements urbains, flux de pesticides et d'engrais. Ces substances provoquent des invasions d'algues vertes ; dans les estuaires, elles contaminent les poissons de mer et empêchent leur reproduction. Les pires sont les polluants organiques persistants (les « POP ») qui ne se dégradent pas et se fixent dans les organismes marins, en particulier chez les poissons gras ; parmi eux, les dioxines ou les polychlorobiphényles (les célèbres « PCB ») menacent la chaîne alimentaire, à travers les farines de poisson qui nourrissent les vaches laitières, la volaille et les porcs de l'élevage industriel, lesquels nourrissent des millions d'hommes… Ainsi se boucle un circuit pervers où les sous-produits de l'industrie humaine viennent parasiter la vie marine, puis reviennent aux humains.

Or les océans sont le foyer de la vie : « Barrès aime la terre et les morts, j'aime la mer et les vivants », disait Claudel. Les océans (361 millions de kilomètres carrés, 71 % de la surface du globe) sont un prodigieux ensemble fonctionnel où les pôles, l'Équateur, les courants, les vents, les organismes vivants agissent ensemble : c'est le régulateur de l'atmosphère, le thermostat de la planète, son principal faiseur d'oxygène et sa « pompe » à dioxyde de carbone – tant que les océans pourront absorber le CO_2 que produit l'industrie humaine.

Les abysses représentent 65 % de la surface du globe, et sont « de loin » les écosystèmes les plus importants pour les cycles du carbone, de l'azote et du phosphore dans la biosphère, souligne en 2007 le professeur Roberto Danovaro[1] (université polytechnique d'Ancône), présentant les travaux

1. *Current Biology*, 27 décembre 2007.

menés par son équipe sur plus d'une centaine de sites océaniques. Voici, explique-t-il, ce que nous avons découvert : les diverses formes de vie animale des abysses – jusqu'au moindre animalcule – sont *toutes* indispensables à leur écosystème ; toute diminution de cette diversité a des conséquences négatives démesurées sur leur biomasse[1] ! L'écosystème des abysses « dépend étroitement du nombre d'espèces qui habitent le fond des océans », et il est lui-même indispensable aux processus géochimiques et écologiques de la planète, donc à la biosphère dont nous dépendons tous : « Ceci prouve que nous avons besoin de préserver la biodiversité, spécialement celle des grands fonds, sans quoi il y aurait des conséquences sans précédent. Nous devons prendre soin d'espèces qui nous sont aussi lointaines qu'invisibles. »

Michelet en avait déjà l'intuition en 1860, dans ce livre de rêve qui s'appelle *La Mer.* « Atomes à coquille, méduses microscopiques, être fluides qu'un rien dissout... » Il annonçait déjà l'océanographie écologique, en célébrant « le mouvement vital qui fait les courants de la mer, qui de l'eau salée fait l'eau douce, bientôt convertie en vapeur pour retourner à l'eau salée : cet admirable mécanisme [...] aussi parfait que celui de la circulation sanguine dans les animaux les plus élevés. Rien ne ressemble davantage à la transformation constante de notre sang, veineux et artériel »[2].

Les courants marins fonctionnent comme « les aortes du monde », disait Michelet. Océans et atmosphère forment un système interactif extrêmement complexe. Plus on le constate, et plus on s'inquiète de la « désertification » qui progresse en

1. La biomasse est la quantité totale de matière de toutes les espèces vivantes présentes sur un lieu donné.
2. *La Mer,* Folio-Gallimard, 1983.

milieu marin. Les océanologues Jeffrey Polovina, Evan Howell et Melanie Abecassis, qui ont étudié les images enregistrées depuis 1997 par un satellite équipé du système SeaWIFS[1], annoncent une extension alarmante de zones « désertiques » sur tous les océans : plus de 6,6 millions de km^2 depuis 1998, soit un rythme « très supérieur aux prévisions des modèles récents ». D'où vient ce phénomène ? De la disparition du phytoplancton, base de la chaîne alimentaire océanique. Pourquoi disparaît-il ? À cause de l'échauffement des eaux de surface et du ralentissement des courants marins : le changement climatique est donc en cause, au moins partiellement. Et par un effet de répercussion, la désertification risque d'aggraver encore le réchauffement, en faisant disparaître les micro-algues qui absorbent le dioxyde de carbone de l'atmosphère...

On parle aussi de « phénomène des zones mortes ». Qu'est-ce qu'une zone *morte* ? C'est un espace aquatique où il n'y a plus assez d'oxygène pour les coraux, les poissons, les huîtres, ou les herbiers qui sont des habitats naturels. Ces formes de vie disparaissent alors : ne survivent que des bactéries, comme il y a plusieurs milliards d'années. C'est de la « décréation » à l'état pur. On en a des exemples frappants en mer Baltique ou dans le golfe du Mexique, et les cas se multiplient : en 2004, les mers du monde recélaient déjà plus de 150 zones mortes, dont certaines atteignaient 170 000 km^2. Ce phénomène aquatique d'« anoxie » (absence d'oxygène) existe çà et là dans la nature, mais à une échelle réduite et saisonnière. Il a commencé à prendre une ampleur anormale à partir des années 1970, et il va s'intensifier, explique Klaus Toepfer[2] en 2004.

---

1. SeaWIFS : Sea-viewing Wide Field-of-view Sensor. L'étude a été publiée par les *Geophysical Research Letters* du 14 février 2008.

2. Dans le premier *Global Environment Outlook* (*GEO 1*). Klaus Toepfer est le directeur exécutif du PNUE.

Pourquoi ? Parce que l'agriculture industrielle se développe dans le monde entier, et qu'elle produit des substances qui aboutissent dans la mer, dont elles consomment l'oxygène : « L'utilisation inefficace et souvent excessive de fertilisants agricoles, l'évacuation des eaux usées et les émissions toujours croissantes des automobiles et des usines, font de l'humanité le cobaye d'une expérience gigantesque à l'échelle mondiale. L'azote et le phosphore dérivés de ces sources sont déversés dans les rivières et sur le littoral, et s'ajoutent aux dépôts provenant de l'atmosphère, déclenchant ces effets alarmants et parfois irréversibles. »

La preuve est dans le golfe du Mexique. Toute la pollution agro-industrielle du Middle West américain s'y déverse ; l'espace de la zone marine morte a doublé entre 1985 et 1997 ; un sommet d'anoxie a été atteint en 2007. Or l'année 2007 fut aussi celle du record de surface plantée en maïs aux États-Unis... La corrélation saute aux yeux, constate le groupe d'études marines de l'université de Louisiane. En effet, ce maïs OGM, massivement subventionné par Washington, sert à produire de l'éthanol : le pseudo « biocarburant » sur lequel mise l'industrie américaine. Les écologistes américains avaient donné l'alerte : « Ce maïs transgénique nécessite des engrais azotés et du désherbant chimique en quantité croissante[1], il émet la toxine "Bt" dans le sol autour de ses racines, et tout ça est lessivé vers les rivières et la mer par l'érosion des sols. »

En 2007, les spécialistes évaluaient la zone morte du golfe du Mexique à plus de 20 000 km^2.

Le plus amer est que les zones mortes émettent des gaz à effet de serre : précisément ce à quoi les « biocarburants » étaient supposés remédier.

---

1. On a vu pourquoi (*cf. supra*).

L'agriculture productiviste, avec ses remembrements, ses déboisements et son érosion des sols, envoie dans la mer des composés organiques et minéraux qui absorbent l'oxygène de l'eau au-delà de ses réserves ; le phénomène est aggravé par les pesticides et par les pollutions industrielles : métaux lourds, hydrocarbures, qui empêchent la photosynthèse[1] des végétaux et qui tuent les poissons. Ceux-ci peuvent y échapper en fuyant les zones mortes ; mais le manque d'oxygène a déréglé leur système hormonal, et ils cessent de se reproduire…

C'est l'une des causes du dépeuplement des mers (l'autre cause étant la pêche industrielle).

« Les zones mortes sont la grande menace du XXIe siècle pour les stocks de poissons », déclarait l'ONU en 2004. Quand les poissons disparaissent, des populations entières sont menacées dans leur économie – ou leur simple survie. Là encore, l'appareil industriel de l'humanité se retourne contre elle. Ce n'est pas une opinion : ce sont des faits.

2. Une prise de conscience mondiale

« L'humanité est-elle en train d'écraser les forces de la nature ? » Cette question retentit en décembre 2007, dans la revue *Ambio* publiée par l'Académie royale des Sciences à Stockholm[2].

Le coup de gong est donné par trois scientifiques : le chimiste néerlandais Paul Crutzen (prix Nobel 1995), le spécia-

1. Le processus permettant aux plantes de synthétiser leur matière organique par l'énergie solaire. Il produit de l'oxygène.

2. *A journal of human environment* (http://ambio.allenpress.com).

liste de l'environnement Will Steffen (université nationale australienne à Canberra) et l'historien John McNeill (School of Foreign Service à Washington).

Depuis la révolution industrielle, disent-ils, nous sommes sortis de la première époque humaine : l'ère de dix mille ans que les géologues avaient baptisée « holocène ». Nous sommes maintenant dans ce que l'on doit appeler *l'anthropocène* : une époque où l'activité de l'homme devient « une force géophysique globale », avec un impact décisif sur la biosphère.

La donnée centrale – expliquent Crutzen, Steffen et McNeill – a été « l'énorme expansion de l'usage des combustibles fossiles », avec une concentration progressive du dioxyde de carbone dans l'atmosphère. À partir de 1950 s'est produite une accélération croissante ; depuis 1970, la concentration atmosphérique de CO_2 a totalisé en trente ans, à elle seule, la moitié du volume de l'augmentation depuis 1800. « La Grande Accélération a des conséquences significatives sur le fonctionnement du système Terre », affirment les trois scientifiques. Elle atteint, disent-ils, le seuil critique, 60 % des services fournis par les écosystèmes étant désormais dégradés.

Crutzen, Steffen et McNeill sont formels : « Quoi qu'il arrive, les quelques décennies à venir seront un point de basculement *(a tipping point)* pour l'évolution de l'anthropocène. »

Qu'arrivera-t-il, en effet ? L'article d'*Ambio* émet trois hypothèses face à l'échauffement climatique :

– ou bien se lancer dans la « géo-ingénierie atmosphérique[1] » pour corriger le climat de la planète (au risque de déclencher une ère glaciaire) ;

1. Par exemple en saturant la stratosphère de particules qui renverraient la lumière solaire dans l'espace.

– ou bien garder le modèle économique actuel et compter sur l'économie de marché pour se réguler elle-même (au risque de se réveiller trop tard devant un échauffement catastrophique) ;

– ou bien changer de modèle économique, pour ménager les ressources et les écosystèmes.

Mais ce sont des idées de scientifiques. Les politiques et les financiers ne sont pas prêts à suivre. Ils invoquent l'état de l'opinion : « Comment mettre en cause le système économique ? Très peu d'Occidentaux y semblent disposés. Nous vivons dans le capitalisme et la consommation : ce monde que vous dites artificiel est le monde réel ; en tout cas c'est le nôtre. Nous en dépendons tous, matériellement et mentalement… »

C'est tout de même un monde contradictoire, objectent les psychosociologues. Il rend *incohérente* la vie quotidienne des gens.

En effet, l'intérêt du consommateur est d'acheter toujours moins cher ; l'intérêt du salarié est de garder son emploi. Mais le système du « toujours moins cher » est celui de la grande distribution, qui casse les fournisseurs, donc les emplois, et qui ne profite qu'aux importations. C'est aussi le système de la délocalisation. Le consommateur et le salarié n'étant qu'un seul homme, cet homme se trouve ainsi en lutte contre lui-même ! Il vit une incohérence. Mais il n'en est pas souvent conscient : le *cocooning* ambiant est là pour l'en empêcher – et y parvient la plupart du temps.

Le même homme vit une autre contradiction quotidienne.

Il est désolé par les effets anti-écologiques du système économique… dont il se sait partie prenante (en tant que salarié-consommateur).

C'est encore une incohérence. Mais celle-là, il la ressent !

Et elle peut être libératrice, parce qu'il existe une issue. Se sentir choqué par l'impact de l'économique sur l'écologique, c'est non seulement aider – comme mon boucher de l'*Amoco Cadiz* – à réparer les effets, mais réfléchir aux causes, et se mettre à penser hors de la cage. Acheter un paquet de café du commerce équitable ? Alors acheter aussi les livres[1] où l'on explique comment l'agro-industrie et le commerce international dérégulé ruinent les petits paysans du Sud... Applaudir à l'annulation du Paris-Dakar, qui offensait les hommes et la nature ? Alors se demander quels intérêts irrésistibles ont obtenu de réimplanter ce rallye ailleurs... Approuver le maire de Londres de bannir les 4x4 hyperpollueurs ? Alors s'interroger sur la vision de la vie qui avait introduit le 4x4 dans les centres-ville en Europe occidentale... Etc.

Plus cet homme réfléchira, plus les problèmes se lèveront dans son esprit :

– Les écologistes radicaux contestent le principe du « développement durable » (chanté par les grandes entreprises) : pourquoi ? Ont-ils tort ? Peut-il exister une forme de « développement » qui échappe à la logique productiviste de la croissance à tout prix ?

– Les parcs d'éoliennes ne font pas reculer le CO_2 en Allemagne ni en Espagne : pourquoi ? Par inefficacité ? Ou parce que l'éolien ne sert à rien si on laisse s'emballer la consommation d'électricité par ailleurs ? Etc.

1. Par exemple : *Le commerce sera équitable* (Eyrolles 2007), par Tristan Lecomte, fondateur du réseau Alter Eco qui distribue des produits (bio) de petits paysans pauvres du Sud dans les grandes surfaces du Nord, tout en contestant le business néolibéral.

Pas d'énergies renouvelables sans une politique générale d'économie d'énergies, affirment les écologistes : cette politique est non seulement nécessaire et urgente, mais elle pourrait engendrer une autre forme d'économie – parfaitement rentable.

L'Occidental en doutait ; un document décisif a levé ses doutes.

En octobre 2006 paraissait un rapport de sept cents pages sur le réchauffement climatique, réalisé pour la première fois par un économiste : sir Nicholas Stern, ex-vice-président de la Banque mondiale. Sa conclusion : 1 % du PIB mondial[1], investi maintenant, suffirait à « fortement atténuer » les effets de l'échauffement du climat. Si on ne l'investit pas, on se condamne à des dommages qui amèneront des pertes gigantesques, « une récession de 20 % » et une insécurité internationale. Mais si on l'investit – et il faudra pour cela des accords mondiaux –, les mesures de rigueur s'accompagneront de l'apparition de nouveaux marchés : techniques « propres », services « propres », débouchés commerciaux inédits, emplois innombrables à créer.

Le monde n'a pas à choisir entre « éviter une catastrophe climatique » et « garder une économie efficace », commente l'ancien dirigeant de la Banque mondiale : le grand tournant qui s'annonce est aussi la naissance d'une nouvelle économie.

Des OGM à la biodiversité, de la crise de l'énergie au réchauffement planétaire, l'environnement est menacé par notre forme d'exploitation économique – appelée à tort « civilisation », et à tort défendue comme telle. L'écologie scientifique étudie les symptômes de cette crise. L'écologie politique

1. « 1 % équivaut aux dépenses publicitaires mondiales », souligne Stern.

tente d'en tirer des propositions. Le grand public commence à évoluer dans ce sens.

Y compris les milieux les moins ouverts, jusqu'ici, au souci envers l'environnement...

Un intéressant reportage est paru dans la presse française[1] au début de l'année 2008. Il s'agissait de la ville de Waco, au Texas : 140 000 habitants, dont 70 % de baptistes républicains, longtemps persuadés que la religion se réduisait à la morale sexuelle, que Dieu se confondait avec la libre entreprise, et que les écologistes faisaient partie de l'Axe du Mal. Mais une partie des baptistes de Waco ne sont plus de cet avis. Car les écologistes locaux sont eux aussi des baptistes, comme leur porte-parole Mary Darden... Verts ou non, les baptistes connaissent la Bible par cœur, et ce détail a de l'importance : il explique comment des conservateurs style Texas Rangers ont pu trouver un langage commun avec des écolos pur jus.

Voici ce qui s'est passé. En 2006, le fournisseur d'électricité TXU propose de construire de nouvelles centrales au charbon dans l'État, dont plusieurs à Waco. Ce charbon est le plus « sale » de tous, un lignite extrêmement polluant en CO_2 et en mercure. TXU le nie. Quelqu'un à Waco le sait et refuse de se laisser faire : c'est le vétérinaire Charles Anderson, député de la ville. Il s'insurge ; défie les lobbyistes de TXU, influents au Parlement texan ; s'allie aux écolos de Mary Darden ; lance des expertises antipollution... Et parvient à arracher un moratoire. Début 2008, le projet de centrales est abandonné. L'écologie a gagné.

Et la Bible, dans tout ça ? Écoutez Anderson : « Ici, les gens sont très chrétiens. Des clients venaient au cabinet et déposaient trois petits cailloux. Vous saisissez[2] ? »

1. *Le Monde,* 14 février 2008. Reportage de Sylvain Cypel.
2. *Idem.*

C'était une allusion biblique : les cailloux de la fronde ! Les habitants de Waco parlent le langage des Écritures ; ils opposent à TXU-Goliath le David du premier livre de Samuel, chapitre 17, verset 40 :

> David se choisit dans le torrent cinq pierres bien lisses et les mit dans son sac de berger, sa giberne, puis, la fronde à la main, il marcha vers le Philistin.

L'Ancien Testament devient ainsi une arme de résistance psychologique. Mais ça ne s'arrête pas là, selon le reportage : « Nous sommes sur Terre pour gérer l'œuvre de Dieu, ainsi nous ouvrons-nous les portes du paradis », dit la militante Mary Darden. L'écologie se répand parmi les chrétiens de Waco comme une rosée sur le gazon. « Défendre l'environnement est un enjeu religieux éthique », professe maintenant un pasteur nommé Bailey. Il pense que l'époque est « une crise de l'ordre naturel », et que « nous corrompons et polluons l'œuvre divine ». Il explique au journaliste : « La Création divine est un processus permanent ! » Et il l'invite à « relire Romains 8 » (la lettre de saint Paul aux Romains, chapitre 8), en précisant : « Tout y est. »[1]

Le phénomène ne se limite pas à Waco : des pans entiers du baptisme texan sont en train de passer à l'écologie chrétienne.

Baptistes ou « papistes », les chrétiens vivent dans le même monde que le reste de l'humanité. Ils sont pris dans les mêmes contradictions. Certains d'entre eux refusent de les voir ; d'autres les affrontent, et s'en extirpent par une

1. *Idem.* Voir ici au chapitre premier.

meilleure connaissance de leur religion. Ce qui se passe au Texas se produit en d'autres points de la planète, sous d'autres formes.

Est-ce étonnant ? Ce qui devrait surprendre, c'est que l'éveil écologique chrétien se produise tard, alors que tout dans la tradition biblique – et la foi chrétienne – pousse à se sentir responsable de la Création.

Un virage est en train de s'opérer. Il est dirigé par les faits. L'humanité commence à se sentir responsable de l'avenir de la Création : pour faire une telle révolution, il faut changer de regard. Pas d'écologie sans nouvelle économie ; pas de nouvelle économie sans une nouvelle éthique. Mais dans ce domaine de l'éthique, que peut proposer l'écologie ? Elle se cherche une âme.

2e PARTIE

POUR EN FINIR AVEC LES IDÉES REÇUES

Chapitre VI

L'ÉCOLOGIE CHERCHE SON ÂME

Notre société fabrique un problème à la mesure de ses moyens technoscientifiques : c'est-à-dire sans précédent. Les biotechnologies promettent, non seulement de forcer la nature jusqu'à la trame, mais d'en faire autant à l'homme. Pilotée par l'argent devenu seul pouvoir[1], cette promesse *est* le problème, et il est inouï. Le marché colonise tous les domaines du vivant, privatise même les gènes, devient l'arbitre de tout ; c'est lui qui prétend dire ce qu'il en est de la nature et « où commence l'humain[2] ».

Comment en est-on venus là ? Le problème n'est pas la technologie, mais l'usage qu'on en fait. Il dépend de l'air du temps. Cet air est pauvre en éthique. Pas de valeurs universel-

1. Le capitalisme qui « perd la tête », selon le prix Nobel d'économie Joseph Stiglitz (*op. cit.*).

2. Slavoj Zizek, *Libération*, 16 février 2007. Zizek se veut néomarxiste, mais son livre de 2008 s'intitule : *Pourquoi l'héritage chrétien vaut d'être défendu* (Flammarion).

les, hormis une poignée de lieux communs... La société civile n'y voit pas clair ; effritée par un individualisme incohérent (les individus repliés sur leurs « droits »), elle se mobilisera peut-être un jour, mais ne proteste encore que de façon dispersée. Elle ne fait pas le lien entre les différentes nuisances qu'elle déplore.

Les écologistes combattent la nuisance la plus radicale : celle qui touche la *racine* du vivant. Cette radicalité éveille des questions que le consommateur lambda n'est pas censé se poser : le sens de la vie, le rôle de l'homme dans l'univers... Reconnaître que la nature existe en dehors de nous, qu'elle a ses propres lois, que notre emprise a des limites – et que l'usage que nous faisons d'elle doit être réglé sur quelque chose.

Réglé sur quoi ? Un espoir ? Ou seulement une angoisse ?

La mode est à l'angoisse. Pour Edgar Morin[1], par exemple, elle serait le seul lien entre les individus d'aujourd'hui : « Nous sommes perdus ensemble... La religion ne doit pas se fonder sur l'idée de salut, comme les religions antérieures, mais sur l'idée de perdition... Pour moi, la religion, c'est la religion des hommes perdus. »

Mais pour pouvoir dire « hommes », il faut avoir une idée de l'humain – donc ne pas être tout à fait « perdus ». Comment se dire *frères* sans un père commun ? Entre le reste de sa Création et nous, il y aurait alors un mystérieux lien familial, comme disait François d'Assise quand il parlait à son frère le soleil et à sa sœur la lune.

« La vie n'a pas de sens, l'homme et l'univers sont le fruit du hasard » : c'est l'axiome d'aujourd'hui. Est-il compatible avec l'écologie ? Étudier la biosphère, sa complexité, son interactivité, donne plutôt l'impression d'une absence de hasard.

1. *Nul ne connaît le jour qui naîtra, op. cit.*

Personne n'est obligé de conclure à l'existence d'un Créateur ; mais l'interdire serait prétentieux. Ce serait d'ailleurs une attitude réductionniste, mieux à sa place chez les « durs » des technosciences que chez les amis de la biosphère.

Les écologistes radicaux s'attaquent aux causes du saccage. Elles sont économiques. Ils veulent donc changer le modèle global : vaste programme, qui exigerait de soulever les foules et de parler aux âmes. Mais leur parler de quoi ? Certainement pas d'« utopie », bien que le mot soit à la mode (on dit *utopie* au lieu d'*idéal*). Le vieux Marx avait raison de dire qu'une idée n'a d'intérêt que si elle a les moyens de se réaliser : or l'utopie est irréalisable, elle est étymologiquement « hors espace », « nulle part » ; dire qu'on a « besoin d'utopie », c'est s'avouer vaincu, renoncer à modifier ce qui existe. La planète n'a pas besoin d'utopistes, mais de gens qui mettent au jour les problèmes. Leurs solutions peuvent être radicales ? Radical n'est pas utopique... L'utopie siège au plafond, la radicalité creuse à la racine.

Quand l'écologiste Edgar Morin – encore lui – abandonne en 2002 l'idée de « développement durable » qu'il avait soutenue jusque là, c'est, dit-il, par réalisme, ayant fini par estimer incompatibles le « durable » et le « développement ». Il lui a semblé mauvais de croire « que l'état actuel des sociétés occidentales constitue le but et la finalité de l'histoire humaine[1] » : or c'est ce que postule, selon lui, l'idée qu'on se fait aujourd'hui du développement. Morin juge donc inadéquat le terme de « développement durable », et se retrouve dans le camp des écologistes radicaux. Mais il ne se voit pas comme un utopiste.

---

1. *Transversales*, n° 2, deuxième trimestre 2002.

Les conclusions les plus radicales ne sont pas forcément les moins réalistes : pour l'écologie « radicale », le véritable irréalisme est de croire que le système économique actuel pourra se maintenir alors que le pétrole s'épuise. Et de croire que la grande Machine doit continuer à dérégler la planète aussi longtemps qu'elle aura le carburant pour le faire...

1. « Le big business joue du pipeau »

Si le Marché a pris le pouvoir, c'est que rien ne le lui disputait plus. Les gouvernants avaient abdiqué en sa faveur : par en haut, en lui laissant le monde ; par en bas, en lui livrant l'esprit de leurs populations. Vers 1990, la démocratie occidentale n'était déjà plus un moyen de gouvernement public, mais un bureau de réclamations privées. La poussée « ininterrompue » des droits individuels finit par paralyser le politique, constate Marcel Gauchet : « Si la démocratie peut être définie comme le pouvoir d'une collectivité de se gouverner elle-même, la sacralisation des libertés des membres de ladite collectivité a pour effet de vider ce pouvoir de sa substance[1]. »

À la fin du XXe siècle, l'État démocratique n'était plus *gouvernant,* comme on dit d'un navire. Donc il n'était plus en position de remplir sa mission, qui était (en principe) de faire prévaloir l'intérêt général sur les intérêts particuliers – notamment ceux des puissances économiques...

Ces puissances n'avaient plus qu'à dire que leurs intérêts se confondaient avec ceux du public, et celui-ci serait mystifié.

1. *Libération,* 16 février 2007.

Les intérêts des firmes n'étaient pas ceux du public. Mais, avant qu'on ne s'en aperçoive, des années allaient passer, beaucoup de seuils être franchis, et l'on finirait par se retrouver dans l'urgence de la première décennie 2000 : chercher le moyen d'échapper au tout-économique et de rendre la parole « à la société dans son ensemble[1] ». L'État lui-même – ou ce qu'il en reste – affirme aujourd'hui qu'il se réveille : par exemple (aiguillonné par les angoisses du public) en multipliant les réglementations de traçabilité sur les produits alimentaires... Cependant, la société reste aux mains du marché.

Le modèle du marché s'est emparé de la société parce que la légitimité du politique était rongée par des termites : ceux de l'hyper-individualisme de masse.

D'où venait le modèle de cet individualisme égocentrique ? Du marché lui-même, c'est-à-dire du climat de la société de consommation.

Pour que les produits toujours nouveaux soient écoulés sans à-coups, le consommateur doit être persuadé que les acheter est toujours un besoin, donc toujours un *droit*. Tout besoin, même factice, a *le droit* d'être satisfait ! Cette vision des choses s'étend à tout : à la démocratie (on sait ce qu'elle est devenue), mais aussi à la nature (chacun est poussé à exiger d'elle n'importe quoi, et tout doit être techniquement « machinable »).

On rejoint ici la question écologique. En effet, le résultat de cette ambiance est une schizophrénie du citoyen-consommateur de base. Une partie de lui-même est sous la pression des turbines publicitaires. Une autre partie souffre en voyant les effets pervers du système : soit sur le social, soit

1. *Idem.*

sur l'environnement. Cette contradiction ne demande qu'à venir au jour. Si cela se produisait, le centre nerveux du consumérisme serait atteint.

Le monde économique met donc tout en œuvre pour que cela ne se produise pas.

Les grandes firmes se repeignent en vert

Dès le tournant des années 1990, on voit les grandes entreprises se repeindre en vert. Aux États-Unis et ailleurs, elles créent « des groupes environnementaux bidon[1]. » Le business s'empare du terme « développement durable », abracadabra censé assoupir les conflits sociaux et séduire le consommateur. La communication des multinationales s'enrobe de slogans écolos ; cette annexion de symboles écologiques par les grandes sociétés leur apporte un triple gain :

– envers le public, censé trouver séduisants ces logos fluides et ces slogans maternels ;

– dans la bataille concurrentielle pour des marchés immenses (la vente de technologies aux pays pauvres, la vente de semences OGM pour aliments « biofortifiés ») ;

– et à l'encontre des contestataires altermondialistes, que l'on peut maintenant accuser d'empêcher les multinationales de « résoudre les problèmes environnementaux[2] ».

Le Sommet de la Terre de Johannesburg (septembre 2002) est « piraté par de grandes entreprises », écrit l'envoyé spécial du *Monde* : « les multinationales se substituant aux ONG veillent à la primauté du libre-échange dans le Plan d'action ».

1. John Passacantando, *L'Écologiste*, octobre 2002.

2. Richard Holmes, vice-président d'Action des affaires pour le développement durable (BBC, 16 août 2002). Cité par Corinne Smith, *idem*.

Ce sommet aura coûté 33 millions d'euros à l'Afrique du Sud et 47 millions à l'ONU : « De quoi offrir le raccordement à l'eau potable à 80 000 habitants de Manille », enragent les militants *alter*.

Miloon Kothan[1] affirme à l'ONU que la privatisation généralisée des ressources et des services est nocive aux populations :

> La Bolivie, à la demande de la Banque mondiale, a confié la gestion du réseau d'approvisionnement en eau de la ville de Cochabamba à un seul soumissionnaire[2] réunissant plusieurs multinationales en 1999-2000. Dans le cadre de ce marché, qui devait s'étendre sur 40 ans, le tarif de l'eau a immédiatement augmenté, passant d'un niveau négligeable, de l'avis général, à environ 20 % du revenu mensuel d'un ménage. Les forces armées sont intervenues pour mettre un terme aux manifestations de citoyens, faisant au moins six morts. Les manifestations se sont néanmoins poursuivies jusqu'à ce que le consortium soit chassé du pays…

La privatisation généralisée des biens naturels serait un drame pour l'environnement, dit cinq ans plus tard le PNUE, rangeant cette hypothèse parmi les éléments du « scénario du pire » dans son rapport *GEO 4* sur l'avenir écologique de la planète.

Le mirage du « pétrole vert »

« Le Big Business joue du pipeau », affirment les organisations écologistes dès l'ouverture du concert en faveur de ce

1. Rapporteur indien de la sous-commission des droits de l'homme, 2002.
2. Nord-américain.

qu'on nomme, à tort, des « biocarburants ». L'avenir justifiera cette critique : « Comme trop souvent, ce qui était au départ une bonne idée est détourné par certains groupes influents pour ne servir que quelques intérêts particuliers au détriment de l'environnement et de l'ensemble des citoyens », constateront les Amis de la Terre[1].

Produit à partir de la canne à sucre, du palmier à huile, du tournesol, du maïs, du colza, etc., le « biocarburant » (de l'américain *biofuel*) se présente comme LE remède aux gaz automobiles à effet de serre. L'éthanol, notamment, pourrait remplacer l'essence… La démonstration industrielle reste à faire. Ce qui est attesté, en revanche, c'est l'effet de la vogue des « biocarburants » sur l'agriculture des pays pauvres. Appâtés par les promesses des géants de l'agro-industriel, les propriétaires convertissent les cultures vivrières en cultures destinées à l'éthanol, ce qui concentre les terres au lieu de les distribuer, et aggrave la hausse mondiale des prix des produits alimentaires. D'où également un boom commercial des OGM, capables de doper la culture intensive des plantes pour carburants, selon Monsanto et les autres géants de l'industrie *biotech.*

D'où encore l'épuisement et l'érosion des sols, la pollution des eaux, la destruction systématique d'écosystèmes naturels – zones humides, forêts – qui abritaient la plus grande diversité biologique de la planète : 4 millions d'hectares forestiers déjà détruits à Sumatra et Bornéo, 6 millions voués à l'être en Malaisie, 16,5 millions en Indonésie…

Au Brésil, 27 429 km^2 de forêt amazonienne avaient été détruits en onze mois (2003-2004), mais à la conférence de Bali, en décembre 2007, le président Lula affirmait avec jovia-

1. 4 mars 2006.

lité avoir atteint l'objectif « déforestation zéro ». En réalité, plus de 7000 km^2 supplémentaires venaient à nouveau d'être rasés ou brûlés en cinq mois, et le déboisement devait augmenter[1] de 34 % d'ici à juillet 2008. Pourquoi ? À cause des plantations de soja, qui remontaient vers le nord, chassées du Sud par le boom de la canne à sucre-éthanol. Qui donc faisait la politique brésilienne ? Lula, pour l'éthanol. Et Mme le chef du cabinet présidentiel Dilma Rousseff, pour le « plan d'accélération de la croissance » programmant des usines hydroélectriques, des ports fluviaux et des autoroutes à poids lourds en Amazonie... La plus grande forêt tropicale de la Terre allait-elle être livrée au développement-saccage, démultipliant les gaz à effet de serre par l'incendie et par la disparition du « puits de carbone » forestier ?

La déforestation est un danger, observait le ministère britannique des Transports en 2007. Cette démence est un effet de la surchauffe de la planète financière, précisait en 2008 l'économiste brésilien Carlos Eduardo Young : « La déforestation est directement liée aux cours mondiaux du soja, de la viande bovine et de la canne à sucre : leur fulgurante ascension a incité les fermiers à reprendre leurs brûlis[2]. »

Le profit à court terme, disent les écologistes, favorise la misère des uns, la surconsommation des autres, et le marché international des biocarburants suit ce schéma : il repose sur « l'expansion des monocultures sur de vastes zones de terres productives, concentrées dans les mains de quelques propriétaires ou, de plus en plus, contrôlées par les multinationales[3] ». L'économiste et sociologue Jean Ziegler, rapporteur de

1. *Le Monde*, 1er mars 2008.
2. *Ibid.*
3. Les Amis de la Terre, 4 mars 2006.

l'ONU en 2007 sur le droit à l'alimentation, dénonce[1] « l'étrange attelage américano-brésilien Lula-Bush » en faveur des biocarburants au Brésil : Lula n'y voit que le moyen « de réduire la dette en faisant rentrer des devises », mais la vogue des biocarburants révolte les paysans brésiliens sans terres qui l'accusent de « ne pas respecter le droit à l'alimentation ». Si le plan Lula-Bush se matérialise, dit Ziegler, 26 millions d'hectares de terres vivrières seront affectées à la production de bioéthanol et de biodiesel et « la faim va augmenter d'une façon effroyable » : « Pour faire un plein de 50 litres avec du bioéthanol, il faut brûler 22 kilos de maïs. Avec ça, un enfant zambien ou mexicain vit une année. »

Du strict point de vue de *la rentabilité énergétique*, les « biocarburants » apparaissent si peu « bio » que les écologistes préfèrent les nommer « agrocarburants ». Il faut tellement d'eau et d'énergie pour les fabriquer que les avantages s'amenuisent », rapporte Ziegler[2]. « L'éthanol de maïs, gorgé de pesticides et d'engrais, demande plus d'énergie pour être fabriqué qu'il n'en donnera », renchérissent les écologistes, « sans parler de la consommation d'eau : une voiture qui consommerait 5 litres d'éthanol aux 100 km aurait nécessité 45 litres d'eau pour chaque kilomètre parcouru. »

Et d'empiler les données : la déforestation pour l'éthanol est cause de 21 % des gaz à effet de serre ; la destruction des tourbières du Sud-Est asiatique et leur remplacement par du palmier à huile est la cause de 8 % du CO_2 mondial… Avec les immenses incendies de forêts pour transformer Sumatra en « un champ de "pétrole" végétal », des milliers de tonnes de

1. *Libération*, 22 octobre 2007.
2. *Idem.*

CO_2 s'accumulent dans l'atmosphère. « De plus, les sols humides et boueux, en s'asséchant, libéreront des milliers de tonnes de méthane, un gaz à effet de serre trente-deux fois plus efficace que le CO_2 ! »[1]

Les écologistes et les milieux financiers de l'hémisphère Nord ne voient donc pas les choses du même œil.

Pour les écologistes, « la consommation énergétique mondiale ne peut plus continuer d'augmenter, mais un tiers de l'humanité doit, en priorité, avoir accès aux services énergétiques de base. Cela doit se faire, non en augmentant la consommation totale, mais en réduisant radicalement la consommation des 15 % de l'humanité qui utilisent 60 % des ressources énergétiques mondiales ».

Pour les milieux financiers, l'agrocarburant est officiellement un « carburant vert » (on parle aussi de « voitures vertes », etc) : mais ce qu'ils y voient est un domaine illimité d'opérations financières. Un fonds français investissant au Paraguay vantait « les centaines d'hectares de maïs et de soja disponibles » : autant de « barils dormants de carburant vert du style éthanol dont la demande mondiale devrait exploser dans les années qui viennent ». Le carburant vert est un placement brillant, affirmait une banque française : « Les matières premières agricoles sont des actifs extrêmement peu chers, pour lesquels la demande est en train d'exploser. »

Le marché peut-il être « équitable » ?

La société civile occidentale commence à se mobiliser « contre les multinationales qui dominent une large part de la production et de la distribution des aliments », affirme

1. Les Amis de la Terre, 4 mars 2006.

Ziegler. Et plus généralement, contre les nuisances écologiques de leurs activités.

Non sans résultats apparents… Ce n'est pas un hasard si Total, et d'autres groupes, allouent aujourd'hui une part ostensible de leur mécénat aux organismes de protection d'espaces naturels ou d'espèces animales. C'est aussi un effet de la méfiance de consommateurs, si Wal-Mart, le géant mondial de la distribution, annonce sa volonté de devenir « écologiquement responsable », « recyclant les déchets », usant « d'énergies renouvelables », diffusant « des produits du commerce équitable et de l'agriculture biologique ». Le mot « durable » fleurit dans les rayons d'hypermarché. Les produits équitables commencent à s'y vendre. Les fournisseurs de la grande distribution rachètent des entreprises écologiques qui avaient réussi à émerger en Bourse[1] – ce qui n'est pas pour rassurer les écologistes.

Emprunter des mots « verts » pour voiler les véritables effets d'une activité (les agrocarburants), ou donner de l'argent au Conservatoire du littoral, ce n'est pas la même chose de la part des grandes sociétés. Tactique dans un cas. Mécénat dans l'autre. Mais les écologistes observent qu'une même firme peut pratiquer les deux attitudes à la fois. Ils observent aussi que le volume du mécénat vert est infinitésimal si on le compare à celui du saccage de la planète.

Quand les entreprises ne jouent pas du pipeau et se mettent à faire quelque chose pour l'environnement (ou pour le social, ou pour l'équitable), c'est donc sous la pression d'une partie de l'opinion.

1. *Le Monde de l'économie*, 13 février 2007.

En 2004, les cabinets d'experts signalaient l'apparition de ceux qu'ils baptisaient, un peu vite, « les alterconsommateurs ». Inquiets de la mondialisation libérale et de ses effets quotidiens – de la vache folle aux produits fabriqués par des esclaves –, cette fraction du public devenait allergique au boniment du marketing de masse. L'époque consistant à consommer, ils restaient des consommateurs résolus, mais ils exigeaient de la transparence et des garanties. Quand il achetaient du riz basmati, ils voulaient que ce soit du *dehra duni* pour préserver la biodiversité agricole : et de préférence celui de l'association *Navdanya* de la physicienne militante Vandana Shiva, chef de file en Inde de la lutte contre les OGM. Quand ils achetaient de l'huile d'olive, ils voulaient que ce soit celle du village palestinien de Taybeh, où le curé avait monté une coopérative pour aider ses fidèles à ne pas émigrer. Quand ils achetaient des cœurs de palmiers, ils voulaient que ce soit des *Pupunha* produits par le Mouvement des sans-terre au Brésil… Comment ces « alterconsommateurs » étaient-ils au courant de tout cela ? Par l'internet. Ils voulaient mettre de l'âme dans leur consommation.

Certains écologistes objectent que, là aussi, le phénomène reste marginal, et qu'au lieu d'ébranler le système global, l'alterconsommation lui donne bonne conscience en lui offrant le pipeau dont il pourra jouer. D'autres répondent qu'un système n'a pas de conscience et qu'il faut voir la question autrement : les alterconsommateurs ouvrent une voie. Ils ont pris conscience de la situation schizoïde où ils se trouvaient : participer au système mais déplorer ses effets pervers… En faisant pression pour exiger des produits qui « aient de l'âme », ils entrebâillent une porte qui mène, mentalement, hors du système. Ils ne sont pas en train de changer celui-ci de l'intérieur ; mais peut-être sont-ils en train de donner « envie d'autre chose » à tout le monde.

2. Qu'est-ce que la vie ? Qu'est-ce que l'homme ?

La société du marketing n'enferme pas seulement le consommateur dans l'hyper-individualisme. Elle l'encage dans le relativisme, c'est-à-dire le *tout égale tout.* Le ressort du système étant « tout le monde a droit à tout, tout de suite » – et « tout » devant être toujours « nouveau » –, il est nécessaire que ce tout puisse être *n'importe quoi* : tous les domaines doivent pouvoir être exploités. Tout doit être transformé en marchandise. L'offre doit être sans limites. Or l'éthique est une limite… Il faut donc effacer les vieux interdits.

C'est ainsi que « les derniers tabous », comme dit le journal télévisé, ont été rasés par le triomphe du néolibéralisme dans les années 1990. (Les premiers tabous avaient été rasés vingt-cinq ans plus tôt, par 1968. Beaucoup de sexagénaires ont participé à ces deux vagues d'arasement des tabous : révolutionnaires en 1968, ils étaient devenus publicitaires vingt ans après ; ils ne voyaient dans cet enchaînement aucune contradiction.)

L'impasse du relativisme

Nombre d'écologistes, en France, se croient héritiers de 1968. D'autres écologistes leur disent qu'ils font une erreur. Dans le domaine des idées, expliquent-ils, le mouvement de Mai n'a engendré que la « déconstruction » : effacer l'histoire, abolir le sens… Même chose aux États-Unis, avec une gauche qui remplace le raisonnement par la tolérance, et qui trouve totalitaire « la moindre allusion à la notion de vérité[1] ». Si les post-soixante-huitards français ou la gauche américaine n'ont rien opposé à la montée du néolibéralisme, c'est qu'au fond ils partageaient sa vision de l'être humain : un individu sans boussole, dans un monde sans repères où chacun s'en remet à ses humeurs et croit devenir tout, n'étant situé et limité par rien.

Entre une telle vision et celle de l'écologie, où est le point commun ? Nulle part. L'écologie cherche un sens à la vie. Elle veut défendre un bien commun planétaire. Elle est aux antipodes de l'individualisme et de son fantasme d'autofabrication !

Il y avait donc un malentendu dès le joli mois de Mai, et les écologistes « complets » se montrent plus cohérents que les nostalgiques de 1968.

L'écologie cherche son âme mais tout le reste de la société aussi, et tous les individus d'aujourd'hui. S'ils en sont là, c'est que la société du marketing a réussi depuis quarante ans à nous empêcher de « penser ce que nous vivons ». Ce brouillage mental embrume tout.

Il embrouille notamment notre regard sur l'histoire de la vie : et là-dessus aussi, les écologistes sont divisés.

Une partie d'entre eux suit la vulgate d'aujourd'hui : ce qu'on appelle « le darwinisme », qui n'est plus exactement la pensée de Darwin[2] mais une guerre contre tout ce qui n'est pas le matérialisme magistral, calé entre le Hasard et la Nécessité.

---

1. Slavoj Zizek, art. cit.
2. Voir au chapitre III.

Cette étroitesse fait violence à la pensée écologique. Elle la tire, au nom de Darwin, vers le réductionnisme[1] : chercher la clé de tout dans un phénomène simple, celui de la sélection naturelle et de la prédation... On comprend que notre époque aime ce simplisme ; étudier le vivant par tronçons séparés aide à croire que le pouvoir technoscientifique va remplacer la nature, et c'est une vieille tentation qui remonte au XVIIe siècle. Elle n'a pas tardé à sortir de son cadre scientifique et à prétendre modeler la société. Au XXe siècle, cette prétention est allée de l'inquiétant (les théories anglo-saxonnes sur l'inné) à l'atroce... On se souvient du darwinisme social du IIIe Reich ; on sait moins que pendant les fureurs de la Révolution culturelle, les professeurs maoïstes enseignaient Darwin à leurs élèves avant de leur parler de Lénine. Le même darwinisme obligatoire est revenu en force au XXIe siècle, sur fond de néolibéralisme. De la théorie de la sélection naturelle à celle de l'individu taillant sa route sans souci de ce qui le fait exister, il y a plus qu'une ressemblance. On se retrouve alors dans les parages de la dévastation du monde : très loin du point de départ de l'écologie.

La pensée écologique est née aux antipodes du mythe darwinien du *struggle for life*. Elle voit la biosphère – les êtres vivants et leur support physique –, non comme une arène, mais comme une communauté de destin. Elle s'intéresse à *l'ensemble,* qui est autre chose que la somme de ses parties : définition – soit dit en passant – qui est aussi celle du bien commun dans la théologie catholique. Le mot « catholique »

1. Réductionnisme : conception réduisant la complexité des choses à quelques principes, voire à un seul. *Cf.* Édouard Goldsmith, *Le Tao de l'écologie,* Le Rocher, 2002. Du même auteur, article dans *L'Écologiste,* mai 2004.

vient du grec *kat'holon* : « selon la totalité ». La philosophie de l'écologie se dit « holistique » : de *holon*, « la totalité ». Les deux termes ont la même racine. Il y a là plus qu'une coïncidence. (Ce n'est pas non plus un coup de l'Antéchrist, contrairement à ce que croient les pasteurs bushiens qui combattent les pasteurs verts dans la ville texane de Waco...) Il n'y a rien d'anormal à parler du « tout » quand on parle de la Création. Il n'y a rien de diabolique à voir que la Terre est un système doté d'une autorégulation, à laquelle coopèrent tous ses habitants ; et l'homme n'est pas découronné pour autant.

Ce qui ramène à la question du relativisme...

L'écologie, en effet, se met au service du bien commun de la planète et de ses occupants. Elle en reconnaît l'existence objective. Elle *s'y soumet.* Sa démarche germe d'observations scientifiques : or les sciences résistent aujourd'hui à l'inondation relativiste. Quelqu'un peut soutenir que 2+2 font 5 et cette opinion être validée par l'époque au nom de la tolérance ; elle n'en sera pas scientifique pour autant. Le physicien Jacques Treiner[1], en 1998, mettait en cause la façon contemporaine « de dissoudre toute valeur universelle, et en particulier la notion de vérité [2] ». On ne peut pas, disait-il, admettre une situation dans laquelle ne surnagerait que « la pluralité éclatée des points de vue » : les sciences exactes, « par leur rapport étroit avec ce qu'il est bien commode d'appeler la réalité objective, constituent un obstacle au développement d'un relativisme total ».

1. Voir au chapitre V.
2. France Culture, 1er avril 1998.

L'écologie n'est pas seulement une démarche scientifique, c'est aussi un engagement militant. Est-il compatible avec le relativisme (*tout égale tout*) ? Évidemment non. Veiller à ce qu'on ne dérègle pas la biosphère, c'est admettre qu'elle forme un ensemble autorégulé, et ceci n'est pas une opinion : « c'est une constatation », disent les écologistes.

« Les certitudes n'existent pas », ripostent les relativistes. Jouant sur les angoisses fin de siècle, ils avaient installé (dans les années 1990) l'idée que tout ce qui était stable était dangereux, et que la sécurité moderne était de fuir en avant, dans un univers « sans tabous », peuplé de désirs chaotiques et de lobbies revendicateurs. Vingt ans plus tard, expérience faite, le public n'est plus certain de la justesse de ce mot d'ordre. On voit trop qui il sert.

En supprimant le « pourquoi » au profit du « comment », en mettant le technico-opérationnel à la place de tout, la civilisation s'est engagée dans une impasse. C'est un monde « livré au despotisme, derrière l'écran de l'individu libéré par la technique », écrit le juriste et psychanalyste Pierre Legendre[1] : la débâcle des normes a produit la confusion mentale où l'on enferme le consommateur de base ; « dans la culture du Sujet-Roi, chacun est à soi-même une secte, et la société une super-secte gérant l'absurde ». Comment ressusciter du droit, des normes qui aideraient à résister à la machine marchande planétaire ? Par… *le dogme,* répond Legendre, qui n'a pas hésité à fonder une nouvelle discipline : « l'anthropologie dogmatique ». « Dogme », chez Legendre, veut dire « clé de voûte ». Toute vision du monde a besoin d'une telle clé, quelle qu'elle soit. Toute société a besoin d'admettre des limites pour ne

1. *Leçons 1*, Fayard, 1998.

pas se pulvériser. Tout individu aussi, pour ne pas être submergé par ses fantasmes.

L'écologie a son « dogme » : la solidarité de l'homme et de la biosphère.

Le christianisme a ses dogmes, en un sens différent, mais qui aboutissent à un art de vivre très proche de l'écologie…

Si quelque chose leur est étranger à tous deux, c'est l'attitude libérale-libertaire aujourd'hui régnante – mais qui épuise à une vitesse folle le crédit qu'elle s'était octroyé. Contre elle, l'heure de l'écologie complète va sonner.

Pour une « écologie humaine »

Le brouillard du relativisme permet de prolonger l'expérience suicidaire de notre civilisation : tout « réaliser » sans évaluer les enjeux – et même en refusant de les évaluer, car le profit a une logique immédiate : il ne se laisse pas ralentir par des précautions.

Ceux qui font des objections à cela sont traités d'inquisiteurs et de « nostalgiques des normes », ce qui est le pire des griefs aux yeux du relativisme.

Mais les objecteurs ont un argument *objectif* : les enjeux sont à un niveau de gravité inouï, parce que l'expérience est menée sur la totalité du monde vivant : la nature et l'homme à la fois. La nature devenue destructible, et l'homme devenu jetable, sont solidaires face à la machine économique qui détruit et qui jette. Le saccage des modes de vie humains et celui des écosystèmes sont les deux faces d'un même processus. En 2006, les spécialistes français de la santé publique signalent une baisse croissante de la fertilité dans la population masculine, et un spécialiste danois confirme cette baisse en démontrant qu'elle vient de l'environnement (« la pollution industrielle, les pesticides et les perturbateurs endocriniens »)[1] : en empoisonnant la nature, notre système économique nous empoisonne aussi.

Nous rend-il fous en prime ? Maladie de la société moderne occidentale selon l'anthropologue Catherine Lutz[2], la dépression s'est étendue au reste du monde depuis les années 1990 selon l'OMS ; et selon le sociologue Alain Ehrenberg (dans son livre classique[3]), elle est directement produite par l'atmosphère de la société néolibérale. Le culte de la performance pèse d'un poids insupportable sur les épaules de l'homme trop seul, forcé à « s'accomplir sous sa seule responsabilité »... Il y perd la joie de vivre, mais il fait le bonheur de « nouveaux métiers » comme celui de coach psychologique ; et il contribue au chiffre d'affaires des laboratoires qui fabriquent les médicaments antidépresseurs.

L'écologie doit donc s'étendre à l'homme aussi : c'est logique de la part d'une pensée « holiste », vouée à prendre en compte la totalité.

Et sa vision de l'humain doit être complète : l'homme lui apparaît singulier et irremplaçable comme toutes les espèces animales.

Or la singularité de l'homme est de pouvoir gérer la planète (sinon à qui et à quoi s'adresseraient les appels des écologistes ?). « L'homme perdu » se retrouve responsable de la Terre !

1. Aux 4es rencontres parlementaires françaises « Santé et environnement » (décembre 2006), organisées par Nathalie Kosciusko-Morizet. Rapports du Pr Alfred Spira (France) et du Pr Niels Skakkebaek (Danemark). Celui-ci établit le lien entre la pollution et la baisse de la concentration des spermatozoïdes, l'augmentation du nombre des cancers des testicules et les malformations de l'appareil génital.

2. *La dépression est-elle universelle ?*, Les Empêcheurs de penser en rond, 2004.

3. *La fatigue d'être soi : dépression et société*, Odile Jacob, 1998.

Responsabilité énorme, et paradoxale dans une époque d'angoisse et de faiblesse des individus ; mais son énormité même a quelque chose de tonique, et même d'héroïque : un message d'une énergie à réveiller les morts... et à ne plus se sentir perdus.

Non seulement l'homme a la vocation de gérer la nature, mais cette vocation prend des dimensions sans précédent. Le monde est devenu « anthropique », disait Georges Balandier[1] : la place de l'homme y est déterminante – qu'il se prenne pour le *fabricant* du monde, à travers la technoscience, ou qu'il s'en veuille le *berger*, à travers l'écologie.

La technoscience affirme que les repères éthiques et l'essence de l'homme n'ont plus de substance stable, la vie et l'humain étant « ce que l'on pourra bientôt fabriquer ».

Mais la science ne se réduit pas à la technoscience, et elle sent – depuis peu – le besoin d'en secouer le joug. Elle supporte mal de travailler comme prestataire au service du business. Pour que le public continue à croire que le bonheur est « ce dont nous passons commande », le business a besoin de toujours plus d'artificiel, et il en « passe commande » – à son tour – aux scientifiques. C'est humiliant pour eux. En fait de maîtriser la nature, leur métier aboutit à servir « la maîtrise de quelques hommes sur des millions d'autres »[2] ! La science est vexée. Elle se vengera. Elle commence à le faire. Elle se met à poser des questions iconoclastes, de quoi faire trembler les conseils d'administration de l'industrie biotech... Un travail monumental de généticiens américains (Encode, 2007), par exemple, jette soudain le doute sur tout ce que l'on prétendait savoir du génome « et pose une question qu'on croyait réso-

1. *Le Grand Système*, Fayard, 2001.
2. Olivier Rey et Alain Finkielkraut (« Répliques », France Culture, 25 novembre 2006).

lue depuis un demi-siècle : *qu'est-ce qu'un gène ?* »[1]. Tout s'écroule ! C'est Samson chez les Philistins. « Les industriels, leurs techniciens et leurs amis notables perdent le droit de nous regarder de haut », ironisent les écologistes.

Donc l'homme est le gérant du monde. Gérer n'est pas saccager : c'est assumer des responsabilités. Les nôtres deviennent immenses. Plus les sciences progressent, moins les scientifiques sont capables de fournir les normes qui gouverneraient l'usage de leurs découvertes. C'est la mort du vieux mécanicisme hérité du XVIIIe siècle (quand la « nature » s'était substituée à Dieu comme fondement des normes sociales), explique le philosophe Dominique Lecourt : « la référence à un noyau biologique ne suffit plus à asseoir l'idée de nature humaine ». Le séquençage de l'ADN révèle que le génome de l'homme n'est « pas vraiment si différent de celui de la mouche » ? « Voilà une surprise qui semble montrer que l'immense différence entre l'homme et la mouche tient à autre chose qu'à un déterminisme génétique simple. » Alors à quoi tient la différence ? Et qu'est-ce que la nature humaine ? « Je crois qu'elle existe, dit Lecourt, mais c'est plutôt l'étude anthropologique et sociologique des grandes énigmes qui traversent l'humanité qui peut nous renseigner sur cette nature[2]... »

Cette étude-là débordera l'univers des sciences. L'homme fait partie de la biosphère, disent les écologistes : mais il est porteur d'une « énigme » que les écologistes n'ont pas le

1. Jacques Testart, art. cit. « Devant un doute aussi immense, le scientifique peut-il affirmer que le déplacement d'un fragment d'ADN d'une espèce à une autre produira un effet prévisible et maîtrisé ? »

2. *Libération,* 26 avril 2003 : « Il faut repenser la notion de nature humaine ». Lecourt préside le comité d'éthique de l'IRD (Institut de recherche pour le développement).

droit de zapper, s'ils veulent éviter le réductionnisme qu'ils condamnent chez les autres. La pensée écologique est conduite à l'anthropologie. Et de là, plus loin. L'homme est responsable de la planète : soit, mais devant qui ? Les générations futures ? Soit, mais cette réponse ne suffit pas. Le débat est ouvert.

On s'étonne d'y entendre une voix que l'on n'attendait pas : celle des théologiens. Elle porte un très ancien message. Nous sommes à l'heure des papes verts.

Chapitre VII

L'HEURE DES « PAPES VERTS »

Dans la forêt pluviale de Patagonie, parmi les montagnes et les torrents, il existe un arbre qui se nomme *fitzroya* et qui vit trois mille ans. Les fitzroya étaient menacés par la déforestation. Un patron de multinationales a consacré sa vie et sa fortune à les sauver ; devenu écologiste à l'âge de cinquante ans, il a liquidé ses sociétés à New York en 1990 et il est parti dans le Sud chilien acheter des centaines de milliers d'hectares pour en faire un « sanctuaire »[1]. Sa profonde satisfaction, dit-il, est de planter des fitzroya pour les trois mille prochaines années.

L'arbre patagon trimillénaire a une sorte d'équivalent dans le monde humain. C'est l'Église catholique.

Elle existe depuis plus de vingt siècles. Ses transformations moléculaires et ses transferts d'énergie internes se déroulent à

1. La plus grande réserve naturelle privée au monde. Le milliardaire, Doug Tompkins (alors patron d'une multinationale de l'habillement), ne voulait plus participer à un système économique « qui ravageait la planète ».

un rythme presque aussi lent que le métabolisme des végétaux. « Elle engrange dans sa foi des sermons, des retables, des poèmes, à la fois fruits et semences de prières. Vient le temps d'une définition qui est la moisson d'une tradition enrichie d'alluvions charriées par les siècles : une définition dogmatique met en musique théologique une foi millénaire[1]... »

Les normes catholiques – la longue durée, la lenteur, la maturation, l'enracinement – sont étrangères à notre société occidentale de l'instantané, de l'éphémère et de la fuite en avant. Le monde de l'Église réagit à l'air du temps d'une façon déroutante, comme le monde des forêts face au climat.

D'où l'irritation des commentateurs, qui ne voient pas pourquoi Rome va dans tel sens alors qu'ils pronostiquaient le contraire ! L'arbre chrétien a sa vie propre. Depuis le concile Vatican II (achevé en 1965), les médias misaient sur une injection d'idées séculières dans l'organisme de l'Église. Cette transgénèse n'a pas eu lieu. La greffe n'a pas pris. L'Église a évolué : mais autrement, lentement, de façon déconcertante. L'une de ses branches se desséchait en Europe ? D'autres devenaient vertes ailleurs. De moins en moins « occidental », le christianisme devenait sud-américain, africain, asiatique. Quant aux idées, l'arbre romain bourgeonnait curieusement : au lieu de donner ce que la société attendait (néolibéralisme et nouvelles mœurs), il donnait du « progressisme » socio-économique et du « conservatisme » sur le plan moral. Ceci malgré cela ? Non : *à cause* de cela. Des positions qui seraient contradictoires dans la société séculière sont cohérentes dans l'organisme romain.

1. Serge Bonnet, *op. cit.*

Notre temps nous sépare de la vie spirituelle autant que de la nature : ce que dit une religion a pour lui aussi peu de sens que le murmure du vent dans les branches. L'ignorance est donc générale quant aux positions de l'Église catholique sur l'économie. Entre *l'image* que les Européens ont de cette Église, et le *contenu* de ce qu'elle dit, il y a un hiatus.

Dans le domaine écologique, c'est pire : ce qu'en dit l'Église est à peu près inconnu du public (et même d'une foule de catholiques[1]).

Même les spécialistes ne sont pas au courant. En janvier 2006, Jean-Marc Jancovici écrit sur son site[2] : « Comme bien d'autres personnes, je serais intéressé à connaître la position du pape sur le changement climatique ! » Ce point d'exclamation était un point d'ironie, suggérant que le pape ne parle jamais de ces questions. Or les papes en parlent, et depuis longtemps : encycliques, messages, discours adressés à des foules de gens ; ils abordent avec insistance le problème de la responsabilité humaine envers la nature et le climat. Mais tout se passe comme si un écran rendait leurs propos inaudibles.

D'où la surprise générale quand on découvrira que le Saint-Siège, depuis les dernières décennies du XXe siècle, tient un langage contestataire sur l'économie et l'écologie.

1. Jean-Paul II le radical

En 1979, un an et un mois après avoir été élu chef de l'Église catholique, le pape Wojtyla donne « à ceux qui s'occupent d'écologie » un « patron auprès de Dieu ». Ce

1. Voir dans ce chapitre, section 4.
2. www.manicore.com.

sera saint François d'Assise : le plus radical des écologistes, puisqu'il invitait l'humanité à se sentir la sœur du reste de la Création. François, déclare Jean-Paul II, est « un modèle d'homme qui a vénéré la nature comme un don merveilleux de Dieu à l'humanité ». Le pape souligne que le *Poverello* du XIIIe siècle « a pénétré profondément par son sentiment toutes les œuvres du Créateur, d'une façon particulière ». Tous solidaires, si chaque homme a la paix intérieure ! Le message de François appelle à rompre avec la violence et la possessivité, à changer de regard sur la nature, à ressentir avec elle une familiarité vitale, à déchiffrer le monde comme une parole divine. C'est la « célébration unitive de Dieu avec sa Création », diront les franciscains modernes. Autant dire : une révolution de l'attitude humaine. Le pape nous propose cette révolution de la façon la plus romaine et la plus solennelle : « Nous proclamons cela en prescrivant que la présente lettre soit religieusement gardée et qu'elle ait ses effets maintenant comme à l'avenir. Donné à Rome, près de Saint-Pierre, sous l'anneau du Pêcheur, le 29 novembre 1979. » Qui a demandé que François d'Assise devienne le patron des écologistes ? Une association écologique : « Environmental Planning & Ecological Institute for Quality of life ».

En 1982, pour le huitième centenaire de la naissance de François, Jean-Paul II développe l'idée :

> Ce sens de la fraternité universelle, il l'a étendu à toute créature, même inanimée : soleil, lune, eau, vent, terre, feu, qu'il appelait frères ou sœurs, et auxquels il témoignait une respectueuse affection… L'exemple de François dans ce domaine démontre encore ceci avec force : les créatures et les éléments

> ne seront protégés de toute violation injuste et nuisible que dans la mesure où, à la lumière de l'enseignement biblique sur la Création et la Rédemption, on les considèrera comme des êtres à l'égard desquels l'homme est lié par des devoirs sur lesquels il ne lui est pas permis d'agir à sa guise ; comme des créatures qui, avec lui, attendent et désirent « leur libération de l'esclavage de la corruption pour avoir part à la liberté glorieuse des enfants de Dieu[1] ».

Jean-Paul II, tout au long de son pontificat, mène un procès contre le système économique qui saccage la planète. Décernant par exemple (en octobre 1991) le prix « Saint François – Cantique des créatures » à la République du Costa-Rica[2] pour sa politique de protection des forêts et de la biodiversité[3], le pape souligne la portée radicale de l'écologie chrétienne. Le problème écologique est lié au problème « éthique et moral », dit-il. Aux yeux de Dieu, les biens de la Terre sont un patrimoine commun à toute l'humanité, or ils risquent de devenir « le monopole d'un petit nombre » :

> Ils sont alors utilisés au bénéfice exclusif de quelques-uns, qui souvent les détériorent et parfois les détruisent, portant ainsi dommage à l'humanité entière. Il faut freiner la course à l'usage égoïste des biens de la Terre. Il faut en empêcher l'altération et la destruction, parce que nous subissons tous les conséquences négatives de choix écologiques inconsidérés.

1. Saint Paul, Lettre aux Romains, 8, 21.
2. Voir aussi au chapitre V.
3. *« Costa-Rica, no artifical ingredient »* (campagne du tourisme costaricain).

La nature est révoltée par l'homme sans Dieu

En appelant « à suivre l'exemple » de François d'Assise, Jean-Paul II ne parle pas seulement aux paisibles Costaricains. Il sait que la « course à l'usage égoïste des biens de la terre » est une mécanique qui s'empare du monde. Nous sommes en 1991 : l'ère du néolibéralisme planétaire commence, et le pape voit que c'est un problème fondamental ; si la puissance économique ne comporte pas « dans son propre cadre » les « critères » qui lui permettraient de ménager les hommes et la nature, il faudra qu'on les lui impose de l'extérieur, en érigeant ces critères sur la scène publique.

C'est ce que Jean-Paul II indique en avril de cette même année 1991, dans son encyclique sociale *Centesimus annus,* qui contient une description sévère des effets humains et écologiques du système :

> À côté du problème de la consommation, la question de l'écologie, qui lui est étroitement connexe, inspire autant d'inquiétude. L'homme, saisi par le désir d'avoir et de jouir plus que par celui d'être et de croître, consomme d'une manière excessive et désordonnée les ressources de la Terre et sa vie même. À l'origine de la destruction insensée du milieu naturel, il y a une erreur anthropologique, malheureusement répandue à notre époque. L'homme, qui découvre sa capacité de transformer et en un sens de créer le monde par son travail, oublie que cela s'accomplit toujours à partir du premier don originel des choses fait par Dieu. Il croit pouvoir disposer arbitrairement de la Terre, en la soumettant sans mesure à sa volonté, comme si elle n'avait pas une forme et une destination antérieures que Dieu lui a données, que l'homme peut développer mais qu'il ne doit pas trahir. Au lieu de remplir son rôle de collaborateur de Dieu dans l'œuvre de la Création, l'homme

> se substitue à Dieu et, ainsi, finit par provoquer la révolte de la nature, plus tyrannisée que gouvernée par lui[1].

Jean-Paul II insiste : si l'économie devient un absolu, si la production et la consommation des marchandises « finissent par occuper le centre de la vie sociale et deviennent la seule valeur de la société », ce système détruit le milieu naturel, habitat « des différentes espèces animales » dont chacune « apporte sa contribution particulière à l'équilibre général de la Terre ». Il détruit aussi le milieu humain. Il faut donc que l'écologie physique se double d'une « écologie humaine », insiste Jean-Paul II. Non seulement l'homme doit user de la Terre « dans le respect de l'intention primitive » avec laquelle le Créateur la lui avait confiée, mais « l'homme, lui aussi, est donné par Dieu à lui-même et il doit donc respecter la structure naturelle et morale dont il a été doté »[2].

Comment appeler le système qui saccage la Terre ? Jean-Paul II s'est servi ailleurs du mot « matérialisme mercantile » ; il parle ici de « structures de péché ». Il appelle à « démanteler » ces structures et à « les remplacer par des formes authentiques de convivialité »[3]. « Démanteler des structures » ? C'est une directive politique ! On ne peut pas dire que le pape soit évasif. On ne peut pas dire non plus qu'il propage un « anthropocentrisme effréné », comme disent des groupes qui haïssent les gens plus qu'ils n'aiment la nature. Ces trois paragraphes de *Centesimus annus* se situent réellement dans la perspective de l'écologie. Karol Wojtyla est un « pape vert ».

---

1. *Centesimus annus*, § 37.
2. *Ibid.*, § 39.
3. *Ibid.*, § 38.

Cela ne veut pas dire que Rome a tardé à prendre conscience du problème écologique. Au contraire : elle n'a pas perdu de temps, si l'on se souvient que l'écologie politique n'apparaît qu'après 1970 ; que Paul VI en avait parlé[1] dès 1971 ; et que Jean-Paul II aborde la question dès le début de son pontificat ! Il va à l'essentiel : la place de l'homme dans l'univers. Et il critique le cœur idéologique du système de saccage, alors que les gouvernements européens, quand ils ouvriront le dossier écologique (après le Vatican), ne le feront qu'avec la crainte de déplaire aux multinationales.

Le capitalisme est l'inverse de la Genèse

Dans son encyclique sociale de 1987, *Sollicitudo rei socialis,* Jean-Paul II avait déjà pris de front la question écologique. Au paragraphe 34 (intitulé « Respecter le cosmos »), il formulait trois critiques contre « l'industrialisation désordonnée » :

> – *la biosphère est un ensemble* : « On ne peut impunément faire usage des diverses catégories d'êtres, vivants ou inanimés (animaux, plantes, éléments naturels) comme on le veut, en fonction de ses propres besoins économiques. Il faut au contraire tenir compte de la nature de chaque être et de ses liens mutuels dans un système ordonné, qui est le cosmos » ;
>
> – *les ressources naturelles sont limitées* : « Les utiliser comme si elles étaient inépuisables, avec une domination absolue, met sérieusement en danger leur disponibilité non

1. Lettre apostolique *Octogesima adveniens* : « l'homme en prend brusquement conscience : à travers une exploitation inconsidérée de la nature, il risque de la détruire et d'être à son tour victime de cette dégradation ».

seulement pour la génération présente mais surtout pour celles de l'avenir » ;

– *un « certain type de développement » menace la qualité de la vie* : « L'industrialisation a toujours plus fréquemment pour effet, direct ou indirect, la contamination de l'environnement, avec de graves conséquences pour la santé de la population. »

La domination accordée par le Créateur « n'est pas un pouvoir absolu », répétait le pape ; on n'a pas « la liberté d'user et d'abuser, ou de disposer des choses comme on l'entend ». Chose évidente pour qui connaît la Bible (même peu) : dans le récit du jardin d'Éden, l'interdiction de manger le fruit d'un certain arbre est le symbole de la limite du pouvoir de l'homme ; s'il la transgresse, il s'engage dans une voie qui ne conduit pas au bonheur.

En traitant l'homme comme un instrument de production, disait déjà Jean-Paul II en 1981 dans sa toute première encyclique, *Laborem exercens*[1], le XIXe siècle a institué « une inversion de l'ordre établi depuis le commencement par les paroles du livre de la Genèse ». C'est précisément cette inversion d'ordre qui mériterait le nom de « capitalisme », ajoutait le pape : « l'erreur du capitalisme primitif peut se répéter partout où l'homme est [...] traité de la même façon que l'ensemble des moyens matériels de production ». La « vérité chrétienne sur le travail », expliquait Jean-Paul II, ne peut que s'opposer aux divers courants de la pensée matérialiste et économiste »... L'erreur fondamentale de l'économisme était « de considérer le travail humain exclusivement sous le rapport de sa finalité économique » : ce matérialisme pratique a

1. § 7.

engendré tous les autres, et le productivisme marxiste, qui a déchaîné sur la planète les forces que l'on sait, est le rejeton du productivisme capitaliste[1].

Jean-Paul II soulignait aussi une différence de fond entre la pensée chrétienne et la théorie capitaliste libérale : « dans le programme du capitalisme pratiqué par le libéralisme », la propriété privée est « un dogme intangible de la vie économique ». Au contraire, « dans la tradition chrétienne », la propriété privée doit tenir compte des impératifs de la solidarité et du « droit de tous à utiliser les biens de la Création entière » : c'est le principe catholique de la « destination universelle des biens ». Ayant mis ce point en lumière, le pape évoquait plusieurs solutions : par exemple « la copropriété des moyens de travail », et « la participation des travailleurs à la gestion de l'entreprise »[2]. Devant des idées aussi naïves, les managers de sociétés transnationales avaient hoché la tête avec indifférence. « Ce Polonais vit au Moyen Âge », disait-on à Paris dans les déjeuners de patrons de presse.

Dix points-clés de l'écologie dans le discours de Jean-Paul II

Il fallait tenter de se faire entendre du public malgré l'écran des médias. Le 1er janvier 1990, dans son message pour la Journée mondiale de la paix, Jean-Paul II hausse la voix. Son discours s'intitule *La paix avec toute la Création* : autrement

1. § 13. Jean-Paul II l'indique : « avant le système philosophique matérialiste », c'est « l'économisme » qui a eu « une importance décisive » sur « la manière non-humaniste de poser le problème ». On se souvient que Marx reconnaissait sa filiation avec Adam Smith.

2. *Laborem exercens*, § 14.

dit la paix entre les hommes et la paix avec la nature. Le pape sonne le tocsin :

> Face à la dégradation générale de l'environnement, l'humanité se rend compte désormais que l'on ne peut continuer à utiliser les biens de la Terre comme par le passé. L'opinion publique et les responsables politiques en sont inquiets ; les savants dans les disciplines les plus diverses en étudient les causes. On assiste ainsi à la formation d'une conscience écologique qu'il ne faut pas freiner mais favoriser, en sorte qu'elle se développe et mûrisse en trouvant dans des programmes et des initiatives concrets l'expression qui convient.

Remontant à la Genèse, le pape résume la foi biblique : Dieu crée le monde « bon », il charge Adam et Ève de le gérer « avec sagesse et amour », et c'est leur rébellion qui détruit l'harmonie, instaurant « l'aliénation de l'homme par lui-même » et une « révolte de la Terre contre lui ». Le pape cite saint Paul[1] : « Toute la Création fut assujettie à la caducité et, depuis lors, elle attend mystérieusement sa libération pour entrer dans la liberté de la gloire des enfants de Dieu. » Dans la foi chrétienne, cette libération est apportée et garantie par la venue, la mort et la résurrection du Christ, qui « réconcilie tous les êtres pour lui »[2]. Au nom de cette promesse confirmée par l'Apocalypse (« un nouveau ciel et une nouvelle terre »), les croyants sont tenus de faire contrepoids, ici et maintenant, à ce qui menace les dons du Créateur. Car :

> [...] lorsqu'il s'écarte du dessein de Dieu créateur, l'homme provoque un désordre qui se répercute inévitablement sur le

1. Lettre aux Romains 8, 20-21
2. Lettre aux Colossiens 1, 19-20.

> reste de la Création ; si l'homme n'est pas en paix avec Dieu, la Terre elle-même n'est pas en paix.

Comme les baptistes écologistes de Waco au Texas[1], Jean-Paul II cite le prophète Osée (VIIIe siècle av. J.-C.) : « Voilà pourquoi le pays est en deuil et tous ses habitants dépérissent, jusqu'aux bêtes des champs et aux oiseaux du ciel, et même les poissons de la mer disparaîtront [...][2] » Aujourd'hui, dit-il, la crise morale de l'homme crée les structures économiques de surexploitation dont les ravages sont sous nos yeux :

> La destruction progressive de la couche d'ozone et l'effet de serre qu'elle provoque ont atteint désormais des dimensions critiques par suite du développement constant des industries, des grandes concentrations urbaines et de la consommation d'énergie. Les déchets industriels, les gaz produits par la combustion des carburants fossiles, la déforestation incontrôlée, l'usage de certains types de désherbants, de produits réfrigérants et de combustibles de propulsion, tout cela, on le sait, nuit à l'atmosphère et à l'environnement. Il en résulte de multiples altérations météorologiques et atmosphériques dont les effets vont des atteintes à la santé jusqu'à l'immersion possible, dans l'avenir, des terres basses...

Le pape signale la complexité du problème écologique, mais il en identifie les causes :

> Les intérêts économiques l'emportent sur le bien des personnes, sinon même sur celui de populations entières. Dans ces cas, la pollution ou la destruction de l'environnement sont le résultat d'une vision réductrice et antinaturelle qui dénote

1. Voir au chapitre V, section 2.
2. Osée 4, 3.

parfois un véritable mépris de l'homme [...]. Il n'est pas juste qu'un petit nombre de privilégiés continuent à accumuler des biens superflus en dilapidant les ressources disponibles, alors que des multitudes de personnes vivent dans des conditions de misère [...]. C'est maintenant l'ampleur dramatique du désordre écologique qui nous enseigne à quel point la cupidité et l'égoïsme, individuels et collectifs, sont contraires à l'ordre de la Création, dans lequel est inscrite également l'interdépendance mutuelle. »

Dans ce discours de Jean-Paul II, on trouve dix notions écologiques fondamentales[1] :

– une vision du cosmos « pourvu d'une intégrité propre et d'un équilibre interne dynamique »,

– l'interdépendance de tout ce qui vit sur la Terre,

– la nécessaire sobriété de la démarche humaine envers la biosphère (« explorer », « découvrir avec une grande prudence », « en faire usage en sauvegardant son intégrité »),

– le rôle néfaste du pouvoir économique détruisant « des équilibres écologiques délicats »,

– le scandale de l'accaparement des ressources par un très petit nombre,

– le principe de précaution, notamment face aux OGM[2],

– l'urgence d'un « système de gestion des ressources de la Terre mieux coordonné sur le plan international »,

– le devoir pour chaque État « de prévenir la dégradation de l'atmosphère et de la biosphère » sur son territoire,

---

1. § 7 et 8.

2. « On n'est peut-être pas encore en mesure d'évaluer les troubles provoqués dans la nature par des manipulations génétiques menées sans discernement et par le développement inconsidéré d'espèces nouvelles de plantes et de nouvelles formes de vie animale » (§ 7).

– dans les pays du Sud, le lien entre pauvreté et déforestation : « On ne parviendra pas à un juste équilibre écologique si l'on ne s'attaque pas directement aux formes structurelles de la pauvreté existant dans le monde »[1],

– et le lien entre le poids de la dette sur les pays pauvres et leurs politiques de production anti-écologiques : donc la nécessité de « réformes courageuses des structures », de « nouveaux modèles de rapports entre les États et les peuples », etc.[2]

La vision écologique se retrouve dans les pistes de solutions. Le pape critique avec force la mentalité hédoniste-consumériste, « indifférente aux dommages ». Il appelle les peuples riches à « l'austérité, la tempérance et l'esprit de sacrifice » dans « la vie de chaque jour » (ce qui suffirait – mais les blogs n'existent pas encore en 1990 – à faire traiter Wojtyla de « Khmer vert » par les sites néoconservateurs). En effet, dit-il, « la société actuelle ne trouvera pas de solution au problème écologique si elle ne révise pas sérieusement son style de vie, [...] afin que tous ne soient pas contraints de subir les conséquences négatives de l'incurie d'un petit nombre ».

Pour qualifier cette révolution du mode de vie, Jean-Paul II emploie l'un des mots les plus forts du vocabulaire spirituel : il faut, dit-il, une « *conversion* authentique dans la façon de penser et dans le comportement ». Il demande une « éducation à la responsabilité écologique » : « responsabilité à l'égard

1. § 11.

2. « Certains pays fortement endettés sont en train de détruire leur patrimoine naturel, entraînant d'irrémédiables déséquilibres écologiques, afin d'obtenir de nouveaux produits d'importation » *(ibid.)*.

des autres, responsabilité à l'égard de l'environnement». Il souligne que les populations des pays riches ont à donner l'exemple : pas d'échappatoire devant «la nécessité absolue de la solidarité nouvelle appelée par la crise écologique»[1]... «Le problème écologique a pris aujourd'hui de telles dimensions qu'il engage la responsabilité de tous[2].»

En 1995, à nouveau, l'encyclique *Evangelium vitae* ancre la vision écologique dans la Genèse :

> Appelé à cultiver et à garder le jardin du monde, l'homme a une responsabilité propre à l'égard du milieu de vie, c'est-à-dire de la Création que Dieu a placée au service de la dignité personnelle de l'homme, de sa vie, et cela, non seulement pour le présent, mais aussi pour les générations futures. *C'est la question de l'écologie* [3] – depuis la préservation des habitats naturels des différentes espèces d'animaux et des diverses formes de vie jusqu'à l'écologie humaine proprement dite – qui trouve dans cette page biblique une claire et forte inspiration éthique pour que les solutions soient respectueuses de la vie, toute vie.

Un pape vert en toutes saisons

Jusqu'à la dernière saison de son pontificat, Jean-Paul II ne cessera de cultiver l'idée écologique, et d'appeler les chrétiens à s'engager dans ce domaine. Il parlera d'écologie chrétienne sur tous les tons.

1. § 7.
2. § 8.
3. Les italiques sont ici de Jean-Paul II lui-même.

Concret :

Œuvrez de façon à résister aux tentations d'une productivité et d'un gain qui vont au détriment du respect de la nature. La terre a été confiée par Dieu à l'homme pour la cultiver et la garder : si l'on oublie ce principe en devenant les tyrans et non pas les gardiens de la nature, celle-ci se rebellera tôt ou tard ! [*au Jubilé des agriculteurs, 2000*]

Un certain tourisme sauvage a contribué, et contribue encore, à un tel massacre, notamment à cause des installations touristiques construites sans un plan d'organisation qui respecte l'environnement ! [*à la 23e Journée mondiale du tourisme, septembre 2002*]

Méditatif :

De nombreuses personnes se préoccupent de retrouver la dimension spirituelle du rapport avec la Création, grâce à la redécouverte du devoir confié à l'origine par Dieu à l'humanité. [...] L'« écologie intérieure » favorise en effet l'« écologie extérieure » avec des conséquences positives immédiates, non seulement en ce qui concerne la lutte contre la pauvreté et la faim des autres, mais également la santé et le bien-être personnels. [*idem*]

Social :

Votre contribution particulière à la société repose sur votre conscience vive et profonde que la Terre est un *don* de Dieu, un don qu'Il a fait à tous les hommes qu'Il désire voir réunis pour former une seule famille et se traiter les uns les autres comme frères et sœurs[1]. Ce don n'est-il pas souligné dans le premier

1. Vatican II, *Gaudium et spes*, § 24.

chapitre de la Genèse ? [...] Qu'en résulte-t-il ? *Qu'il n'est pas selon la volonté de Dieu, il n'est pas selon son plan*, que ce don soit employé de telle façon que ses bénéfices aillent *au profit de quelques personnes*, pendant que d'autres, la grande majorité, en sont exclus. Et quand cette grande majorité est effectivement exclue du partage des bénéfices de la terre, et donc condamnée à un état d'inanition, de pauvreté et de vie à la limite de la suffisance, la chose est extrêmement grave. La terre ne sert pas alors à la dignité de la personne humaine, cette personne appelée à la plénitude de vie en Jésus-Christ. [*aux travailleurs de la terre, Philippines, 22 février 1981*]

Eschatologique :

Ce sont de nouveaux cieux et une terre nouvelle que nous attendons » (2ᵉ épître de Pierre 3, 13). Face à l'exploitation inconsidérée de la Création, fruit de l'insensibilité de l'homme, la société actuelle ne trouvera pas de solution adaptée, si elle ne revoit pas sérieusement son mode de vie, en parvenant à en établir les bases sur des points solides de référence et d'inspiration : la conscience claire de la Création comme œuvre de la sagesse providentielle de Dieu, et la conscience de la dignité et de la responsabilité de l'homme dans le dessein de la Création. [*au congrès « Environnement et Santé », mars 1997*]

Cosmique :

Le fidèle est comme « le berger de l'être », celui qui conduit tous les êtres à Dieu, les invitant à entonner un *alleluia* de louanges. Le psaume 148 nous introduit comme dans un temple cosmique qui a le ciel pour abside, les régions du monde pour nefs, et à l'intérieur duquel le chœur des créatures élève un chant vers Dieu [...].

Ce propos grandiose est tenu à l'audience générale du 17 janvier 2001. Devant la foule réunie dans le vaste auditorium, le pape enfonce le clou une fois de plus :

> Si le regard parcourt les régions de notre planète, il s'aperçoit que l'humanité a déçu l'attente divine. À notre époque, en particulier, l'homme a détruit sans hésitation des plaines et des vallées boisées, il a pollué les eaux, défiguré l'environnement de la planète, rendu l'air irrespirable, bouleversé les systèmes hydro-géologiques et atmosphériques, désertifié les espaces verdoyants, accompli des formes d'industrialisation sauvage, en humiliant – pour utiliser une image de Dante Alighieri[1] – ce « parterre » qui est la Terre, notre demeure.
>
> C'est pourquoi il faut encourager et soutenir la « conversion écologique », qui, au cours de ces dernières décennies, a rendu l'humanité plus sensible à l'égard de la catastrophe vers laquelle elle s'acheminait. L'homme n'est plus le « ministre » du Créateur. En despote autonome, il est en train de comprendre qu'il doit finalement s'arrêter devant le gouffre. *« Il faut saluer positivement l'attention grandissante à la qualité de la vie, à l'écologie*[2]*…* » Ce qui est en jeu n'est donc pas seulement une écologie « physique », attentive à sauvegarder l'habitat des divers êtres vivants, mais également une écologie « humaine » qui rende digne l'existence des créatures, en protégeant le bien primordial de la vie dans toutes ses manifestations, en préparant aux futures générations un environnement qui se rapproche davantage du dessein du Créateur… Et en cherchant à faire en sorte que les biens de la Terre soient disponibles pour tous et pas seulement pour certains privilégiés, précisément comme le suggérait le Jubilé biblique[3].

1. *Paradis,* XXII, 151.
2. Jean-Paul II cite son encyclique *Evangelium vitae,* § 27.
3. Lévitique 25, 8-13.23.

Jean-Paul II est alors malade depuis neuf ans. Il souffre. Il parle de plus en plus difficilement. Mais son énergie argumentaire ne faiblit pas : il fera entendre son message jusqu'à l'extrême limite de ses forces ; et son successeur (« le » cardinal, comme il l'appelait) va prendre le relais.

2. Benoît XVI crée la surprise

Comme les écologistes radicaux, l'Église romaine voit un lien entre l'environnement, le social, l'économique et le politique.

Le lien est de cause à effet. Il appelle des analyses, un réquisitoire, des solutions ; c'est en cela que la démarche est « radicale » : allant à la racine. Lancé à l'occasion d'une Journée mondiale de la *paix* (non d'une journée de la nature), le message de Jean-Paul II en 1990 disait : la paix est l'objectif, mais sa route est coupée par des crises et l'une des pires est la crise de l'environnement ; celle-ci a des causes économiques, dont la racine est morale et spirituelle. Les papes veulent agir sur cette racine. Cela fait partie de leur mission. C'en est même l'un des domaines principaux, dans les conditions actuelles.

En 2005, le conclave – cellule-mère de la papauté, organe régulateur de la planète catholique – élit Benoît XVI. Il s'agit maintenant d'aider l'arbre catholique à réagir au climat social et moral du nouveau siècle.

La gratitude envers la Création fait partie de l'univers spirituel de Josef Ratzinger. En 1957, à l'âge de trente ans, il a consacré une thèse universitaire à saint Bonaventure[1], le

1. *La philosophie de l'histoire de saint Bonaventure*, PUF, 1988.

« docteur séraphique ». Cet intellectuel du Moyen Âge était un franciscain qui plaçait le Christ au cœur du monde : pour lui, soulignent les franciscains d'aujourd'hui, « l'homme et la nature faisaient partie d'un même projet théologique, cosmologique et herméneutique[1] ». Dans une méditation sur les sept jours de la Genèse, Bonaventure écrivait[2] au sujet du monde :

> Celui que tant de splendeurs créées n'illuminent pas est un aveugle. Celui que tant de cris ne réveillent pas est un sourd. Celui que toutes ces œuvres ne poussent pas à louer Dieu est un muet. Celui que tant de signes ne forcent pas à reconnaître le Premier Principe est un sot. Ouvre donc les yeux, prête l'oreille de ton âme, délie tes lèvres, applique ton cœur : ainsi toutes les créatures te feront voir, entendre, louer, aimer, servir, glorifier et adorer ton Dieu. Sans quoi prends garde que l'univers tout entier ne se dresse contre toi. Car pour cela « le monde entier accablera un jour les insensés[3] ! », tandis que ce sera un sujet de glorification pour ceux qui comprennent et qui peuvent dire avec le prophète : « Tu m'as rempli de joie, Seigneur, par ta Création ; je jubilerai à cause des ouvrages de tes mains ! Quelle magnificence dans tes œuvres, Seigneur ! Tu as tout fait avec sagesse, la Terre est remplie de tes dons[4] ! ».

« La louange bonaventurienne de Dieu vit totalement de la piété des psaumes », commente le jeune Ratzinger. On a donc tort de dire que la théologie catholique vient des Grecs et qu'elle oublie la vision biblique du monde (reproche martelé

1. L'interprétation (notamment de l'Écriture).
2. *Itinéraire de l'âme vers Dieu*, Vrin, 2001.
3. Sagesse 5, 21.
4. Psaumes 91, 5 et 103, 24.

par des professeurs des années 1920[1] qui allaient en persuader les milieux chrétiens d'Europe).

En 1986, un livre de Ratzinger – devenu cardinal – s'intitule *Au commencement, Dieu créa le ciel et la terre*[2]. Il y montre que le christianisme ne serait plus lui-même sans la foi en la Création, et pourquoi, devant la Création, l'idée de l'autolimitation humaine (le « repos », le sabbat, le dimanche) fait partie de l'essence même de la foi.

En 1997, le cardinal parle de l'écologie comme d'un thème « qui court toute la planète »[3] : « Elle est née de la conscience que nous ne pouvons pas procéder avec la Terre comme nous le faisons. Il en a presque résulté une honte d'appartenir à cette humanité qui épuise la Création, et l'on en vient à se demander : qu'est-ce que l'homme en fait, ne doit-il pas reprendre sa place parmi les autres êtres vivants… »

Il existe donc une écologie persuadée que la Création est elle-même le Créateur, et propageant une vision « antichrétienne ». Mais cet écologisme qui n'aime pas Dieu, n'aime pas non plus l'homme.

Et Ratzinger souligne que l'écologie ne se réduit pas à cela, au contraire : « On peut pratiquer l'écologie chrétiennement, à partir de la foi en la Création, qui pose les limites de l'arbitraire humain et indique les dimensions de la liberté […]. »

L'homme reprend alors sa place au centre de la Création : parce que c'est la place du Christ, Fils de Dieu et Fils de

1. Cette critique naquit chez les universitaires allemands. Elle imprègne aujourd'hui une partie du public, alors qu'elle est abandonnée par les chercheurs.
2. Voir ici au chapitre premier.
3. *Le sel de la terre*, entretiens avec le journaliste Peter Seewald, Flammarion/Cerf, 1997.

l'homme. Ainsi la foi chrétienne réalise la foi biblique de la Genèse.

Peu avant d'être élu pape, le cardinal revient sur le sujet :

> Les catastrophes écologiques pourraient être autant d'avertissements pour nous montrer où la science n'est plus service de la vérité, mais devient destruction du monde et de l'homme. L'aptitude à entendre de tels avertissements, la volonté de se laisser purifier par la vérité, doivent être de tout instant[1].

Près de cinquante ans après sa thèse sur saint Bonaventure, Josef Ratzinger devenu pape appellera les Terriens – et les chrétiens au premier rang – à se réveiller pour que « l'univers tout entier » ne se dresse pas contre eux.

Ratzinger parle comme Blue Planet

À la Pentecôte 2006, Benoît XVI appelle les catholiques du monde à protéger la Création contre « l'exploitation égoïste » : « Qui, en tant que chrétien, croit dans l'Esprit Créateur, prend conscience du fait que nous ne pouvons pas user et abuser du monde et de la matière comme d'un simple matériel de notre "faire" ou de notre "vouloir" ; que nous devons considérer la Création comme un don qui nous a été confié, non pour la destruction, mais pour qu'elle devienne le jardin de Dieu, et ainsi un jardin de l'homme ! »

Le 6 novembre 2006, Benoît XVI s'adresse à quatre-vingt scientifiques de tous bords dont une trentaine de Nobel[2]. Il

1. *Foi, vérité, tolérance*, Parole et silence, 2005.
2. Discours aux participants à l'assemblée plénière de l'Académie pontificale des sciences.

leur rappelle leurs responsabilités, mais aussi les limites de la démarche scientifique :

> La science ne peut pas remplacer la philosophie et la révélation en répondant de manière exhaustive aux questions les plus radicales de l'homme : des questions sur la signification de la vie et de la mort, sur les valeurs dernières, et sur la nature même du progrès.

Il ajoute :

> Je pense aux menaces incessantes contre l'environnement, qui frappent des populations entières, et au besoin urgent de découvrir des sources énergétiques alternatives, sûres, accessibles à tous. Les scientifiques trouveront le soutien de l'Église dans leurs efforts pour affronter de telles questions, car l'Église a reçu de son divin Fondateur la tâche de guider la conscience des personnes vers le bien, la solidarité et la paix. C'est précisément pour cette raison qu'elle considère comme de son devoir d'insister sur le fait que la capacité de la science à prévoir et à contrôler ne soit jamais utilisée contre la vie humaine et sa dignité, mais qu'elle soit toujours mise au service de la génération présente et des générations futures.

La science ne peut prétendre « fournir une représentation complète, déterministe, de notre avenir et du développement de chaque phénomène qu'elle étudie », a dit le pape aux scientifiques.

Mais cette « prétention » est justement ce que le système économique attend de la science (ou plutôt des techniques) !

Se creuse alors le fossé qui sépare deux visions du christianisme : celle des néoconservateurs américains, avec leur étrange façon de vouloir faire marcher les « valeurs religieuses » derrière le bulldozer des intérêts économiques ; et la vision de Rome, qui conteste l'économisme, et qui fait des propositions révolutionnaires au nom de la tradition chrétienne.

Six jours plus tard, à l'Angelus du 12 novembre 2006 sur la place Saint-Pierre, Benoît XVI appelle carrément à tout changer, le système mondial et notre propre style de vie :

> Nous célébrons aujourd'hui en Italie la Journée annuelle de l'action de grâce, qui a pour thème : « La Terre, un don pour toute la famille humaine ». [...] Nous devrions nous habituer à bénir le Créateur pour toute chose *: pour l'air et l'eau,* éléments précieux qui sont le fondement de la vie sur notre planète ; ainsi que *pour les aliments* que Dieu, à travers la fécondité de la terre, nous offre pour notre survie. Jésus a enseigné à ses disciples à prier, en demandant au Père céleste non pas « mon », mais « notre » pain quotidien. Il a voulu ainsi *que chaque homme se sente coresponsable de ses frères,* afin que ne manque à personne le nécessaire pour vivre. *Les produits de la terre sont un don destiné par Dieu « à toute la famille humaine ».*
>
> [...] Le dernier rapport annuel de la FAO a confirmé ce que l'Église sait très bien grâce à l'expérience directe des communautés et des missionnaires : plus de 800 millions de personnes vivent dans un état de sous-alimentation, et trop de personnes, en particulier les enfants, meurent de faim. Comment faire face à cette situation qui, bien que dénoncée à plusieurs reprises, ne semble pas se résoudre, mais plutôt, par certains côtés, est en train de s'aggraver ? *Il faut certainement éliminer les causes structurelles liées au système de gouvernement de l'économie mondiale, qui destine la majorité des ressources de la planète à une minorité de la population !* Cette injustice a été dénoncée en diverses occasions par mes vénérés prédécesseurs, les

> Serviteurs de Dieu Paul VI et Jean-Paul II. Pour avoir un effet à grande échelle, *il est nécessaire de « convertir » le modèle de développement mondial* ; c'est ce qu'exigent désormais non seulement *le scandale de la faim,* mais également *les urgences liées à l'environnement et à l'énergie.* Toutefois, *toute personne* et toute famille peut et doit faire quelque chose pour soulager la faim dans le monde *en adoptant un style de vie et de consommation compatible avec la sauvegarde de la Création et avec les critères de justice envers ceux qui cultivent la terre dans tous les pays*[1].

Ces paroles de Benoît XVI sont acclamées par vingt mille pèlerins. Les médias n'en diront rien. Peut-être n'ont-ils pas été informés ? Peut-être le sujet de ce discours les décevait-il ? Les (rares) correspondants romains de la presse européenne espèrent toujours que le pape va parler de sexe, question censée polariser le catholicisme ; un appel à bousculer « le système de gouvernement de l'économie mondiale » avait peu de chances de capter leur attention.

Quant à la dernière phrase de l'Angelus du pape, elle leur aurait paru incompréhensible : « Que la Vierge Marie nous aide à promouvoir en toute partie du globe la justice et la solidarité ! »

Venant d'un homme classé par les médias – au choix – comme : a) « conservateur », b) « très conservateur » c) « ultra-conservateur »[2], cet appel à un social altermondialiste était trop inattendu pour qu'on en parlât.

1. Les italiques sont de nous.
2. À cause de « ses positions sur les questions de mœurs » (sujet dont pourtant Benoît XVI parle peu, et sur lequel il dit la même chose que ses prédécesseurs Jean-Paul II et Paul VI).

Le 1er janvier 2007, dans son message pour la Journée de la paix, Benoît XVI accuse « une conception inhumaine du développement » :

> Cela implique pour l'humanité, si la paix lui tient à cœur, d'avoir toujours plus présents à l'esprit les liens qui existent entre l'écologie *naturelle* [...] et l'écologie *humaine*. L'expérience montre que toute attitude irrespectueuse envers l'environnement porte préjudice à la convivialité humaine, et inversement. Un lien indissoluble apparaît toujours plus clairement entre la paix avec la Création et la paix entre les hommes. L'une et l'autre présupposent la paix avec Dieu. La poésie-prière de saint François, connue aussi comme le *Cantique de Frère Soleil*, constitue un exemple admirable – toujours actuel – de cette écologie multiforme de la paix...
>
> Le problème, chaque jour plus grave, des approvisionnements énergétiques nous aide à comprendre combien est étroit le lien entre ces deux écologies. Au cours des dernières années, de nouvelles nations se sont engagées avec dynamisme dans la production industrielle, faisant croître les besoins en énergie. Cela est en train de provoquer une course aux ressources disponibles sans précédent. En même temps, dans certaines régions de la planète, il existe encore des situations de grand retard, où le développement est pratiquement bloqué, notamment en raison de la hausse des prix de l'énergie. Que deviendront les populations de ces régions ? Quelle sorte de développement ou de non-développement leur sera imposée par la raréfaction des approvisionnements énergétiques ? Quelles injustices et quelles oppositions provoquera la course aux sources d'énergie ? Et comment réagiront les exclus de cette course ? Ce sont des questions qui mettent en évidence que le respect de la nature est étroitement lié à la nécessité de tisser entre les hommes et entre les nations des relations dans lesquelles on porte attention à la dignité des

personnes et qui puissent satisfaire leurs besoins authentiques. La destruction de l'environnement, son usage impropre ou égoïste et la mainmise violente sur les ressources de la Terre engendrent des déchirures, des conflits et des guerres, justement parce qu'ils sont le fruit d'une conception inhumaine du développement.

Le 23 mars 2007, au congrès de la FAO (organisation des Nations-Unies pour l'alimentation et l'agriculture), une lettre de Benoît XVI est lue à la tribune par l'observateur permanent du Saint-Siège. Le pape déclare – en pur style écologique – que le libre accès à l'eau pour tous, et surtout les peuples pauvres, est « un droit inaliénable de tout être humain ». L'eau est un « bien commun de la famille humaine ». Y avoir accès garantit « la viabilité de la planète pour la génération présente comme pour les générations futures ». Pour cette raison, précise Benoît XVI, « [...] l'eau ne peut pas être traitée comme une simple marchandise parmi tant d'autres et son usage doit être rationnel et solidaire ».

L'eau devrait échapper à la privatisation et au marché ? Oui : c'est ce que dit le pape. Et l'idée d'un usage « rationnel et solidaire » a une résonance encore moins libérale ; Benoît XVI le confirme sur le plan théorique, en disant que la communauté internationale doit déterminer des « voies efficaces » pour rendre effectif ce droit humain qui ne peut être laissé à la discrétion du marché :

> Le droit à l'eau, comme tous les droits de l'homme, se base sur la dignité humaine et non sur des évaluations de type purement quantitatif, qui ne considèrent l'eau que comme un bien économique.

La mise sur pied de « voies efficaces » doit se faire, dit-il, selon trois principes :

– la *subsidiarité,* c'est-à-dire « la participation de tous, impliquant non seulement le secteur privé mais aussi et avant tout les communautés locales » ;

– la *solidarité* internationale, « qui exige une attention prioritaire envers les pauvres » ;

– et la *responsabilité* à l'égard des générations présentes et futures, « qui implique la nécessité de réexaminer les modèles de consommation et de production souvent non durables quant à l'utilisation des ressources hydriques ».

C'est le langage des écologistes défenseurs de l'eau douce ! Par exemple la fondatrice du mouvement Blue Planet Project, Maude Barlow, qui exprimait la même chose que Benoît XVI dans son livre *L'Or bleu*[1]. Évoquant la lutte de la tribu Plachimada en Inde contre le pillage de son eau par une industrie d'embouteillement, ou la lutte des gens d'El Alto en Bolivie contre le détournement des eaux de montagne par une multinationale, ou la lutte des habitants de Cochabamba contre une autre multinationale[2], elle définissait « quatre principes fondamentaux » :

> – Le bien commun : l'eau est un bien commun à toutes les espèces vivant sur Terre,
>
> – la justice : l'eau est un droit fondamental et doit être équitablement distribuée dans le cadre d'un service public,
>
> – la gestion : l'eau doit être conservée et préservée plutôt que gaspillée et polluée,

1. Avec Tony Clarke, Fayard, 2002.
2. Voir au chapitre VI.

– la démocratie : les décisions sur l'eau doivent impliquer la communauté locale et non le monde des affaires, ni la technologie coûteuse, ni le gouvernement tout seul[1].

Pour comprendre ce que veulent dire le pape et les écologistes radicaux quand ils parlent d'eau, il suffit de consulter le tableau de la consommation annuelle par habitant dans chaque pays[2]. En tête : les États-Unis (2 483 litres d'eau par habitant). En queue : des pays comme la Chine (702 litres). Il y a un malaise. Benoît XVI, dans son message à la FAO, propose d'y mettre fin :

> C'est là une responsabilité qui doit être partagée par tous, et élevée au rang d'impératif moral et politique, dans un monde qui dispose de niveaux de connaissances et de technologies capables de mettre fin aux situations de pénurie d'eau et à leurs conséquences dramatiques.

Pour la Journée de l'environnement organisée par l'Église italienne le 1er septembre 2007, *L'Osservatore Romano*[3] présente le combat écologique de Benoît XVI comme crucial : « Le pape ne s'est pas improvisé écologiste », souligne le quotidien du Vatican. Pour lui, écrit-il, « la dégradation de l'environnement rend l'existence particulièrement insoutenable aux pauvres de la Terre » : « il y a un « axe du mal[4] » qui représente réellement une menace globale, plus que le terrorisme et les « États-voyous » qui le soutiennent. C'est un axe vraiment sans frontières qui traverse la planète du Sud au Nord,

1. *L'Écologiste*, juillet 2006.
2. www.waterfootprint.org/Reports/Hoekstra_and_Chapagain_2007.pdf
3. 30 août 2007.
4. *L'Osservatore Romano* retourne ironiquement cette expression bushienne.

de l'Est à l'Ouest : c'est le lien toujours plus solide entre pauvreté et dégradation de l'environnement, qui risque de devenir incontrôlable et impossible à arrêter. L'enjeu, ce sont la survie de millions de personnes dans l'immédiat, et la survie de la Terre elle-même dans un avenir qui apparaît toujours moins lointain ! »

La cible des constatations du pape (dit *L'Osservatore Romano*), ce sont « les sociétés industrialisées incapables de styles de vie respectueux de l'environnement », et les gouvernements des pays riches « qui ne réussissent pas à insérer dans leurs vraies priorités la sauvegarde du territoire et de ses ressources »...

À la fin de l'été 2007, la presse italienne relate avec étonnement que, depuis l'élection de Benoît XVI, la Cité du Vatican se met aux normes écologiques : elle va installer en 2008 des panneaux de cellules photovoltaïques sur le toit de son principal auditorium, pour fabriquer de l'électricité avec le soleil romain. Et pour compenser ses émissions de dioxyde de carbone, elle va planter une « forêt climatique » de plusieurs centaines d'hectares dans le parc national du Bück (au nord-est de la Hongrie). Certes le Vatican pollue peu : quarante-quatre hectares, moins de mille habitants et pas d'usine ; la mesure n'était pas indispensable. Mais le symbole est là. Organe de la planète catholique, le Saint-Siège devient le premier État climatiquement neutre.

Du recyclable-biodégradable pour 500 000 jeunes catholiques

Le 2 septembre 2007, c'est le rassemblement des jeunes catholiques italiens au sanctuaire de Lorette dans le centre de l'Italie : une répétition générale des Journées mondiales de la jeunesse qui doivent se tenir à Sydney (Australie) en juillet 2008. Cinq cent mille étudiants et lycéens sont venus rencontrer le pape. À leur arrivée sur les lieux de bivouac, chacun d'eux a reçu des assiettes biodégradables et des sacs en papier reyclé. Devant cette mer humaine massée sur l'esplanade de Montorso, Benoît XVI, de sa voix fluette, invite les jeunes au courage et à la confiance – et leur lance un appel à protéger la Création de Dieu. La planète, dit-il, est menacée d'un déclin irréversible si rien n'est fait pour l'environnement. De quoi faut-il sauver notre Terre ? D'une forme de développement qui ignore le « délicat équilibre de la nature » :

> L'un des domaines dans lequel il apparaît urgent d'œuvrer, est sans aucun doute la protection de la Création. L'avenir de la planète [...] est confié aux nouvelles générations. *Avant qu'il ne soit trop tard, il faut faire des choix courageux,* qui sachent recréer une solide alliance entre l'homme et la Terre. Un *oui* ferme est nécessaire pour la protection de la Création, ainsi qu'un engagement puissant pour inverser les tendances qui risquent de conduire à des situations de dégradation irréversible. C'est pourquoi j'ai apprécié l'initiative de l'Église italienne de promouvoir la sensibilité sur les problématiques de la protection de la Création, en instituant une Journée nationale, qui tombe précisément le 1er septembre. Cette année, l'attention se porte en particulier sur l'eau : un bien précieux qui, s'il n'est pas partagé de façon équitable et pacifique, deviendra malheureusement un motif de graves tensions et d'âpres conflits [...].

Allez contre le vent, dit Benoît XVI aux jeunes, résistez à la course à la consommation. Les mots dont il se sert sont une synthèse de l'écologie humaine, version chrétienne : « Soyez vigilants ! Soyez critiques ! N'ayez pas peur, chers amis, de suivre le chemin de traverse du véritable amour : un mode de vie sobre et solide, avec [...] un profond intérêt pour le bien commun ! »

Une semaine après, le 9 septembre 2007, Benoît XVI est en Autriche ; il prononce dans la cathédrale de Vienne une homélie où il désigne « les interventions humaines » comme la cause des dangers menaçant la Création.

Le thème écologique est donc récurrent dans les discours du pape Ratzinger. Cet homme ne parle qu'avec la plus grande précision ; ses paroles impliquent toujours un travail collectif dans l'Église. Les choses devraient donc se clarifier, jusque dans les esprits des fidèles les plus rétifs au souci de l'environnement. Dire (comme la droite américaine) que l'homme ne *peut pas* être responsable de dégâts, nier le rôle de la course au profit dans le saccage de la planète, revient à donner tort au pape. Cette perspective devrait troubler des « papistes »...

D'autant que les explications de ce pape apportent des éclairages auxquels la société libérale de la fin du XXe siècle n'était guère habituée. Par exemple sur la tradition chrétienne du repos du dimanche (que les ultralibéraux veulent éradiquer au nom de la liberté du commerce) : Benoît XVI lui donne ses dimensions profondes[1] en remontant jusqu'à la Genèse et en redescendant jusqu'aux combats d'aujourd'hui, écologie comprise. S'il faut retrouver, dit-il, le sens du dimanche en ce temps où (« à cause de nos interventions humaines ») la Création court « de multiples dangers », c'est parce

1. Dans l'homélie de Vienne.

que le septième jour commémore tout simplement « la Création du monde par Dieu ». La Création du monde : l'homme et la nature. L'homme intronisé *responsable* de la nature…

Le dimanche 16 septembre 2007, à Castel Gandolfo, Benoît XVI revient à la charge. C'est le vingtième anniversaire du Protocole de Montréal contre les chlorofluocarbures. Le protocole a produit de bons effets sur la couche d'ozone. Le pape se félicite de cet accord « sur les substances qui provoquent des dommages à l'homme et à l'écosystème » : « En vingt ans, grâce à une collaboration exemplaire de la communauté internationale dans les domaines politiques, scientifiques et économiques, d'importants résultats ont été obtenus, positifs pour les générations actuelles et futures. […] Au nom de tous les humains, j'espère que cette coopération s'intensifiera de telle sorte que l'intérêt général, le développement et la sauvegarde de la Création soient promus et renforcent l'alliance entre l'homme et l'environnement ! »

« Que se fortifie l'alliance entre l'humanité et la nature, qui doit être le miroir de l'amour créateur de Dieu, de qui nous venons et vers qui nous allons », conclut-il.

Le dimanche suivant, 23 septembre 2007, il commente la parabole de l'intendant malhonnête[1] (un passage de l'Évangile dont la signification a semblé problématique à des générations de paroissiens). Occasion pour lui de franchir un pas dans sa critique de la machinerie capitaliste : « L'urgence de la faim et l'urgence écologique dénoncent, avec une évidence croissante, que la logique du profit augmente la disproportion entre riches et pauvres et la ruineuse exploitation de la planète ! Lorsque, au

1. Luc 16, 1-13.

contraire, prévaut la logique du partage, et de la solidarité, il est possible de corriger la route et de l'orienter vers un développement équitable et durable. »

Quel rapport avec l'intendant de la parabole ? Ceci, dit Benoît XVI : « Le Christ enseigne à ses disciples la meilleure façon d'utiliser l'argent et les richesses matérielles : les partager avec les pauvres en vue du royaume des cieux... »

Le pape appelle donc à ce qu'il nomme une « conversion » des biens économiques : « Au lieu de les utiliser seulement pour l'intérêt personnel, il convient de penser aux besoins des pauvres, en imitant le Christ lui-même. [...] À l'échelle mondiale, deux logiques économiques s'affrontent : la logique du profit et celle de la distribution équitable des biens. L'enseignement social catholique a toujours soutenu que la distribution des biens est prioritaire ! »

Moyennant quoi Benoît XVI cite l'encyclique de Jean-Paul II *Centesimus annus,* soulignant que le capitalisme ne doit pas être considéré comme l'unique modèle valide d'organisation économique : « L'urgence de la faim et l'urgence écologique dénoncent avec une évidence croissante la logique du profit qui, lorsqu'elle prévaut, augmente la disproportion entre riches et pauvres, et la ruineuse exploitation de la planète ! »

Et il conclut : « Que la très sainte Vierge Marie qui proclame dans le *Magnificat* que le Seigneur "comble de bien les affamés, renvoie les riches les mains vides", aide les chrétiens à user des biens terrestres avec une sagesse évangélique ! » C'est la seconde fois qu'il enrôle la Mère du Christ dans le combat écologique et social[1].

1. Voir *supra*, Angélus du 12 novembre 2006.

Comment faire exister la logique de la distribution équitable, là où sévit celle du profit seul ? Le 24 septembre 2007, un blog catholique écrit :

> Le pape Ratzinger désigne le centre nerveux du problème et ses effets dans les divers domaines, y compris écologiques ; il appelle à une régulation et à un rééquilibrage. Qui peut opérer cela ? Certes pas la machine si on la laisse à elle-même. Donc il faudra réinventer le politique, hors du théâtre d'ombres qui se pare de ce nom aujourd'hui. C'est une révolution à faire. C'est le pape qui la propose.

Le Vatican à l'ONU : au nom de la planète catholique

Le 16 octobre 2007, Jacques Diouf, directeur de la FAO, reçoit un nouveau message du pape. Le précédent concernait l'eau. Celui-ci concerne la faim : le « pain quotidien menacé » de millions de personnes dans le monde. Pour Benoît XVI, ce n'est pas un simple malheur naturel ni une fatalité économique, parce qu'on pourrait faire autrement ; c'est donc « une violation de la dignité humaine », imputable en grande partie à « des comportements humains qui provoquent la détérioration de situations sociales, économiques et humaines ».

Les écologistes radicaux ne disent pas autre chose : on mourait de faim dans le monde alors que l'agro-industriel était en surproduction ; on va mourir de faim alors que l'agro-industriel supprime des cultures vivrières pour passer aux OGM-éthanol ; ne plus laisser les gens mourir de faim, exigerait de changer de politique globale. Ou, comme dit le pape, de « convertir l'économique »…

Lors d'une nouvelle Journée mondiale de la paix, le 1er janvier 2008, dix-huit ans après le réquisitoire écologique de Jean-Paul II, Benoît XVI démontre à son tour que la paix des nations, l'état de la planète et la pauvreté des hommes forment un ensemble, que l'on ne peut aborder ces questions séparément, et que le premier souci doit être de ménager les pays pauvres :

> Respecter l'environnement ne veut pas dire que l'on considère la nature matérielle ou animale comme plus importante que l'homme. Cela veut dire que [...] les générations à venir ont aussi le droit de tirer des bénéfices de la Création. [...] Il ne faut pas non plus que les pauvres soient oubliés, eux qui, en bien des cas, sont exclus de la destination universelle des biens de la Création.
>
> De nos jours, l'humanité s'inquiète pour l'avenir de l'équilibre écologique. [...] Si la protection de l'environnement a des coûts, il faut qu'ils soient répartis de manière juste, en tenant compte des différences de développement des divers pays et de la solidarité avec les générations futures. Agir avec prudence ne signifie pas *ne pas* prendre en main ses responsabilités et renvoyer à plus tard les décisions ; cela veut dire s'engager à prendre *ensemble* ces décisions, non sans avoir au préalable examiné, de manière responsable, la voie à emprunter, dans le but de renforcer l'alliance entre l'être humain et l'environnement, qui doit être le miroir de l'amour créateur de Dieu, de qui nous venons et vers qui nous allons.
>
> Il est fondamental à cet égard de « penser » la Terre comme notre maison commune : et, pour qu'elle soit au service de tous, d'opter, quand il s'agit de la gérer, pour la voie du dialogue plutôt que pour celle des choix unilatéraux. [...] Il est un domaine où il serait en particulier nécessaire d'intensifier le dialogue entre les nations, c'est celui de la gestion des ressources énergétiques de la planète. [...] À cet égard, *les pays technologiquement*

avancés[1] sont confrontés à une double urgence : il faut, d'une part, *qu'ils revoient leurs habitudes exagérées en matière de consommation, liées au modèle actuel de développement* ; et que, d'autre part, ils pourvoient aux investissements adaptés en vue de la diversification des sources d'énergie et de l'amélioration de son utilisation. Les pays émergents ont de grands besoins énergétiques, mais il arrive que ces besoins soient satisfaits au détriment des pays pauvres qui, à cause de l'insuffisance de leurs infrastructures même sur le plan technologique, sont obligés de vendre à bas prix les ressources énergétiques dont ils disposent. Parfois, leur liberté politique elle-même est mise en cause par des formes de protectorat ou tout au moins de conditionnement qui apparaissent clairement humiliantes…

Le jésuite Federico Lombardi, porte-parole du Saint-Siège et chargé des médias, redouble l'explication pour être sûr que le message passera. Benoît XVI, dit-il, « ne cache pas sa préoccupation devant le saccage de nombreuses régions de la planète par l'action de l'homme, qui compromet sérieusement l'écosystème ». Le pape invite les hommes de toutes les latitudes à se mobiliser pour défendre la Terre, maison commune de l'humanité : « Il y a quelque temps, le thème de l'environnement pouvait passer pour une préoccupation de riches plus que de pauvres, de pays développés plutôt que des pays en retard ; pour ceux-ci, en revanche, le développement économique était une priorité absolue. Réglementer ce développement ou le limiter apparaissait comme un luxe, une façon de maintenir les faibles dans la sujétion. Maintenant, les fréquents désastres dus aux déséquilibres environnementaux, frappent plus durement ceux qui ont moins de moyens pour se défendre. La conscience d'un appauvrissement irréparable des res-

1. Les italiques sont de nous.

sources des pays les plus faibles grandit… Le pape relie à cela un appel moral à la solidarité. »

*

New York, 13 février 2008. Devant l'assemblée générale de l'ONU, le nonce apostolique Celestino Migliore – ambassadeur de Benoît XVI – prend la parole sur le thème : *Affronter les changements climatiques : les Nations unies et le monde à l'œuvre.* Quelques semaines plus tôt, à Bali, la conférence de l'ONU sur le climat n'a fait que souligner une fois de plus la difficulté de concrétiser politiquement, comme va le dire le nonce, « une responsabilité commune quant à la promotion d'un environnement sain pour les générations présentes et futures ».

Pour réaliser les « réductions » et les « adaptations » indispensables, le prélat propose des pistes qui sortent du laisser-faire libéral : « Mettre en commun les ressources permet aux initiatives d'être financièrement accessibles à la plupart des pays, et d'aider ceux qui sont moins équipés à poursuivre leur développement sans négliger leur environnement, […] une attitude qui se révèle d'autant plus cruciale si l'on considère que l'utilisation de "technologies propres" est, dans le développement durable, un élément particulièrement important… Pour aider les pays en voie de développement à éviter les erreurs que d'autres ont commises par le passé, les pays hautement industrialisés devraient partager avec eux ce type de technologies. »

En plaidant pour « l'interdépendance, la solidarité, la responsabilité, une alliance globale et l'adoption d'une stratégie politique internationale coordonnée », Mgr Migliore parle au nom de la planète catholique : l'engagement personnel et les nombreux appels publics du pape Benoît XVI ont suscité un réveil des consciences concernant le respect de la Création de Dieu et la nécessité de la sauvegarder.

Le nonce constate que la dégradation de l'environnement se poursuit dans le monde, mais que des signes d'un nouvel esprit apparaissent. « Individus et communautés », dit-il, « ont commencé *à modifier leur style de vie*, conscients du fait que le comportement personnel et collectif a un impact sur le climat et sur le bon état de l'environnement » : il revient à chaque individu et à chaque nation d'assumer sérieusement sa propre part de responsabilité pour trouver et mettre en pratique une approche qui se montrerait la plus équilibrée possible, face au défi que représentent les changements climatiques.

L'ambassadeur du pape emploie – comme presque tout le monde aujourd'hui – l'expression « développement durable ». Comment l'entend-il ? Comme une « stratégie » qui tienne compte à la fois de la protection de l'environnement, des changements climatiques, du développement économique et des besoins essentiels de l'homme.

Mais le « développement » lui-même ?

Le concept du nonce diverge d'avec le libéralisme : il ne faut pas, dit-il, que les marchés promeuvent « des biens dont la production même serait cause de dégradation pour l'environnement ». Il faut au contraire « encourager les marchés à miser sur des économies vertes ». « Encourager » est ici un euphémisme ; si l'on veut que les marchés ne suivent pas leur pente anti-écologique, il faut que les consommateurs des pays riches fassent *pression* sur eux (ces consommateurs « doivent savoir », souligne le nonce, « que leur mode de consommation a un impact direct sur la santé de l'environnement »).

Il faut aussi placer dans le système et autour de lui – si quelque chose existe encore hors de lui – de quoi le *dissuader* de suivre cette pente. C'est la mission du politique. Existe-t-il encore, lui aussi ? L'avenir le dira. S'il n'existe plus, disent les écologistes, il faudra s'en passer et résister autrement.

Le Saint-Siège demande une réforme de l'ONU

Rome, jeudi 26 avril 2007 – Le Saint-Siège souligne la nécessité d'une réforme efficace de l'Organisation des Nations unies, ainsi que d'un programme efficace pour la sauvegarde des droits de l'homme et de l'environnement – « Cendrillon » des programmes onusiens – et pour la coordination et la cohérence de l'aide humanitaire.

Mgr Celestino Migliore, nonce apostolique et observateur permanent du Saint-Siège à l'ONU à New York, est intervenu le 17 avril lors de la 61e session de l'assemblée générale, sur la suite à donner aux objectifs du Sommet du Millénaire, après le rapport du secrétaire général.

Mgr Migliore faisait remarquer que l'ONU est passé en 60 ans d'un « mécanisme de sauvegarde de la paix » à un « organisme » complexe de « promotion de la paix, du développement, et des droits humains » à un niveau « jamais atteint dans l'histoire ». L'ONU est « reconnue de façon internationale, efficace dans de nombreuses régions » où elle a un « mandat » et « conserve à juste titre beaucoup de son prestige » dans l'opinion publique.

Mais le représentant du Saint-Siège souligne aussi le « besoin de réforme et de plus grande cohérence », la nécessité d'un effort supplémentaire pour le « Conseil des droits humains » et surtout pour l'environnement, le « parent pauvre » de l'ONU, ainsi que pour plus de « coordination » et de « cohérence dans l'aide humanitaire ». Malgré de nombreuses tentatives, le nonce apostolique regrette que la réforme n'ait pas été menée de façon efficace. Le Conseil des droits humains, laisse aussi « beaucoup à désirer », souligne Mgr Migliore. [...]

Pour ce qui concerne la défense de l'environnement, le représentant du Saint-Siège déplore qu'elle ait été pendant trop longtemps la « Cendrillon » des systèmes mis en place par l'ONU, « alors que le monde doit faire face à des changements sans précédent dans le climat » et alors que les « demandes d'énergie » et le « besoin d'un développement durable » augmentent. « Le Saint-Siège soutiendra avec force, a indiqué Mgr Migliore, une évaluation indépendante et avec pleine autorité, du système actuel de gouvernance environnementale. »

www.zenit.org

Chapitre VIII

ÉCOLOGIE + SOCIAL : UNE VÉRITABLE THÉOLOGIE DE LA LIBÉRATION

« *The green lobby must be treated as a religion* », écrit John Kay dans le *Financial Times*[1] : le « lobby vert » doit être traité « comme une religion » ! C'est-à-dire : avec autant de mépris.

M. Kay est un gourou londonien de la *business strategy*. Il méprise l'écologie et le judéo-christianisme, à cause du livre de la Genèse : source – dit-il – du « mythe du paradis perdu ». Le gourou a mal lu la Bible (elle ne regarde pas vers un paradis perdu mais vers une promesse future). Cette lacune lui permet d'être tranchant. Il se réjouit que le christianisme recule en Europe et que « ces histoires » (« *these stories* ») « n'aient plus l'impact qu'elles avaient ». Mais il s'inquiète de les voir renaître dans « l'environnementalisme » qui lui paraît scandaleux et ridicule : « si nous voulions sérieusement réduire les émissions de carbone, cela affecterait de façon significative notre économie et notre mode de vie » ; perspec-

1. 9 janvier 2007.

tive évidemment impensable. « Le business devrait traiter le mouvement environnemental comme il traite les autres formes de croyances religieuses », écrit-il froidement.

On sait en effet que le business s'est emparé du monde, et qu'il tend à ne rien laisser subsister en dehors de lui. Cet engrenage provoque des destructions. Le business refuse de s'en reconnaître l'auteur. Les grandes sociétés transnationales veulent bien déplorer tel ou tel « dégât », mais n'admettent jamais qu'il soit le produit d'un système. Ont-elles d'ailleurs conscience de l'étendue de ces dégâts : écologiques, sociaux, humains ? Le système est aveugle à ce qui n'est pas économique...

Comme il règne sur la planète (parce que les États l'ont bien voulu), nous sommes sous un empire aveugle.

La cécité du pouvoir est oppressive par définition.

D'où la libération pourrait-elle venir ? D'un changement de regard : une vision plus complète et plus équilibrée de l'activité de l'homme, de ses besoins et de son existence.

Or cette vision est disponible dans le patrimoine de l'humanité. Le christianisme en est porteur.

Beaucoup de chrétiens européens n'en ont pas conscience ; ils sont enfermés dans l'idée que « l'histoire de la chrétienté au cours de ces quatre cents dernières années n'a été qu'une longue suite de combats d'arrière-garde[1] ». Certains de ces chrétiens aiment l'idée d'être une arrière-garde ; d'autres la détestent mais se laissent endormir par l'air du temps, ce qui n'est pas la meilleure façon de passer à l'avant-garde.

Le pape Benoît XVI a été élu pour les réveiller. À ceux qui croient devoir choisir le Credo contre le social et l'écologie, et à ceux qui croient devoir choisir l'inverse, il explique que tout cela est indissociable. Le salut éternel annoncé par le christia-

1. Josef Ratzinger, *Au commencement Dieu créa le ciel et la terre, op. cit.*

nisme doit produire des effets ici et maintenant, dans le « temps de la durée présente », comme dit la Bible : « sauver », « ouvrir », « libérer » ont d'ailleurs la même racine en hébreu. Les chrétiens ont pour mission de faire savoir que « le Royaume est proche », qu'il est « ici » dès que l'on se désencombre de ce qui nous en sépare – en nous et autour de nous. La libération d'une seule âme rayonne sur l'humanité et toute la Création. Le spirituel et le social marchent ensemble. C'est le message catholique.

1. L'heure d'une nouvelle pensée

L'un des rares termes catholiques que les médias mentionnent souvent est : « théologie de la libération ». Celui-là, ils le connaissent. Parce qu'il a été lié à un conflit dans l'Église romaine ? Sans doute. Et parce que ce conflit leur semble une preuve que Rome rejette tout ce qui est moderne.

En réalité la question, pour Rome, n'est pas d'accepter ou de rejeter « le moderne ». Il s'agit d'aider le corps de l'Église à se développer selon son propre métabolisme. Ce qu'on nommait « théologie de la libération » dans les années 1980 n'en faisait pas partie : c'était une idéologie extérieure, une liane sur l'arbre. Jean-Paul II avait chargé Josef Ratzinger d'élaguer la liane. Mais le même Ratzinger, dès cette période, ouvrait la voie à une future théologie de la libération, d'une autre sorte, inspirée du Christ et non de Lénine. Dans le document même[1] où il disait pourquoi la justice sociale chrétienne ne devait pas s'encombrer de marxisme, il affirmait la nécessité de cette justice, et le devoir de « changer les structures injustes » :

1. *Instruction sur la liberté chrétienne et la libération*, Téqui, 1986.

> Il est pleinement légitime que ceux qui souffrent de l'oppression de la part des détenteurs de la richesse ou du pouvoir politique agissent, par des moyens moralement licites, pour obtenir des structures et des institutions dans lesquelles leurs droits soient vraiment respectés.

Dans ce document de 1986, Ratzinger appelait à une « réflexion en profondeur », en vue de « programmes d'action audacieux », pour « la libération socio-économique de millions d'hommes et de femmes dont la situation d'oppression économique, sociale et politique est intolérable ».

La « réflexion en profondeur », souhaitée par le cardinal Ratzinger dès 1986, voit s'ouvrir un boulevard aujourd'hui. Si une nouvelle théologie de la libération se développe, elle n'aura pas de concurrence et peu de contradicteurs. Les théoriciens de droite se font discrets devant les dégâts du néolibéralisme, qu'ils avaient présenté comme une panacée. Les intellectuels de gauche ont évacué le terrain social pour se réfugier sur celui des mœurs. Il y a bien l'ultragauche : elle revendique l'étiquette « antilibérale », ce qui lui donne un rôle d'imprécateur ; mais elle est prise dans la contradiction qui minait déjà le vieux marxisme, fils de l'individualisme libéral : être le jumeau de ce que l'on prétend combattre. L'ultragauchiste et l'ultralibéral ont la même vision du monde (inversée) : celle du titan, pour lequel tout est réalisable par force et volonté. Le Prométhée marxiste, devenu nain après 1990, voudrait grandir à nouveau[1] : ce sera laborieux, parce que l'expérience du « socialisme réalisé » a laissé quelques souvenirs – notamment sur le plan écologique (avec en apothéose

1. Un de ses sites internet français s'intitule d'ailleurs... *Prométhée.*

l'explosion d'une centrale nucléaire et l'assèchement d'une mer intérieure).

Le Prométhée marxiste a saccagé une partie de la planète ; il est mal placé pour critiquer aujourd'hui les saccages du Prométhée capitaliste

Reste l'écologie, qui veut rompre avec tous les Prométhée. Or c'est aussi l'esprit du christianisme.

« *Small is beautiful* » : *un mot d'ordre chrétien*

Les écologistes doivent beaucoup au message chrétien. En ont-ils conscience ? En 1972, un économiste reconnu, Ernst Friedrich Schumacher, publie *Small is beautiful*[1] : un livre-manifeste contre le système titanesque qui s'empare du monde. Il faut une société à la mesure de l'homme, déclare Schumacher : réduire, décentraliser, relocaliser... Comment y parvenir ? En changeant de regard : car tout, même l'économie, dépend du regard que l'on choisit de porter sur la vie. Or *Small is beautiful* devient un best-seller en Occident dans ces années-là, et le restera durant deux décennies. Ce sera l'un des livres de chevet des Verts. Savent-ils qu'à l'époque où Schumacher composait *Small is beautiful*, il venait de se convertir au catholicisme après avoir sillonné le monde et découvert les encycliques sociales ? Son livre est un travail d'économiste, mais ce passage aurait dû mettre la puce à l'oreille :

> Il ne nous est pas difficile de discerner quel sens ont pour nous les Béatitudes aujourd'hui : Nous sommes des pauvres,

1. Le Seuil, 1979.

> non des demi-dieux. Nous avons bien des raisons de pleurer, et l'âge d'or n'est pas pour demain. Nous avons besoin d'une approche tout en douceur, d'un esprit non violent, et de comprendre que seul ce qui reste à l'échelle humaine est bénéfique. Nous devons nous préoccuper de justice et faire prévaloir le droit. Tout cela, et cela seulement, nous permettra de devenir des pacifistes...

La conversion religieuse de Schumacher restera ignorée de beaucoup de Verts, si l'on en juge aujourd'hui par la fréquence – sur leurs sites – de l'attaque rituelle contre l'esprit de la Bible, le livre de la Genèse et le fameux « croissez et multipliez ». Entre les chrétiens et le reste de leurs contemporains (écologistes ou non), il y a beaucoup de malentendus à dissiper.

Il y a aussi de réelles divergences. L'air du temps ne croit pas que l'on ait besoin de foi religieuse ; il pense, comme Edgar Morin, que les hommes sont « perdus » et que l'on doit se contenter de cet horizon. L'homme biblique, lui, n'est pas « perdu ». Même si son prochain le spolie et l'assassine, l'Éternel n'est pas loin, jamais indifférent : sa proximité n'inhibe pas le désir de justice des hommes. Elle le porte plutôt à l'incandescence. « C'est la justice, oui, la justice que tu dois chercher ! », dit Moïse au peuple dans le Deutéronome[1]. Le Dieu de la Bible est à la fois justice et miséricorde, il ne ferme pas les yeux sur les crimes des puissants ; la Bible est pleine d'épisodes qui montrent ce lien entre le divin, le juste et l'ordre de la nature.

On trouve au premier livre des Rois, chapitre 21, une curieuse affaire de vignoble. Elle se déroule dans la plaine de la rivière Qishôn, à Yizréel où les rois d'Israël ont une rési-

1. 16, 20.

dence. Nabôt y possède une vigne juste à côté du palais du roi Achab[1]. Celui-ci fait pression : « Cède-moi ta vigne pour qu'elle me serve de jardin de verdure. Je te donnerai en échange une vigne meilleure, ou de l'argent. » Nabôt résiste : « Te donner le bien de mes pères ? Yahvé m'en garde ! » Le roi est ulcéré. Son épouse Jézabel organise alors une provocation perverse, avec abus d'autorité et usage de faux témoins, et fait lapider Nabôt par le peuple pour rébellion. Achab, raconte la Bible, n'a plus qu'à « descendre à la vigne de Nabôt de Yizréel et en prendre possession »...

Alors Yahvé parle au prophète Élie :

> Achab est dans la vigne de Nabôt, où il est descendu pour se l'approprier. Tu lui diras ceci : « Ainsi parle Yahvé : tu as assassiné, et maintenant tu hérites ? À l'endroit même où les chiens ont lapé le sang de Nabôt, les chiens laperont ton sang à toi aussi ! »

Rien ne manque dans cette histoire : entre la pression officielle, le têtu qui refuse l'échange de parcelles, et finalement l'exécution forcée (un peu dramatique), l'affaire de la vigne de Nabôt est le premier cas de résistance à un remembrement de terres agricoles. Cette très ancienne anecdote montre aussi de quel côté est l'Éternel, surtout si l'on sait que le drame se déroule à Yizréel, dont le nom veut dire en hébreu : « Dieu sème. » Et si l'on se souvient que la vigne est l'image d'Israël pour le prophète Isaïe...

« Résister, c'est créer », dit un livre de Florence Aubenas et Miguel Benasayag[2]. La journaliste et le philosophe montrent

1. Roi de 874 à 853 av. J.-C.
2. *Résister, c'est créer*, La Découverte, 2002.

que, pour des millions d'habitants de la planète, l'individualisme libéral, le règne de la marchandise, « le monde unique et centralisé » ne sont plus « un horizon indépassable ». Ces contestataires sont de plus en plus nombreux. Ils n'agissent plus (comme autrefois) en suivant un parti ou une théorie. Ce qu'ils cherchent, c'est à tisser des liens et à se libérer, en créant des « morceaux de planète économiquement autonomes », selon la formule de Braudel[1] : la seule issue selon eux est de créer « des zones et des tendances non capitalistes », pour se libérer de l'économie néolibérale.

Ces militants ne se regardent pas comme des utopistes mais comme les seuls réalistes, ceux qui (avant les autres) voient à quoi mène le système actuel : une société-chaos, moralement vide mais « sécurisée » par Robocop, et qui finira par traiter les humains comme elle traite la nature.

Les contestataires affirment : « Le couple de la technoscience et de la vacuité ne peut conduire à autre chose. »

Ils sont pour le couple inverse : celui de l'homme et de la nature.

Ces partisans-là ne fréquentent pas les églises ; eux-mêmes et le curé sont, jugent-ils, deux espèces zoologiques différentes… Comme la plupart des Européens modernes, ils pensent que le mal du monde invalide l'hypothèse d'un Dieu source de la vie et ami des hommes. Ils en déduisent que les Églises parlent faux.

Pourtant, s'ils écoutaient, ils découvriraient que leurs analyses ont plus de points d'accord avec Rome qu'avec la classe politique, fût-elle de « gauche ».

1. *La dynamique du capitalisme*, Flammarion, 1985.

Écologie, théologie, même combat ?

Se trouver en phase avec un diplomate pontifical est une expérience déstabilisante pour un écologiste. Le cas se présente néanmoins. Les 2 et 3 février 2007, à Paris, l'observateur permanent du Saint-Siège à l'Unesco, Mgr Francesco Follo, participe au congrès « Citoyens de la Terre » sur l'environnement : quarante-six pays, deux cents délégués. De cette réunion naît l'UNEO, organisation de l'ONU pour l'environnement. Que va-t-elle faire ? Se contenter d'évaluer les dégâts ? Proposer des « mesures technologiques » ? Il faut aller beaucoup plus loin, déclare Mgr Follo[1] :

> Grâce aux données publiées par ce groupe de travail sur l'écologie, on n'a jamais été conscient autant qu'aujourd'hui du fait que le problème de la destruction du monde ne vient pas, comme on le craignait il y a quelques décennies, de l'extérieur... Le problème vient de l'intérieur de l'humanité : l'homme risque de se suicider dans le monde. L'attention réservée à la contribution finale du congrès de Paris au problème écologique ne concerne donc pas seulement le respect de la nature, mais aussi « qui » doit la respecter. Et le respect de la nature n'est pas seulement demandé à l'homme de la rue, mais aussi aux grandes entreprises multinationales qui gèrent leur développement par une exploitation des ressources humaines qui a un impact négatif au point de pouvoir potentiellement détruire le monde...
>
> Nous sommes tous pour le développement. Mais il faut favoriser un développement de tous les pays de façon durable : autrement nous nous trouverons devant la « richesse » d'un monde pollué et empoisonné, sinon détruit.

1. À Radio Vatican.

> Une autre remarque s'impose également. Ce développement qui est en route dans les pays pauvres, jusqu'à quel point est-ce un réel développement – ou seulement une délocalisation de certaines industries, parce qu'il est trop cher de les maintenir dans le monde soi disant « développé » ? Il convient donc de parler d'une écologie de la paix, d'une écologie humaine, et il me semble que Benoît XVI rappelle aussi cet aspect. Autrement, nous risquons de ne faire qu'un discours à la mode, préoccupé de la pollution ou du trou d'ozone (ce qui est très important) mais sans se préoccuper réellement de savoir comment ce développement sera humain. On a besoin d'une autorité mondiale qui élabore une norme.

« Benoît XVI parle d'une écologie de la paix, d'une écologie humaine », précise le diplomate du pape : « Ce qui est désormais en jeu, ce n'est pas seulement le respect de la nature, mais le respect de la personne humaine, et la façon dont ces écologies doivent interagir pour une coexistence véritablement humaine. » On doit protéger la planète, non parce qu'elle serait « meilleure » que l'homme, mais parce que le Créateur la lui a confiée. Rome indique un devoir d'agir. De quoi faut-il sauver la Terre ? D'un système d'exploitation qui la dégrade.

Si l'on veut appliquer concrètement les indications de Mgr Follo, il va falloir affronter les « grandes entreprises multinationales » qui *sont* ce système : la lutte consistera à leur imposer, si faire se peut, de nouvelles lois et de nouveaux contrepoids. Et dans le cas contraire, à créer des « zones libérées »... Si l'écologie – physique et humaine – passe par la création de « morceaux de planète économiquement autonomes » où les hommes ramèneraient l'activité à une échelle humaine, selon le conseil de l'économiste catholique Schumacher, alors on pourra parler d'une libération. Partout où naîtront des réseaux d'alter-économie (dont le meilleur du commerce équitable, par exemple, est l'une des préfigurations), l'environnement sera soulagé d'autant. Si la dégradation de la faune, de la flore, des sols et de l'atmosphère est l'effet du système productiviste aveugle et de la machine financière dont il est l'engrenage, tout ce qui fera reculer ce système « libérera » les hommes et la nature : les deux dimensions sont indissociables.

En pensant ainsi, le catholicisme prend la forme d'une « théologie de la libération ».

Au Vatican, en 1987, lors d'un synode des évêques, le biologiste Giovanni Battista Marini-Bettolo appelle à « une économie qui prenne pleinement en compte la dimension écologique[1] ». Équipons en électricité les paysans du Sud, aidons-les à adopter de nouvelles méthodes agricoles qui améliorent la fertilité : la déforestation diminuera d'intensité. Appliquons l'écologie à l'industrie en introduisant des processus d'économie circulaire (les déchets d'une industrie servant de matériau à une autre)[2] : le gaspillage des ressources de la planète diminuera également.

Il s'agit de mettre sur pied, dit le professeur Marini-Bettolo, « une inversion de l'économie planétaire ».

Ce qu'il faut remarquer, c'est l'assistance à laquelle le biologiste adresse ces propos d'insurgé. Il est train de parler aux évêques de la planète réunis en synode. On ne fait pas attention à ce qui se dit dans ces réunions romaines : l'opinion les croit loin du réel, vouées à rabâcher des « dogmes ». En fait,

1. *La Documentation catholique*, 1987.

2. Étonnamment, la Chine progresse en ce domaine : la province de Mongolie intérieure met en circuit centrales thermo-électriques, usines d'aluminium et fonderies. En 2010 sera inaugurée (au nord de Shanghaï) la première ville 100 % écologique : Dongtan, 50 000 habitants, qui seront 500 000 en 2040.

elles sont un lieu de confrontation mondial. Tandis qu'ailleurs l'activité intellectuelle – comme toute forme d'activité – est annexée aux circuits du business, les sessions de réflexion du Vatican sont un îlot de liberté.

L'Académie pontificale des sciences[1] en donne un exemple. Descendante de l'*Academia dei Lincei* fondée au XVIIe siècle, elle groupe quatre-vingts membres élus à vie par leurs pairs. Réunis pour débattre des sujets les plus chauds sur le terrain scientifique – cellules souches, réchauffement du climat, démographie –, ce sont des chercheurs de très haut niveau. Le 10 janvier 2008, par exemple, Benoît XVI a nommé à cette Académie le professeur de Princeton Ignacio Rodriguez-Iturbe, environnementaliste et spécialiste des problèmes de l'eau. Ce Vénézuélien de 65 ans avait reçu en 2002 le *Stockholm Water Prize* pour ses travaux sur l'hydrologie en relation avec le réchauffement climatique. Au *National Catholic Reporter*[2], Rodriguez-Iturbe déclare considérer sa nomination comme « un signe de l'intérêt du Saint-Père et de l'Académie pour une implication croissante dans les questions environnementales » : « D'un point de vue scientifique, l'impact anthropique lié au réchauffement global est d'une évidence écrasante. Cela implique une énorme responsabilité envers les conséquences sur la paix et la prospérité du monde, et envers les futures générations… Je ne partage pas les vues de ceux qui disent que nous devrions nous tenir à l'écart de ce sujet. Si nous acceptons la science, si nous croyons que le réchauffement global est là et que l'activité humaine en est une cause majeure, alors l'Église, le Vatican, doit s'engager. »

1. *Cf. supra.*
2. 10 janvier 2008.

Le Pr Rodriguez-Iturbe se dit encouragé par « le plaidoyer grandissant de Benoît XVI en faveur du développement durable ». Interrogé sur l'Académie pontificale des sciences, le professeur explique qu'elle offre « les meilleures analyses des problèmes scientifiques actuels », tout en étudiant aussi la dimension transcendante de ces questions.

Les académiciens peuvent bousculer les analyses romaines dans certains domaines ? Ils sont là pour ça. Leur mission, dit l'un d'entre eux[1], est d'expliquer aux responsables de l'Église – « de manière factuelle » – où en est la science et comment elle peut servir l'humanité. Ces données sont objectives, identiques pour chacun, croyant ou non. Elles sont un matériau pour la théologie ; la science, de son côté, prend plaisir (elle ne le dissimule pas) à discuter ainsi avec les porteurs d'un message étranger aux modes. Ce message qui impressionne des prix Nobel peut faire rire des pamphlétaires français. Mais le christianisme et la Bible sont une pensée plurimillénaire : rire de cela, c'est mépriser le long labeur du temps, et ce mépris est le contraire d'une démarche écologique.

Entre l'écologie et la démarche chrétienne, il y a des parentés.

L'une et l'autre ont un rapport avec les sciences sans se confondre avec elles : l'écologie militante s'appuie sur elles pour changer la société. La théologie dialogue avec elles[2] pour pro-

1. La biologiste Nicole Le Douarin (*Cahiers de Sciences & Vie,* décembre 2007).

2. « La théologie trouve dans le dialogue avec les scientifiques d'aujourd'hui la remise en cause radicale de concepts que l'on opposait à la théologie chrétienne, comme celui de Matière. Ce concept, sur lequel s'appuyait un certain matérialisme, n'est plus opératoire dans l'élaboration d'une théorie physique. Par conséquent, l'idée d'une éternité de la Matière est abandonnée par les physiciens » (Père Maurice Morand, théologien : Fête de la Science de l'université de Caen, octobre 2005).

poser un sens qui dépasse les limites de la recherche scientifique.

L'écologie militante et la théologie font passer l'homme avant l'économie. Elles contestent toutes deux le système global, qui domestique l'homme en effaçant les cultures, les identités, les aspirations spirituelles. Toutes deux légitiment les luttes pour se libérer de ce système.

Sans doute, les théologiens ont leurs raisons ultimes, qui ne sont pas celles de l'écologie : ils voient dans la solidarité humaine une trame mystérieuse qui passera dans l'éternel, et qui implique chacun dans son for intérieur.

Mais l'écologie militante aussi implique une conversion des esprits, sans laquelle une révolution des modes de vie ne sera pas jouable.

La conversion chrétienne va *plus loin* mais dans la même ligne : la foi a ses propres raisons de respecter l'intégrité de la nature, « toute atteinte à la Création étant un affront au Créateur[1] ». Dans l'homme libéré et libérateur, la foi voit Quelqu'un :

> C'est lui qui conduit le monde, lui qui de rien a amené à l'être tout ce qui existe, et conserve toutes choses dans leur être, car son ordre est la substance même des choses : « Il dit et ce fut fait, il ordonna et ce fut créé. » [...] Sa demeure d'en haut, sa demeure qu'il habite, c'est le Père, en qui il demeure éternellement. De cette demeure éternelle, il est descendu, s'est mis au rang des fils des hommes, est devenu Fils de l'homme, « lui qui façonne un par un les cœurs d'hommes » : c'est donc dans son propre bien qu'est venu « le potier de la nature humaine »[2].

1. Cardinal Villot, 1971.
2. Grégoire de Nysse, *Traité II sur les psaumes*, 8, psaume 33 [32].

La gratitude chrétienne va au Créateur à travers sa Création : en ce sens elle est cousine de la gratitude écologique. Et le besoin de ressentir de la gratitude est partagé par toute l'humanité. La gratitude pousse au combat si l'homme et la biosphère sont menacés : les libérer de ce qui les menace fait partie de la théologie comme de l'écologie. Mais cette lutte-là ne fait pas partie des crises de violence qui convulsent une société marchande privée de sens. Résister pour créer, c'est autre chose que la guerre de tous contre tous. Lutter pour le patrimoine de l'humanité et le bien des générations futures, c'est autre chose que le tout-à-l'ego du marketing et le *struggle for life* de la « vie en entreprise ». Écouter ce que dit l'univers, c'est autre chose que le narcissisme du consommateur. La gratitude est le contraire de l'envie : ce fastidieux « j'ai envie de… », leitmotiv aujourd'hui des discours politiques et qui n'exprime que la frustration. « Pourquoi seulement choisir le plaisir quand on peut avoir la joie, la gratitude, la mélancolie même[1] ? »

« Dans le mouvement paisible et silencieux, mais riche de vie, de la nature, continue à palpiter la satisfaction originelle du Créateur. […] Oui, le Seigneur est fidèle pour toujours. Et vous, experts de ce langage de fidélité antique et toujours nouveau, vous êtes naturellement les hommes de l'action de grâce », dit le pape Jean-Paul II aux paysans[2].

L'homme est avant tout un animal « eucharistique » : c'est-à-dire (littéralement) capable de « gratitude », doté du pouvoir de rendre grâce à Dieu pour le don de la Création, déclare le patriarche de Constantinople Bartholomée Ier au symposium *Religion, science et environnement*[3] : « Les autres ani-

1. Christiane Singer, *Derniers fragments d'un long voyage*, Albin Michel, 2007.
2. Jubilé du monde agricole, 12 novembre 2000.
3. Le 10 juin 2002. Après quoi Bartholomée Ier publie avec Jean-Paul II une déclaration œcuménique solennelle pour la sauvegarde de la Création.

maux expriment leur gratitude simplement en étant eux-mêmes, en vivant dans le monde de la façon instinctive qui leur est propre. Mais nous, êtres humains, possédons une conscience de nous-mêmes : et c'est pourquoi, de façon consciente et en vertu d'un choix délibéré, nous pouvons rendre grâce à Dieu avec une joie eucharistique. Sans cette action de grâce, nous ne sommes pas véritablement humains. »

Le patriarche cite l'hymne de la grande Théophanie orthodoxe du 6 janvier, lors de la bénédiction des eaux :

> Tu es grand, ô Seigneur, et merveilleuses sont tes œuvres : aucun mot ne suffit à chanter les louanges de tes merveilles... Le soleil chante ta louange ; la lune te glorifie ; les étoiles t'élèvent leur supplique ; la lumière t'obéit ; les abîmes craignent ta présence ; les fontaines sont tes servantes ; tu as déployé les cieux comme un rideau ; tu as établi la terre sur les eaux ; tu as entouré la mer de sable ; tu as déversé l'air afin que les créatures humaines puissent respirer [...].

Puis, explique Bartholomée Ier, « à la suite de cette doxologie qui embrasse tout le cosmos, arrive le point culminant de la cérémonie de bénédiction : le célébrant prend une croix et la plonge dans un récipient d'eau, si la cérémonie a lieu à l'intérieur d'une église, ou dans le fleuve ou la mer, si la cérémonie a lieu à l'extérieur. La croix est le symbole qui nous guide dans le sacrifice suprême auquel nous sommes appelés. Elle sanctifie les eaux et, à travers elles, transforme le monde entier... Tel est le fondement de toute éthique de l'environnement. La croix doit être plongée dans les eaux. La croix doit être au centre de notre vision. Sans la croix, sans le sacrifice, il ne peut y avoir de bénédiction, ni de transfiguration du cosmos ! »

Au VIIIe siècle, saint Jean Damascène écrit dans son plaidoyer contre les iconoclastes : « L'homme ayant un corps et une âme, le Christ a pris le corps et l'âme ; c'est pourquoi aussi le baptême, la communion, la prière, la psalmodie sont doubles, corporelles et spirituelles ; et ainsi les luminaires et l'encens... »

Ce message parle mieux dans la liturgie orthodoxe que dans les rituels catholiques d'aujourd'hui, appauvris à la fin du XXe siècle ; d'où l'action entreprise par Benoît XVI pour leur redonner leur dimension de « liturgie cosmique » – et la sympathie que cet effort éveille chez les écologistes les plus radicaux[1]. La liturgie chrétienne « écoute le cosmos parler du Christ », dit Josef Ratzinger[2]. Offrir l'eucharistie, où le pain et le vin deviennent corps et sang du Christ, c'est « célébrer un culte qui embrasse ciel et terre »... Beaucoup d'écrivains, chrétiens ou non, ont observé que cette liturgie opère une synthèse des trois degrés de l'existence corporelle, « minérale, végétale (pain, vin, encens) et animale : l'homme [...] dont la fonction est de rassembler tous les règnes et tous les éléments pour les offrir à son Créateur[3] ». Dans le missel catholique, l'une des prières eucharistiques – la quatrième, trop peu utilisée dans les paroisses – loue le Père d'avoir « fait le monde pour que toute créature soit comblée de [ses] bénédictions » et d'avoir confié l'univers à l'homme pour qu'il y règne « en te servant, toi, son Créateur » : sachant que Dieu, dans la théologie chrétienne, crée l'univers en vue d'adopter l'homme, et que toute la Création est associée à ce plan de *divinisation*.

1. Dans *L'Écologiste* de février 2003 : « La liturgie cosmique », article de Corinne Smith sur le livre de Josef Ratzinger *L'esprit de la liturgie*, Ad Solem, 2001. Cet article a valu une lettre du cardinal à la revue, *cf. supra* (introduction).
2. *Op. cit.*
3. Jean Hani, *Le symbolisme du temple chrétien*, Trédaniel, 1990.

« Si la révélation de Dieu par la Création donne la vie à tout être vivant sur la Terre, combien plus la manifestation du Père par le Verbe donne-t-elle la vie à ceux qui voient Dieu », écrit Irénée de Lyon au IVe siècle. Pour le christianisme, l'homme ne se sauve pas seul mais avec tout l'univers.

2. Chrétiens, encore un effort pour être écologistes

Les paroles des papes… Les résonances quasi-évangéliques des appels écologiques à un mode de vie sobre… La nécessité d'une alliance entre ceux, croyants ou non, qui contestent le système de surexploitation de la planète… Tout pousse à une prise de conscience écologique dans l'ensemble du monde chrétien. Rome y met du sien. Promulgué par le Vatican en 2004 et disponible sur le Web, le *Compendium* (« abrégé ») *de la doctrine sociale de l'Église* laisse peu d'ambiguïtés. Il consacre un chapitre entier à l'action écologique. Elle est un devoir pour tous, dit-il, et spécialement pour ceux qui croient en Dieu : « C'est une responsabilité qui doit mûrir à partir de la globalité de la crise écologique actuelle, et de la nécessité […] de l'affronter globalement, dans la mesure où tous les êtres dépendent les uns des autres dans l'ordre universel établi par le Créateur. » Le *Compendium* prescrit en toutes lettres de défendre les forêts et la biodiversité (§ 466). Agir pour l'environnement, dit-il, est « une responsabilité que les générations présentes ont envers les générations à venir » : et cela exige de nouvelles normes juridiques et « un changement effectif dans les mentalités et les styles de vie » (§ 468). Le *Compendium* invite à la vigilance envers « les rapports entre l'activité humaine et les changements climatiques » : « le climat est un bien qu'il faut protéger et il faut que, dans leurs comportements, les consommateurs et les agents d'activités industrielles développent un plus grand sens de responsabilité ».

Le document romain suggère de ne pas s'en remettre à l'économie de marché : car « [...] la protection de l'environnement ne peut pas être assurée uniquement en fonction du calcul financier des coûts et des bénéfices. L'environnement fait partie de ces biens que les mécanismes du marché ne sont pas en mesure de défendre ou de promouvoir de façon adéquate » (§ 470).

D'autre part, souligne le *Compendium*, les « graves problèmes écologiques » requièrent un changement « effectif » de mentalité, un nouveau style de vie, une nouvelle manière de consommer, d'épargner et d'investir... Tout cela, conclut-il, pour deux raisons (§ 470) : « les perspectives effrayantes que laisse entrevoir la dégradation environnementale », et « la solidarité authentique au niveau mondial » que l'Église catholique prône depuis toujours.

Les choses sont donc claires. Ou plutôt : elles le seront, lorsque ces questions et ce document (par exemple) feront l'objet de débats dans toutes les paroisses qui maillent la planète catholique.

Catholiques ou protestants, beaucoup de chrétiens de l'hémisphère Nord s'éveillent à l'écologie. Des réseaux se forment aux États-Unis[1]. Ainsi l'Evangelical Climate Initiative : « chrétiens américains en croisade écolo », titre le quotidien

1. Tels les ateliers écologiques des CVX (« Communautés de vie chrétienne »), dans la mouvance jésuite (cvxccc. free. fr).

français *Libération*[1] (« un groupe d'évangéliques partisans de la réduction des gaz à effet de serre a lancé, hier, un défi à Bush »). En France, selon le sociologue Claude Dargent, les protestants sont deux fois plus nombreux que les agnostiques dans les associations de défense de l'environnement. Beaucoup d'écologistes français considèrent le sociologue-historien protestant Jacques Ellul (1912-1994) comme « le pédagogue de leur résistance » ; le catholique Jean-Marie Pelt, président de l'Institut européen d'écologie, exerce un indiscutable ascendant sur le public. Hélène et Jean Bastaire proposent une mystique chrétienne de l'écologie[2]... Dans ce sillon se lève une action. Des colloques œcuméniques s'organisent : « *Développement durable, gestes civiques.* » Des Fêtes de la Création œcuméniques se célèbrent : « *Quand la Création gémit – Résignation ou espérance* »... L'Institut catholique de Paris ouvre un master de « politiques environnementales ». Des croyants s'interrogent : que faire ? Peut-on laisser sans effet les appels des papes à contester le système économique ? Une fois que l'on a parlé de « porter l'espérance chrétienne dans les débats environnementaux », peut-on s'en remettre aux pouvoirs industriels du soin de se limiter eux-mêmes ? « Et pouvons-nous prôner la sobriété de vie sans la pratiquer ? »

L'évêque anglican de Londres déclare : « Le péché n'est pas limité à ce qui figurerait dans une liste restreinte de fautes morales ; c'est de mener une vie tournée vers soi-même en ignorant les conséquences collectives de ses actes. » Des tex-

1. 10 février 2006 (« 86 pasteurs prônent l'adoption d'une loi fédérale visant à réduire les gaz à effet de serre... C'est la première fois que l'on assiste à une telle initiative coordonnée, comparable aux campagnes menées par ces Églises contre l'avortement ou le mariage homosexuel »).

2. *Le chant des créatures*, Cerf, 1996 ; *Pour une écologie chrétienne*, Cerf, 2004 ; *Les gémissements de la création : vingt textes sur l'écologie*, Cerf, 2006.

tes circulent dans les diocèses français : « Heureux ceux qui n'ont pas peur de sortir de leurs habitudes pour moins gaspiller : ils développeront en eux le sens du bien commun... » À l'initiative de Mgr Stenger, président de Pax Christi France[1], des campagnes de sensibilisation s'organisent pour changer la vie quotidienne : « *vivre Noël autrement* », « *vivre l'été autrement* »...

C'est pour le bien commun de l'univers « que Dieu nous a demandé de gérer en bons jardiniers », soulignent les ateliers CCC : « Chrétiens coresponsables de la Création ».

Mais le grain lancé par Jean-Paul II et Benoît XVI a du mal à germer sur d'autres parties du terrain. Ôter les ronces et les cailloux sera un sérieux labeur. Comment les chrétiens d'Europe pourraient-ils échapper tous à la spirale occidentale de l'hyper-individualisme et du « repli sur le subjectif » ? Cette tendance les pousse à restreindre la religion à leur vie privée – et les dissuade d'écouter le Vatican quand il parle de grandes questions collectives. Surtout lorsqu'elles sont dérangeantes... Or celles-là sont dérangeantes au premier chef : elles visent les habitudes matérielles, morales et mentales.

En France, regrettait un chroniqueur de la radio chrétienne RCF[2], l'enjeu environnemental reste indifférent à une grande partie des milieux catholiques : « Il est temps pour l'Église d'ouvrir les yeux sur ce thème et d'y avancer à grands pas, mais dans la grande humilité qu'appelle son retard historique

1. Et dans la foulée du livre *Planète vie, planète mort*, Cerf, 2005 (préface de Mgr Stenger). Parmi les auteurs : Jacques Arnould, René Coste, Nicolas Hulot, Jacques Turck, Joseph-Marie Verlinde.

2. Philippe Vachette, RCF Savoie, 23 octobre 2006.

– et si français ! » Exact : dans ce domaine, les catholiques de France sont beaucoup moins modernes que le Vatican.

Selon le mot du cardinal Barbarin, archevêque de Lyon, le catholique qui met en œuvre les directives écologiques de l'Église doit lutter contre lui-même.

Quel peut être le motif de cette réticence envers une impulsion venant de Rome ? Plusieurs interprétations sont avancées. La plus rationnelle est sociologique. « Si l'Église cessait d'être un grand caravansérail, elle ne serait plus catholique », disait feu le père Bruckberger dans les années 1970 : aujourd'hui le catholicisme français n'a pas entièrement perdu sa biodiversité sociale, mais dans un certain nombre de diocèses, les classes moyennes supérieures (« les AB+ en termes de pouvoir d'achat », selon les cabinets de marketing) dépassent en nombre les vestiges du catholicisme populaire hexagonal. Toutes les idées d'un individu ne sont pas dictées par ses réflexes de classe ; mais un cadre supérieur financier d'aujourd'hui, issu d'une *business school,* jugera « évidentes » des normes qui ne le seront pas aux yeux d'un ouvrier – surtout si celui-ci vient d'être licencié par un groupe au bon chiffre d'affaires.

S'y ajoute le fait que les catholiques français votent en majorité à droite, et que la droite a peu d'amitié envers l'écologie – rebaptisée par elle « écologisme ». Dans la ville texane de Waco que nous avons traversée plus haut[1], le pasteur vert Raymond Bailey est honni par le pasteur néoconservateur Frank Brown. Ce dernier, membre de l'aile la plus ultralibérale du parti républicain, déclare au *Wall Street Journal*[2] que « combattre les dégâts environnementaux » est aussi inutile que « chasser les lapins » : il y aura toujours des dégâts comme il y aura toujours

1. Chapitre V, section 2.
2. 28 septembre 2007. Cité par Sylvain Cypel (*Le Monde,* 14 février 2008).

des lapins, parce que Dieu le veut, et les chrétiens ne doivent pas se mêler de ça. (Selon le révérend Brown, les chrétiens sont sur la Terre pour faire régner la morale sexuelle ; qu'ils ne s'occupent pas de l'industrie polluante, ni de la guerre d'Irak.)

Les Brown perdent maintenant du terrain au profit des Bailey ; mais les thèmes anti-écologiques néoconservateurs ont traversé l'Atlantique depuis dix ans et colonisé des esprits en Europe. Les arguments du pape courent donc le risque d'être mal entendus. Ou passés sous silence. On trouve en revanche sur le Web nombre de sites relayant les campagnes de Washington contre l'idée d'un rôle de l'industrie dans le réchauffement du climat ; voire contre l'existence même du réchauffement.

Des chrétiens s'en prennent à l'écologie parce qu'ils la tiennent pour un paganisme. Ils se trompent. La responsabilité de l'homme envers la biodiversité est fixée dès les premières lignes de la Bible. Rouvrons le livre de la Genèse, chapitre 2, verset 10 : Yahvé modèle (à partir « du sol », comme il a modelé Adam) « toutes les bêtes sauvages et tous les oiseaux du ciel », et il les mène à Adam « pour voir comment celui-ci les appellerait : chacun devait porter le nom que l'homme lui aurait donné ». Adam donne alors « des noms à tous les bestiaux, aux oiseaux du ciel et à toutes les bêtes sauvages »... À l'aube de la Création, l'homme identifie *chaque* espèce vivante. Plus tard, Dieu dit à Noé d'embarquer dans son arche un couple de *chaque* animal. La Bible le dit clairement : le Créateur veut la diversité des espèces et le caractère irremplaçable de *chacune* ! Les animaux de la Création ne sont pas un tout indifférencié, livré en vrac à l'homme pour qu'il l'exploite aveuglément. Leur diversité n'est pas son œuvre mais celle du Créateur ; celui-ci ne laisse à l'homme que la liberté classificatrice. Si les espèces sont diverses, c'est-à-dire distinctes (séparation et création sont liées dans la Bible), c'est que Dieu les crée telles. Il est le père de la biodiversité. Tout ce qui détruit la biodiversité ressemble donc à une « dé-création » ; voilà une évidence que les chrétiens pourraient méditer.

Il va falloir un effort aux catholiques français pour devenir écologistes : mais ce ne sera qu'un effort de cohérence.

La fin de l'écophobie : se désintoxiquer de l'air du temps

Il y a des catholiques « écophobes » en France[1].

Il y a aussi des catholiques écologistes.

Les seconds choquent les premiers. Surtout quand ils leur disent : « Vous ne voyez pas le problème là où il est : dans le système matérialiste mercantile de notre société (Jean-Paul II *dixit*) ! C'est ce système qui dissout nos "valeurs", et en premier lieu la famille. Mais l'érosion du familial n'est pas l'unique problème. Le système en fabrique beaucoup d'autres, qui concernent tout le monde. Par exemple le saccage de la planète, sur lequel Rome appelle votre attention… Lui accorder cette attention n'est pas négliger le souci de la famille, de la morale privée, du respect de la vie. Mais refuser de la lui accorder serait une esquive. Un catholique *papiste* esquivant les directives du pape, ce serait un paradoxe. Un catholique *de tradition* intoxiqué par l'air du temps, ce serait un autre paradoxe. L'air du temps, c'est le repli général sur la vie privée ! Vous y céderiez en vous retranchant derrière le souci du familial. Le catholicisme ne se réduit pas à cela. Il attend aussi de vous un engagement pour le bien commun : et la définition du bien commun, c'est qu'on ne le sert pas entre gens de

1. Voir « Un débat sur le Web » (annexe 2).

même souche ou membres du même club, mais au coude à coude avec tout le monde. Lisez Jean-Paul II, Benoît XVI ou le concile Vatican II, si prophétique et si peu lu : ils ne vous disent pas autre chose. »

Les catholiques écologistes choquent encore plus en expliquant que l'on ne peut pas à la fois combattre le malthusianisme *et* vouloir le maintien du mode de vie consumériste. C'est très bien de dénoncer le mythe de la « bombe démographique » et « l'impérialisme contraceptif et abortif » des organisations internationales, disent-ils : mais ce mythe et cet impérialisme sont une « dérive totalitaire du libéralisme[1] », convoyant la chimère « d'une production des hommes selon de stricts critères de solvabilité et de rentabilité ». C'est pour assurer la pérennité d'un modèle économique, que l'on veut tailler dans le vif de l'humain. Voilà le mobile de ce que Jean-Paul II avait nommé la « culture de mort » ; ne pas le discerner mènerait à ne rien comprendre. Se rebeller contre tel ou tel effet de cette culture est légitime, disent les catholiques écologistes – mais reste inutile tant qu'on ne porte pas le fer de la critique jusqu'au centre du système.

Interprétation excessive du catholicisme ? Non, disent les *catho verts* : « Souvenez-vous de la phrase de Benoît XVI[2] : "Éliminer les causes structurelles liées au système de gouvernement de l'économie mondiale" » !

Ils ajoutent, sans charité excessive envers leurs contradicteurs : « Vous prétendez défendre l'homme (contre un "complot écologique"), mais vous condamnez l'idée d'une économie organisée planétairement au service de l'homme ?

1. Titre d'un ouvrage de Michel Schooyans, Éditions universitaires, 1991.
2. Le 12 novembre 2006 (*cf.* chapitre VII).

Léon Bloy vous dirait que c'est une imposture à faire hennir les constellations... »

Nous ne sommes plus au temps du *New Age*. Cette idéologie nébuleuse des années 1980 avait détourné la notion de « holisme » (la pensée de *l'ensemble*), qui est la clé de l'écologie, et en avait fait une sorte de mixeur à tout mélanger : religions et cultures, musique et diététique, astrologie, zoologie, magie, dans une sorte de brouillard irisé qui achalanda des boutiques pendant vingt ans. Puis la vogue est tombée. La tendance des premières années 2000 fut à un retour de la mythologie contraire : comme un pendule, le scientisme réductionniste et le fantasme technicien revenaient sur nous.

Les chrétiens sourcilleux peuvent donc réexaminer maintenant, de façon plus sereine, cette notion de « holisme » qui les avait hérissés.

Que la biosphère soit un ensemble interactif, dont tous les éléments sont en résonance mutuelle, est-ce une idée aussi païenne qu'ils l'avaient cru[1] ?

L'hypothèse mérite examen. Sur le plan scientifique, beaucoup d'éléments jouent en sa faveur. Sur le plan théologique aussi, à bien y regarder. Selon l'Église catholique, « il existe un accord entre la théologie, la philosophie et la science, sur le fait que notre univers est en harmonie, c'est-à-dire un vrai cosmos, pourvu d'une intégrité propre et d'un équilibre interne dynamique. Cet ordre doit être respecté[2] ». Si l'humain n'était pas solidaire de sa biosphère, s'il était « séparé de la nature », la vision de saint Paul[3] sur le destin

1. Sans doute chez certains auteurs néo-Verts. Mais ceux-là sont dotés d'une idée fixe qui ne vient pas de l'écologie.
2. Mgr Renato Martino citant Jean-Paul II : déclaration à l'ONU, juin 1992.
3. Voir au chapitre premier, section 2.

commun de l'homme et de la Création – dans le Christ – n'aurait aucun sens. Or elle est inséparable de l'espérance chrétienne. Ou bien on la prend au sérieux : et l'on est conduit aujourd'hui, en tant que chrétiens, à l'écologie. Ou bien on écarte la vision de Paul et avec elle la Genèse, les prophètes, etc. : on aboutit alors à un christianisme privé de son eschatologie cosmique – le Christ réconciliant en lui tout l'univers –, et l'on finit dans une mini-religion, recroquevillée sur l'individu et sa morale ; une religiosité fatalement hypocrite (la vertu sans espérance) et finalement non chrétienne : car l'essence du christianisme n'est pas la vertu, mais l'espérance, la confiance et l'amour.

« — Vous prétendez qu'on est hérétique si l'on n'est pas écolo ? s'indignent les contradicteurs.

— Non, ironisent les écologistes chrétiens : mais mépriser la Création sent le fagot ».

Ceux qui veulent du mal à l'écologie l'accusent de « catastrophisme ». Ce mot leur tient lieu d'argument, comme si le fait d'envisager un désastre était répréhensible. Quelle étrange accusation ! Elle ne vise pas seulement les prévisions fausses : elle exclut la simple *possibilité* de catastrophes. Elle impose une sorte d'optimisme obligatoire, comme si la croissance industrielle devait durer toujours et comme si l'histoire humaine devait se développer indéfiniment ! Ce postulat était logique chez des théoriciens marxistes ou néolibéraux (même s'il est plombé aujourd'hui par le déclin du pétrole). Mais des chrétiens devraient y regarder à deux fois avant de confondre insouciance et espérance : il y a des cas où l'optimisme des riches devient une insulte aux pauvres. Quant à exclure l'hypothèse de catastrophes provoquées par les hommes, c'est prouver que l'on n'a pas lu la Bible.

— Mais vous critiquez la croissance économique, et cette idée va contre le récit de la Création du monde puisque Dieu dit : « Croissez et multipliez » ! dit le chrétien écophobe à l'écologiste chrétien.

— C'est vous qui faites un contresens, répond celui-ci : dans le chapitre premier de la Genèse, Dieu ne dit pas « croissez ». Du moins pas au sens moderne… Le verbe hébreu veut dire « soyez féconds[1] », « fructifiez[2] ». Dieu parle au sens démographique. Et il donne cette consigne aux bêtes (verset 22) avant de la donner à l'homme et à la femme (verset 28)… Quant au « dominez la terre[3] », il faut le replacer dans le contexte des deux Testaments, parce que la Bible est une unité vivante : vous verrez qu'il ne dit pas ce que vous lui faites dire. Et si l'on voulait tout de même appliquer Genèse 1, 28 à l'économie d'aujourd'hui, cela donnerait des résultats sévères. Le paysan qui passe aux OGM doit racheter les semences tous les ans, car le transgénique ne se « re-sème » pas : c'est interdit, illégal, passible de poursuites ruineuses, parce que c'est contraire au droit de propriété intellectuelle de l'industrie biotechnologique… En fait de croître et de fructifier, la *croissance* ira aux bénéfices de la multinationale, mais ne *fructifiera* pas chez l'agriculteur. Le capitalisme contredit la Genèse. Laissez-nous douter que Dieu bénisse Monsanto.

Comme dit la lettre pastorale des évêques catholiques du Canada (mars 2008), qui est un véritable manifeste vert : « Les défis écologiques nous offrent l'occasion de nous relancer sur les chemins de l'Évangile. C'est, au sens biblique du terme, un "moment favorable" pour affermir nos liens avec Dieu en

1. Bible de Jérusalem.
2. Bible de Chouraqui.
3. Voir au chapitre premier, section 1.

nous laissant imprégner par la nouveauté de l'Évangile. Notre foi au Christ nous invite à un choix radical : “Choisir entre la vie et la mort” (Dt 30, 15). Cette invitation ne peut être plus actuelle. Seule une authentique conversion nous permettra de réparer des ruptures et de retisser des liens de vie avec la nature, avec nos sœurs et frères, avec l'Auteur de la Vie… »

Conclusion

Absurde nous paraît aujourd'hui l'idéologie des Trente Glorieuses, dont les néolibéraux restent les veufs inconsolables. Feu Jean-Jacques Servan-Schreiber et son *Défi américain,* qui promettait la croissance indéfinie, sont dans les caves du musée Grévin. Rien ne s'est passé comme prévu.

Le monde s'annonce autre.

Fondateur de l'ONG Agrisud au service des pays pauvres, l'ex-industriel Jacques Baratier est mort en 2007. Cet humaniste chrétien disait[1] : « À tous ceux qui nous affirment qu'il n'y a pas moyen de faire autrement que d'asservir l'homme aux lois du marché, répondez avec moi que non seulement il y a moyen de faire autrement, mais qu'au contraire il n'y a *pas d'autre moyen* que de faire autrement ! »

Baratier l'a prouvé par l'action, en créant seize mille petites entreprises et des dizaines de milliers d'emplois, en dix-huit

1. *L'entreprise contre la pauvreté*, Autrement, 2005.

ans, dans certains des pays les plus pauvres du monde. « Il ne faut pas penser macro-économie ni déverser des sommes astronomiques à des gouvernements corrompus », expliquait-il, « mais développer la petite agriculture et la micro-industrie locale, trouver des systèmes de répartition qui financent des projets concrets ».

Il disait aussi[1] : « Nous sommes accrochés à des schémas anciens : l'affrontement droite-gauche, le bénéfice des entreprises… Ces problèmes sont dépassés par trois autres : la pauvreté, l'avenir de la planète, la raréfaction des ressources naturelles, notamment l'énergie. Aujourd'hui, il faut prélever avec précaution pour partager avec un nombre de plus en plus grand d'humains sur une planète qui, elle, ne peut pas grandir. C'est un phénomène qui change tout, qui peut nous obliger à réinventer l'économie. »

Successeur de Baratier à la tête d'Agrisud, l'ex-banquier Robert Lion constate[2] que les temps de l'abondance sont révolus : « Nous savons maintenant que beaucoup de ressources sont limitées, que la croissance est fragile et qu'elle déstabilise la planète. […] Ils se trompent d'époque, ceux qui parlent inconsidérément de croissance à tout prix, ceux qui voient dans la libéralisation du commerce le seul remède contre la pauvreté, ceux qui proposent des relances de la consommation sans valeur ajoutée écologique. […] »

Il faut, dit Lion, « se préparer collectivement » à changer de façon de vivre : « En France, en Europe, ces changements seront vécus de manière différente selon que nous les subirons ou les conduirons. »

1. *Jusqu'ici, tout va bien* : livre d'entretiens de Jean-François Achilli, Ramsay, 2007.

2. *Le Monde*, 7 juillet 2006.

L'écologie ne dit pas « arrêtez le monde, je veux descendre » : elle dit « infléchissons la marche du monde ».

La Bible met en marche ceux qui l'entendent.

L'écologie dit que l'homme répond de sa planète ; la Bible dit que l'homme est le berger de la Création.

L'écologie veut faire reverdir l'avenir par un art de vivre plus sobre ; c'est celui que le christianisme propose.

L'écologie et le christianisme sont faits pour se rencontrer. L'avenir renouerait ainsi avec une source de changement très ancienne, cette révolution chrétienne dont parlent les mystiques : « L'Évangile ne fournit pas de recettes, ne donne jamais raison, ne laisse jamais en repos. »

Le monde changera le jour où les chrétiens le voudront, parce qu'ils sont près de deux milliards[1]. Un homme sur trois ! « Œcuménisme » est l'un des rares mots chrétiens que les médias connaissent[2]. Il vient du grec *oïkos,* qui veut dire : « la maison ». Au sens propre, le mouvement « œcuménique » a été inventé par les chrétiens pour refaire leur unité brisée par l'histoire. On peut imaginer aussi un sens dérivé : *Oecuménè* veut dire : « la Terre habitée », et celle-ci n'est pas peuplée que de chrétiens, même s'ils sont la première religion de la planète. La Terre est la maison commune ; l'habiter ensemble va exiger un nouveau regard. Ce regard fait partie de la vision biblique.

Les chrétiens ont beaucoup à apprendre des écologistes. Ils ont aussi beaucoup à leur transmettre. Mais « changer le modèle global », selon la formule de Benoît XVI, ne signifie pas « ré-enchanter le monde », comme on l'entend dire. Le christianisme n'est pas une magie. Il ne se soucie pas d'enchantements. Dans la magie, on commande ; dans la reli-

1. Catholiques : 1,09 milliard. Protestants : 356 millions. Orthodoxes : 218 millions. Anglicans : 83 millions. Courants divers : 245 millions.

2. L'autre mot est : « théologie de la libération », *cf. supra.*

gion, on demande. Quand le chrétien prie pour « que Ton règne vienne », il demande au Père le règne du Fils, « parce qu'en lui nous ressuscitons[1] ». Quand il dit : « que Ta volonté soit faite » en ce monde, cela veut dire « non par mon seul travail, mais par la grâce de l'Esprit ». Et le Christ lui ordonne de prier « universellement pour toute la Terre[2] ».

« Je me souviendrai de l'alliance qu'il y a entre moi et tous les êtres vivants », dit le Créateur[3]. Pour les masses de Terriens qui pensent que le monde est créé par Dieu – Père, Fils et Esprit –, le XXIe siècle est jalonné de signes autant que le XIe siècle. Un moine écrit dans son journal : « L'homme urbain devra réinventer les noces entre enracinement et émerveillement. Le monde de tous les jours déborde de significations voilées. Une femme enceinte croisée sur la route : elle est *un* et *trois.* »

Paris, mars 2008.

1. Saint Cyprien de Carthage, *Sur le Notre-Père,* 13.
2. Saint Jean Chrysostome, *Homélie sur Matthieu,* 19,5.
3. Genèse 9, 15.

Annexe 1
ÉCOLOGIE + THÉOLOGIE

Brésil : Menaces de mort contre Mgr Erwin Kräutler, l'évêque des Indiens[1]

« Dom Erwin Kräutler, l'évêque des Indiens du Brésil, a reçu [des] menaces de mort. Le prélat du Xingu, dans l'État du Para, est la cible des tueurs à gages en raison de ses engagements en faveur de la réforme agraire, contre la destruction de la forêt amazonienne et contre les réseaux de prostitution infantile. Le prélat d'origine autrichienne – il est né à Koblach, dans le diocèse de Feldkirch, en juillet 1939 – l'a fait savoir à ses fidèles dans sa lettre pastorale de Pâques.

Mgr Kräutler, président du Conseil indigéniste missionnaire (Cimi) au Brésil, vit depuis plusieurs années sous constante protection policière. Il a déclaré que ces menaces n'allaient pas le détourner de sa lutte contre l'injustice en

1. Source : Aide à l'Église en détresse (AED).

Amazonie et de l'amour qu'il portait aux personnes marginalisées vivant sur les rives du Rio Xingu.

D'après des informations de la prélature apostolique à Altamira (État de Para), un membre de la police militaire brésilienne a été récemment témoin d'une discussion entre deux hommes à propos de la prime pour assassiner l'évêque. Le prix pour la mort du prélat apostolique a été fixé à un million de reals (près de 400 000 euros). Malgré la présence de deux policiers militaires affectés à sa protection, il serait facile de l'atteindre, selon les deux personnes qui complotaient, estimant que l'on pourrait éventuellement acheter les deux policiers.

L'État du Para, où la religieuse américaine Dorothy Mae Stang a été assassinée en 2005, est l'État du Brésil où l'on enregistre le plus grand nombre de menaces. Des « listes noires » circulent dans ce véritable « Far West », et Dom Erwin Kräutler y figure en bonne place.

Titulaires de nombreux prix, dont celui de docteur *honoris causa* de la Faculté de théologie de Lucerne, Mgr Kräutler a également été menacé pour son engagement contre le gigantesque projet de barrage « Hidroelectrica de Belo Monte » sur le Rio Xingu. Il devrait inonder de nombreuses zones de forêt vierge amazonienne. Le projet, qui comprend cinq grands barrages, prévoit de recouvrir plus 40 000 hectares de forêt tropicale et de faire disparaître totalement le territoire des Indiens Juruna. En cas de réalisation, ce projet toucherait sévèrement le territoire de neuf communautés indigènes. »

Annexe 2
UN DÉBAT SUR LE WEB

Chrétiens « et » écologistes ?
Chrétiens « ou » écologistes ?

C'est sur Internet que circulent les courants de fond : on le sait depuis la surprise du référendum européen de 2005 en France. L'environnement et l'écologie sont l'un des domaines les plus controversés. Permettez-moi de citer ici les échanges de messages et de commentaires accueillis par mon propre blog[1] – à l'instar de beaucoup d'autres, puisque le débat face au réchauffement a fleuri partout en 2007 et 2008. Voici quelques-uns de ces messages. Ils sont tels quels, quoique signés de prénoms ou de pseudonymes (c'est la loi du genre). Ils émanent tous d'internautes catholiques, et reflètent bien l'ambiance.

1. http://plunkett.hautetfort.com (« Un bloc-notes de journaliste »).

Tsuna ouvre le feu contre les « climat-sceptiques » :

> La rumeur conspirationniste en matière de climat consiste à dire que le réchauffement est une invention montée par un complot. Qui sont les comploteurs ? Ça dépend de la tournure d'esprit du conspirationniste « climat-sceptique ». Sur les sites US, vecteur n° 1 de cette rumeur, on incrimine entre les lignes les ennemis de l'Amérique, du Progrès et de la Liberté (« climatologues = Al Qaeda », en somme). Il y a aussi des sites francophones ; ils se présentent comme révélant des informations scientifiques qu'on nous cacherait par ailleurs. Ces sites nient être « conspirationnistes ». Mais il suffit d'avoir quelque compétence scientifique pour voir à quoi on a affaire. D'abord les gens qui font ces sites ne sont pas des climatologues ; quelle est leur légitimité pour donner tort en bloc aux spécalistes du GIEC ? Ensuite, leur vocabulaire (« chiens de garde », « chasse aux sorcières », « farce grotesque », etc.) est celui du pamphlet, pas celui de la science. [...] Aller chercher sur ces sites une information sur le climat, c'est ouvrir la porte à la parano « conspirationniste ».

Catherine-Anne répond à *Tsuna* :

> J'ai vu effectivement des doutes sur des forums chrétiens, c'est toujours la même rengaine complotiste : « Si on veut nous faire croire ça, c'est pour nous faire accepter un gouvernement mondial qui règlerait tous les problèmes et préparerait le lit de l'Antéchrist... » Difficile de lutter raisonnablement par la discussion, ces discours paranos ne supportent pas l'examen des faits et tournent, hélas comme une ritournelle.

Mais qui sont les catholiques qui refusent l'écologie ? *Mariella* est d'accord avec l'explication sociologique :

Le rétrécissement de la chrétienté européenne aux dimensions de la seule bourgeoisie (avec quasi-disparition des intellectuels catholiques et du catholicisme populaire) amène une surreprésentation du conformisme économique libéral qui diabolise l'écologie [...]. Parmi ses incohérences, ce milieu fait un silence complet sur les positions du Vatican en matière d'immigration.

M.G.[1] approuve *Mariella* :

Le silence sur les positions du Vatican ou de l'épiscopat en matière d'immigration est encore plus abyssal dans certains milieux catho-bourgeois du *tradiland*[2]. Il est vrai que le courant représenté par l'aile progressiste des catho-bourgeois s'était lui aussi discrédité en adoptant une analyse marxiste de la société.

Nedludd renchérit :

Le problème n'est pas individuel, il est sociologique. Le milieu catho en France s'est rétréci aux dimensions de la bourgeoisie, laquelle est dans le grand business et ne raisonne que dans ce cadre qui est pour elle le seul possible, donc avec tous les prérequis correspondants. Difficile de leur dire que leur façon de voir n'est pas la seule, ils n'admettent pas cette nuance. Ils se font donc leur propre religion de classe, comme autrefois les christomarxistes issus de l'ACO (dans le sens contraire).

Mais *Amaury* n'est pas d'accord sur cette vision sociologique :

1. Lui a signé, mais je conserve ici son anonymat.
2. *Tradiland* : terme forgé par le milieu traditionaliste catholique pour s'autodésigner.

Il y a des cathos aux RMI, des cathos smicards, des cathos qui, comme tout le monde, ont du mal à joindre les deux bouts. Il y a des paroisses ouvrières dans le Nord et un peu partout en France.

Pour *Horus,* la question n'est pas là (« quel est le rapport entre la composante sociale des catholiques et la question des OGM ? ») : mieux vaudrait se demander pourquoi le débat en France est contaminé par d'autres controverses, qui ne devraient pas entrer en ligne de compte si l'on s'intéressait vraiment à l'écologie :

[S'il y a] une relation de cause à effet dans l'opposition entre les catholiques et les Verts (gauche libertaire bobo), elle se situe au niveau des valeurs respectives défendues par les uns et les autres : *pro choice/pro life,* pro ou anti-pacs etc., et cet antagonisme dérive sur des sujets tels la défense de la nature, qui n'ont plus rien à voir avec les causes originelles... Ma formulation est peut-être schématique mais je reste ouvert à la discussion.

Bastet riposte à *Horus* :

Oui, à condition de préciser [...] : ce n'est pas parce que le parti Vert (archi-minoritaire au sein de la mouvance écologique) est composé de paléo-gauchistes malthusiens, que l'écologie en est elle-même affectée. Et d'ailleurs, disait Marx, « il n'y a qu'un seul homme en trop sur la Terre et c'est Malthus »[1]. Lequel était un théoricien libéral.

1. *Bastet* se trompe, la phrase est de Proudhon : « Il n'y a qu'un seul homme de trop sur la Terre, c'est M. Malthus. »

Apprenant la nomination du Pr Rodriguez-Iturbe à l'Académie pontificale des sciences, *Maria-Pia D.* poste ce commentaire :

> Quel encouragement aussi pour nous tous, impliqués dans les associations de sauvegarde de l'environnement (je milite pour la diversité des essences forestières en France, et je vous assure qu'il y a du travail). [...] Merci au pape de son souci envers l'environnement, dont la nomination du Pr Rodriguez-Iturbe est une nouvelle confirmation. Quant aux cathos écophobes qui méprisent les enseignements sociaux du pape, qu'ils se souviennent de Moïse face aux adorateurs du Veau d'or... qui croyaient en toute bonne foi être en train d'adorer le vrai Dieu.

JF, en revanche, tout en s'affirmant chrétien, adhère aux arguments de l'industrie biotechnologique :

> Il y a bien longtemps que, de façon empirique, les hommes fabriquent des OGM : l'amélioration des races de bétail, la sélection des semences, la création de la clémentine ou du brugnon ne semblent pas avoir apporté de grands dangers pour l'humanité. Créer des plantes capables de se défendre par elle-même des prédateurs est mieux que répandre des pesticides... Le clonage est une pratique courante en arboriculture sous forme de greffe. Les 8 ou 10 milliards d'hommes de l'année 2100 ont besoin d'un surcroît de production agricole pour lequel des techniques nouvelles sont indispensables. N'ayons pas peur, ne reprenons pas les refrains du Club de Rome et de la croissance zéro.

Girolamo lui réplique que le « n'ayez pas peur » de Jean-Paul II « ne doit pas servir à justifier le contraire de ce qu'il disait en faveur de l'écologie ». *Rémy* conteste que les OGM soient dans la ligne de la sélection agricole telle qu'elle se pratiquait depuis toujours ; approuvant la décision officielle de suspendre un maïs de chez Monsanto, il affirme :

> C'est une bonne mesure, et il faut que des chrétiens la soutiennent, il ne faut pas laisser le monopole d'un juste combat à un écologisme d'inspiration matérialiste ou panthéiste. Quelques arguments complémentaires :
>
> – La captivité du marché des semences génétiquement modifiées par quelques firmes multinationales se fera au détriment des agriculteurs, de leurs droits à réutiliser leurs propres semences, comme cela se passe déjà aux États-Unis et au Canada (procès contre des agriculteurs).
>
> – Le *Compendium* de la doctrine sociale de l'Église contient des paragraphes intéressants à ce sujet. Le § 460 : « L'homme [...] intervient non pour modifier la nature mais pour l'aider à s'épanouir dans sa ligne, celle de la Création, celle voulue par Dieu. » « En travaillant dans ce domaine [...], le chercheur adhère au dessein de Dieu. » La création de chimères (qui est, me semble-t-il bien, une modification de la nature) correspond-elle au « dessein de Dieu » ? En fait toute la question est là. Pour les OGM interspécifique (cas du maïs Monsanto), la barrière des espèces est violée.

Claude tend la main aux contestataires de tous bords politiques :

> À écouter avec attention les extraits de certaines interviews données par M. Jacques Testart – sur le site dailymotion.com [...], on comprend que les orientations données à la recherche dans notre pays ne vont pas forcément dans le sens d'une amélioration de la vie des êtres humains... L'image sacro-sainte de LA Science en prend un bon coup, mais cela devrait engager les

citoyens que nous sommes à nous intéresser plus à ce domaine : nous en avons le droit et surtout le devoir pour nous et nos enfants.

Pas du tout ! s'insurge *Maripol*, qui reproche à Testart d'avoir soutenu José Bové :

> L'écologie politique actuelle est comme les pastèques, verte à l'extérieur, rouge à l'intérieur. Il s'agit surtout de préserver les fameux acquis de Mai 68 et de la « libération des mœurs ». Les préoccupations écologiques sont très loin derrière.

Quwyzyx est aux antipodes de ce point de vue :

> L'écologie est le respect de la Création dont nous faisons partie. On assiste à une renaissance, à une émancipation de la pensée catholique ces dernières années qui s'accélère avec Benoît XVI. La modernité révolutionnaire de l'Évangile, le rappel du caractère divin et sacré de l'homme et de la Création, la puissance libératrice de la foi, la force de l'espérance et la charité agissante de l'Église face aux déclarations d'intention de la société civile est un appel qu'une foule entend plus nombreuse chaque jour. Le foisonnement intellectuel que le pape actuel encourage fait du catholique un « anar-christ » qui revendique « Dieu seul pour maître ».

Jamais de la vie ! écrit *MT*, traditionaliste indigné que la commission européenne des évêques prenne position pour la défense de l'environnement :

> Que les évêques cessent de s'occuper de ce qui ne les regarde pas ! Qu'ils arrêtent d'interférer dans le fonctionnement sain ou malsain des sociétés ! Leur travail est de prêcher l'Évangile

sans faire de politique. Le reste les dépasse et cette obscène confusion est un sujet de scandale.

Covadonga est sur la même ligne :

> Il faudrait se diviser au sein des familles catholiques, une partie d'entre nous allant faire des manifs avec les adorateurs de Gaïa ?

Disqualifier l'ensemble de l'écologie en l'assimilant à sa fraction néopaïenne, c'est un réflexe chez une partie des catholiques français. Ce tic révolte *Élisabeth A.* :

> La « réticence » qui plombe une partie du public catho envers l'écologie vient d'un renversement de l'accent qu'avait défini Jean-Paul II. Ce pape en effet, dans son message du 1er janvier 1990, indiquait nettement l'ordre des priorités : « se préoccuper du problème » (de la sauvegarde de l'environnement) en liaison avec « les hommes et les femmes qui n'ont pas de convictions religieuses particulières » mais qui se soucient eux aussi du problème. Coopération parfois difficile dans la mesure où il y a des risques de frictions dus aux préjugés : mais coopération nécessaire. Aujourd'hui on voit des catholiques renverser les termes : ne voyant plus que les risques de frictions, ils en déduisent que les catholiques doivent s'abstenir de participer à l'écologie. Certains extrémistes vont plus loin […] : ils appellent à combattre toute écologie. Il est donc urgent de remettre les choses au clair et de revenir à la ligne directrice fixée par Jean-Paul II depuis dix-sept ans !

D'irréductibles « spiritualistes » ne veulent pas de ces « compromissions ». Ainsi *HTF* :

L'écologie est la nouvelle idéologie à la mode de tous ceux qui, « ayant abandonné la vérité, courent sans cesse après des doctrines toujours nouvelles » (saint Paul). Je m'afflige de voir le pape y céder. Je trouve inquiétant – je n'ose pas dire significatif d'un faux rapport au monde – que le Vatican donne dans cette bernerie. Quand il y avait la sécheresse, Isaïe n'est pas allé chercher un scientifique. Il a prié le Seigneur. Et il a plu.

Mais *Gégé* tient bon dans le sens du pape :

À la nouvelle problématique, celle de l'écologie (qui est finalement toute récente), l'Église a réagi relativement rapidement par des textes forts. Cela fait maintenant quelque temps que l'Église, puisant dans les richesses des textes saints, a découvert le trésor de la « doctrine catholique écologique » qui attendait qu'on le mette en valeur, et les textes pontificaux s'accumulent en ce sens. L'autre jour je lisais un message de Jean-Paul II qui résume (je crois) toute l'écologie chrétienne. Parallèlement à cela, je lis le *Pacte écologique,* version augmentée d'une mise à jour, de Nicolas Hulot dont je viens de finir la première partie (constats et généralités). Que de points de convergence entre cette première partie et l'enseignement du pape ! Soucis d'être responsables, solidaires, etc.

Mais certains milieux écolos sont fortement marqués par un anti judéo-christianisme. Tout le problème du saccage du vivant et de la planète viendrait du « dominez la terre et soumettez-la » du livre de la Genèse... De bons amis à moi, au départ pas hostiles au christianisme, s'y sont laissés prendre ! Pleins de bonne volonté, ils ont avalé la mouche en même temps que le potage ! Pourtant ce sont parfois ces mêmes milieux bien-pensants qui ont rejeté l'Église parce que la belle vertu de tempérance – qui pourtant est celle du bon usage des choses créées – leur semblait trop ascétique, les aurait « empêchés de vivre », de « s'épanouir ». Mais de nos jours, les mêmes voudraient imposer un certain mode de vie à tous (parfois étonnamment proche de la tempérance sur certains aspects), tout en disant… que l'Église est en partie responsable du désastre écologique. Or ça fait environ deux mille ans que la tempérance fait partie de l'enseignement ecclésial (plus si l'on tient compte de la Première Alliance).

Ils oublient que le même récit de la Création du monde est ponctué du cri de Dieu devant les éléments qu'Il a créés : « Dieu vit ce qu'il avait fait : c'était très bon. » Et que par conséquent l'homme évolue dans un environnement certes « soumis », mais qu'il ne lui est pas permis de saccager pour autant. C'est plutôt une vision responsable de l'homme qui en découle.

Enfin, plus que le judéo-christianisme, c'est bien la société capitaliste basée sur la loi du profit maximum (toujours plus de production et de rentabilité, au mépris de la finitude de la planète) qui est en cause. Rien n'est plus opposé au capitalisme sauvage que le message biblique illustré par l'enseignement des papes. D'ailleurs dans la doctrine écologique de l'Église, il est remarquable que respect de la Création et justice sociale soient toujours liés…

Rémy revient dans le débat pour approuver *Gégé*. Il s'inquiète de voir des écologistes (« avec l'appui des médias et du corps enseignant ») accuser le christianisme d'être responsable des atteintes à l'environnement. Il pose « la question fondamentale » :

La société industrielle, la nôtre, responsable de ces méfaits, *est-elle chrétienne ?* Est-ce une pensée chrétienne ou non chrétienne qui a poussé les hommes à se comporter de manière irresponsable vis-à-vis de la Création ? On peut se le demander. Le déclin de l'influence du christianisme a commencé au moment de l'explosion des sciences en Occident (d'ailleurs favorisée par le christianisme). La mesure, la tempérance, la prudence, toutes les nuances et les garde-fous patiemment construits par la pensée chrétienne pendant plus de quinze siècles, et qui auraient dû accompagner les applications de ces découvertes, ont décliné avec cette perte d'influence à partir de la fin du XVIIIe siècle. Les pouvoirs immenses, les techniques mises au point par ces sciences ont été utilisées par des hommes et des sociétés de moins en moins conscients des devoirs de respect envers la Création et les hommes, que ces pouvoirs accrus demandaient. Science sans conscience…

Ce que l'on appelle la société industrielle, celle qui a développé depuis le XIXe la technologie dont nous nous servons, s'est construite à partir des élites intellectuelles et financières, profondément antichrétiennes et particulièrement anticatholiques. Ce qui ne veut pas dire que le concept de l'industrie soit antichrétien, évidemment. Une société aurait pu développer des applications industrielles plus équilibrées, si elle avait intégré ces valeurs chrétiennes. Les problèmes écologiques sont les conséquences d'une pensée et d'une morale de type matérialiste, utilitariste, non chrétienne, dans des modèles de sociétés issues du libéralisme ou du marxisme. Je crois sérieusement que si la société industrielle était restée chrétienne dans son essence, un grand nombre de problèmes sociaux ou écologiques n'auraient pas eu l'ampleur qu'ils ont aujourd'hui.

Les problèmes environnementaux deviennent préoccupants depuis deux siècles environ. Or c'est justement depuis deux siècles que le christianisme est « en régression » d'un point de vue philosophique et politique, que son influence sur la société décline de plus en plus… L'état d'esprit qui a conduit à considérer la nature comme un matériau utilisable à merci, qui a conduit à considérer le monde vivant (y compris l'homme) comme un matériau auquel on peut appliquer des processus industriels, qui a exploité terriblement l'homme et provoqué la misère des milieux ouvriers du XIXe siècle, n'est pas issu de la pensée chrétienne.

N'empêche ! accuse *Michael* : « Les annonciateurs de catastrophe trompent le public. Le réchauffement est un mythe manipulateur ». Il ajoute : « Allez voir sur les sites informés. Tout y est expliqué ».

En réponse, plusieurs messages s'étonnent qu'un chrétien puisse exclure *a priori* l'éventualité de catastrophes dues à l'homme (pécheur). Appeler cette idée « catastrophisme » et la dénoncer comme si c'était une faute, ce n'est, disent-ils, ni chrétien, ni scientifique.

JG est de cet avis :

> Catastrophisme ? Il faudrait définir plus amplement ce terme : Jean-Pierre Dupuy, par exemple, professeur à Polytechnique et à Stanford, catholique par ailleurs pour autant que je sache, grand critique de la technique et disciple de René Girard, a forgé le concept de « catastrophisme éclairé » qui est tout sauf anti-humain, et qui lui sert à rappeler que nous ne voulons pas voir vers quelle catastrophe nous allons si nous ne modifions pas nos modes de vie. Alors que toutes les preuves sont là. Ses livres sont disponibles au Seuil et témoignent d'une intelligence rare. Je ne saurais trop en conseiller la lecture.

Jérôme, chrétien visiblement écologiste, s'étonne que les « climat-sceptiques » passent sous silence l'effondrement de la biodiversité. Quant au risque de catastrophe, il y voit « une chance », puisque nous allons devoir changer de style de vie :

> Il ne s'agit pas d'évaluer l'action de l'homme seulement au niveau de la hausse des températures, mais sur la structure glo-

bale du climat. Les effets néfastes que l'on voit poindre consistent en une dérégulation globale, avec un accroissement des catastrophes climatiques, etc. C'est une grande chance pour élaborer un modèle de développement, un modèle de vie de l'homme, qui soit en harmonie avec le milieu naturel où nous vivons. Et qui soit conforme avec le meilleur de la tradition chrétienne, où l'homme est gérant, non despote, de la nature ; où il a le droit de modifier, d'améliorer cette nature si c'est dans un sens respectueux du projet initial de Dieu (il ne s'agit pas de revenir à la jungle). C'est la seule façon d'assurer un avenir digne à l'homme et à la nature. L'une des principales inquiétudes est l'effondrement de la biodiversité. Elle est rarement évoquée par les climat-sceptiques.

Le dernier mot revient à *Albert E.*, qui parle en spécialiste :

Il y a bien une modification rapide du climat. À mon modeste niveau je le constate par la station de captage de pollens dont je m'occupe depuis de nombreuses années : en moyenne (il existe bien sûr des fluctuations annuelles) il a y eu doublement de la quantité totale de pollens comptés sur une année durant une période d'un peu plus de vingt ans, avec une apparition plus précoce et une durée plus longue de la pollinisation de plusieurs plantes. Le CO_2 atmosphérique est un « engrais gazeux » pour les végétaux et une augmentation de sa concentration atmosphérique (toute chose étant égale par ailleurs, et jusqu'à un certain niveau) augmente la biomasse donc la quantité de pollens.

L'utilisation des énergies fossiles rentre pour une grande part dans l'augmentation des gaz à effet de serre dont le CO_2. Cela pose, entre autre, le problème à la fois de la répartition des richesses et celui d'un mode de vie différent. Car si notre consommation annuelle moyenne par habitant de ces énergies fossiles (pour ne rien dire de celle des Nord-Américains) était atteinte par les pays aussi peuplés que la Chine et l'Inde, et rien ne peut s'y opposer en toute égalité, imaginons ce que deviendrait notre environnement et ce pour un très long terme en raison de l'inertie des gaz émis et de leurs répercussions.

C'est ici qu'il faut être vigilant car le risque est de se voir imposer une politique internationale eugénique drastique afin de préserver un niveau de vie élevée à un nombre restreint de personnes tout en permettant à l'économie mondiale de « tourner à plein régime » (sous-entendu de rendement financier). L'Église, avec le fabuleux trésor que représente sa doctrine sociale a, aujourd'hui et peut-être plus qu'hier, à dire son mot pour une justice égale pour tous dans le respect de la dignité de la personne humaine. L'enjeu est vital à titre individuel et collectif.

BIBLIOGRAPHIE

Jacques Attali, *Dictionnaire du XXIe siècle*, Fayard, 1998.
Rémi Brague, *Du Dieu des chrétiens*, Flammarion, 2008.
Serge Bonnet, *D'une fenaison à l'autre*, Klopp, 1992.
Hélène et Jean Bastaire, *Pour une écologie chrétienne*, Cerf, 2004.
William Cavanaugh, *Eucharistie et mondialisation*, Ad Solem, 2001 ; *Être consommé*, L'homme nouveau, 2007.
Jean Chesneaux, *Habiter le temps*, Bayard, 1996.
René Coste, *Dieu et l'écologie*, Atelier, 1994.
Édouard Goldsmith, *Le Tao de l'écologie*, Le Rocher, 2002.
Église orthodoxe russe, *Les fondements de la doctrine sociale*, Cerf, 2007.
Hervé Kempf, *Comment les riches détruisent la planète*, Seuil, 2007.
Edgar Morin, *L'An I de l'ère écologique*, Tallandier, 2007.
Josef Ratzinger, *L'esprit de la liturgie*, Ad Solem, 2002 ; *La théologie de l'histoire de saint Bonaventure*, PUF, 1988 ; *Au commencement Dieu créa le ciel et la terre*, Fayard, 1986.
Tristan Lecomte, *Le commerce sera équitable*, Eyrolles, 2007.
Karl Polanyi, *La grande transformation*, Gallimard, 1983.
Jeremy Rifkin, *Le siècle biotech*, La Découverte, 1998.
Marie-Monique Robin, *Le monde selon Monsanto*, La Découverte, 2008.
Michel Schooyans, *La dérive totalitaire du libéralisme*, Mame/Emmanuel, 1995.
Monette Vacquin, *Main basse sur les vivants*, Fayard, 1999.

TABLE

Composé par Nord Compo
à Villeneuve d'Ascq

Imprimé en Italie
Dépôt légal : mai 2008